위기의 청년세대

출구를 찾다

나남
nanam

나남신서 1422

위기의 청년세대
출구를 찾다

2010년 1월 5일 초판 발행
2010년 1월 5일 초판 1쇄

지은이_ 송호근 · 강원택 · 김은경 · 문상현 · 배 영
이연호 · 장덕진 · 조화순 · 최샛별
발행자_ 趙相浩
발행처_ (주) 나남
주소_ 413-756 경기도 파주시 교하읍 출판도시 518-4
전화_ 031) 955-4600 (代)
FAX_ 031) 955-4555
등록_ 제 1-71호(1979. 5. 12)
홈페이지_ www.nanam.net
전자우편_ post@nanam.net

ISBN 978-89-300-8422-2
ISBN 978-89-300-8001-9 (세트)
책값은 뒤표지에 있습니다.

나남
신서
1422

위기의 청년세대

:

출구를 찾다

송호근
강원택
김은경
문상현
배 영
이연호
장덕진
조화순
최샛별

나남
nanam

Korean Youth, Which Way Forward?

by

Song, Ho Keun
Kang, Won Taek
Kim, Eun Kyung
Moon, Sang Hyun
Bae, Young
Lee, Yeon Ho
Chang, Duk Jin
Jho, Wha Sun
Choi, Set Byol

nanam

이 연구에 임했던 지난 1년 동안, 대부분 386세대에 속한 연구진들은 젊은 세대가 처한 '세대 위치'로부터 슬픈 비가(悲歌)를 떠올렸다. 1980년대에 비장하고 의기차게 불렀던 항쟁가와 행진가에 대비되는 슬픈 가락이었다. 그러나 연구를 진행할수록 차츰 그 비가는 영가(詠歌) 같은 것으로 변해갔다. 그렇게 해야 한다는 다짐도 영향을 미쳤을 터이지만, 젊은 세대의 실체를 들여다보면서 슬프고 절망적인 모습이 아니라 오히려 그 상황을 반전시키는 해학과 정서, 집단심 같은 것을 발견할 수 있었다. 개별적으로 흩어진 이들을 연결하는 눈에 보이지 않는 끈, 연대, 가락은 우리가 미래를 책임진다는 흥겹고 낙관적인 노래였고, 다가오는 미래를 끌어안을 수 있다는 자신감이었다. 비가가 영가로 변한 것이다.

비가를 영가로 바꾸는 이 시대적 작업에 기성세대가 할 일을 찾는 것은 사회과학자의 직업적 과제이기도 하다. 우리 연구팀이 지향한 바가 이것이다. 비록 이 연구가 젊은 세대의 모든 것을 담아내지는 못했을지라도, 젊은 세대의 코드를 읽어내고자 했다는 점, 그것을 토대로 기성세대, 국가와 사회가 할 바를 제안했다는 점에서 작은 의의를 찾을 수 있을 것이다.

이 연구를 수행하는 데에는 SK 경제경영연구소의 박우규 소장님의 도움이 컸다. 젊은 세대의 역량이 한국의 미래를 결정한다고 확신하는 박 소장님의 미래학적 예견과 지혜가 이 연구의 실질적 산파였다. 이 자리를 빌려 박우규 소장님의 지원에 심심한 감사를 드린다. 집필에 참여한 연구진들은 이 연구를 계기로 젊은 세대가 개척해갈 모험의 길에 사회과학적 동반자가 될 것임을 새삼스럽게 밝히고자 한다.

집필자를 대표하여

송호근 씀

나남신서 1422

위기의 청년세대

출구를 찾다

차 례

청년세대를 위한 사회과학 · · · · · · · 서론

비가(悲歌)와 영가(詠歌)

송호근*

역사는 세대라는 바퀴로 굴러간다

세대(*generation*)라는 개념만큼 사회과학적으로 책임질 수 없는 말도 드물다. 세대는 항상 유동하고 변모하는 유기체와도 같아서 사회과학적 인과관계의 핀셋으로 머리와 꼬리를 고정시키는 순간 역사학의 공간으로, 철학과 존재론의 영역으로 수선스러움을 드러내는 데에 더 익숙한 문화연구의 번잡스러운 세계로 빠져나간다. 세대는 현실을 살고 있는 연령집단을 막연히 지칭하는 느슨한 개념이지만, 지난 시대에 대한 애증이 들끓고, 현재에 대한 끊임없는 수용과 저항이 교차하고, 미래에 대한 불안과 희망이 엇갈리는 그런 단어인 까닭에, 어떤 개념화도 그 본질의 부분만을 포착할 수 있을 뿐이다. 그 유동성 속에 내재된 생명은 지난 시대가 낳은 고통의 자식이라는 점에서 역사적이

* 서울대학교 사회학과.

며, 현재로부터 자양분을 빨아 성장한다는 점에서 존재론적이고, 성찰과 저항의 연속선 위에 미래를 구축하려 한다는 점에서 진취적이다. 과거, 현재, 미래가 공시적으로 중첩되는 현존 집단이자, 과거의 유산을 해체하거나 새로운 의미를 부여해 미래로 나르는 실존적 담지자가 세대이다. 이 미묘하기 짝이 없는 복합적 생명체의 전모를 '간략성'을 원리로 하는 사회과학이 어떻게 설명하겠는가?

역사는 세대의 무덤, 세대가 어렵게 지나간 흔적, 아니, 세대가 달팽이처럼 시행착오를 거치며 길을 찾는 궤적이라고 해도 과언이 아니다. 세대는, 특히 젊은 세대는 기성세대의 정신적, 물질적 모유를 먹고 성장하면서 기성세대의 모든 것과 대적할 준비를 한다. 청소년의 성장과정은 부모세대의 문물을 선택적으로 수용하거나 선택적으로 거부하는 여과과정인데, 수용과 거부, 굴복과 저항의 계기들이 끊임없이 교차되는 가운데 어느덧 기성세대와는 다른 젊은 세대의 가치관이 형성되는 것이다. 마치 애벌레가 허물을 벗고 날아가듯, 젊은 세대는 기성세대가 입혀준 가치관의 옷을 벗어버리고 새로운 외투를 걸친다. 그러므로 현재는 젊은 세대와 기성세대가 서로 접전하는 소통의 공간이자 투쟁의 장소이며, 젊은 세대의 반역이 준비되고 실행되는 반란의 공간이다. 역사는 언제나 그런 세대간 접전으로 진화했다.

젊은 세대의 반역이 부재하는 시대는 어둠의 시대에 지나지 않는다. 어느 시대이든, 시대를 진단하는 일단의 파수꾼이 태어나고, 그 파수꾼이 전하는 말들에 공감하는 인구집단이 공명상자처럼 존재한다. 역으로, 한 시대를 특징짓는 정치·경제적 상황들, 그리고 사회적 제도와 문화적 양식들이 특정 연령집단의 공통 경험으로 편입되는 과정에서 필연적으로 발생하는 재해석의 지적 모험이 미래로 투사될 때 그 연령집단은 저절로 공명장치를 가동시킨다. 세대가 태어나는 순간인 것이다.

세대를 사회변동의 주체로 처음 주목한 사람은 독일의 사회학자 칼 만하임(Karl Mannheim)이었다. 세대현상은 만하임 이전 시대에도 존재했던 것이지만, 만하임이 활동하던 1920년대의 유럽은 이데올로기의 전시장을 방불케 할 만큼 각종 이념세력이 각축전을 벌일 때여서 이념의 담지자이자 실천세력으로서 특정 경험을 공유한 연령집단에 자연스레 관심이 가지 않을 수 없었다. 맑시즘이 지배하던 당시의 유럽 상황에 비춰보건대 세대개념을 계급에 버금가는 변동론적 위상으로 격상시킨다는 것은 일종의 모험이었는데, 죄르지 루카치, 베라 발라즈, 게오르그 스테판, 알프레트 베버 등과 같은 이론가와 문학예술가들이 감행했던 정신적 도전이 새로운 시대정신을 만들어 냈다는 역사적 사실을 고려하면 예리한 통찰력이었다.

로버트 볼(Robert Wohl)이 이른바 '1914년 세대'(the generation of 1914)라고 불렀던 반역의 아이들이 태어난 것이다. 제 1차 세계대전이 일어났던 그 해를 세대 명칭에 붙인 이유는 이들이 유럽문화에 "정신사적 전쟁"을 일으켰다는 사실을 상징하기 위함이다.

만하임도 자주 참여했던 토론회인 "일요서클"(Sunday Meeting)은 하이델베르크에 거주했던 독일의 저명한 사회학자 막스 베버가 주도했던 것으로 19세기의 실증주의에 의해 황폐화된 유럽정신(*Geist*)의 존엄성을 회복하고 전쟁위기에 싸인 유럽의 역사적 위기를 문화적 부흥을 통해 구제하겠다는 야심찬 기획을 갖고 있었다. 만하임도 이 모임에서 자주 발제를 맡았는데, 1917년에 행한 〈정신과 문화〉라는 제목의 발제는 루카치를 위시한 그 시대 청년지식인의 지성적 강령의 연장선상에 위치한다. 그는 이 발제에서 '정신적 각성'의 시대가 도래했음을 주장하고 유럽의 정신사적 위기는 '객관적 문화'(종교, 과학, 예술)와 '주관적 문화'(이념과 세계관)의 격차를 메우는 것으로 구제될 수 있으며, 그것이야말로 세대의 사명(*mission of the generation*)이라고 강조했다. 그것이 옳든 그르든, 문화적 혁신을 통한 세계관(*Weltanschuung*)의 재정립으로 19세기 유산에 새로운 생명을 불어넣는 것을 '세대의 사명'으로 규정한 만하임은 이데올로기 문제를 집요하게 파고들었다.

시대가 험난할수록 세대와 세대의 전위부대에 부과되는 역사적 짐은 그만큼 크고 무겁다. 한 시대의 논리와 윤리가 유효성을 다해갈 때, 새로운 시대를 창출해내야 한다는 세대의 사명감은 더욱 비장해진다. '1914년 세대'는 19세기 유럽의 정신사와 문명사를 부정하고자 했던 무서운 아이들로 가득 차 있었다. 19세기 후반기를 통과하면서 비약적으로 발전한 산업과 과학이 인류의 오랜 삶의 터전인 공동체를 해체하고 한 번도 경험하지 못한 사회문제를 양산하자 이에 대한 반성적 성찰이 도처에서 이뤄졌기 때문이다. 이른바 탐미주의와 쾌락주의를 한층 더 밀고나간 '퇴폐'가 세기말적 사조로 확산되었던 것도 합리주의와 실증주의에 대한 세대적 반발이며, 부드럽고 유연하지만 비인간적 규칙을 숨기고 있는 부르주아 세계에 대한 고별의식이었다. 기존세계를 마구 조소하는 일단의 무리들이 예술과 문학세계에서 태어나는 시대가 있다. '1914년 세대'가 태어난 시대가 바로 그런 시대였다.

버지니아 울프는 그 시대를 이렇게 썼다. "우리의 세대처럼 동년배 사람들을 사랑할 필요를 느낀 세대는 없었다.… 또한 과거와 거리를 과감히 표명한 작가가 이렇게도 많이 배출된 시대도 없었다." 청년들은 당시의 작가들, 예를 들면, 앙드레 지드, 장 콕토, 올더스 헉슬리 등을 따라 새로운 시대를 향한 탐험에 나섰고, 이성, 합리, 실증과학 등 과거의 명찰이 붙은 모든 것에 대한 철저한 거부를 주저하지 않았다. 말하자면, 헤세의 소설처럼 '황야의 이리'가 도처에서 발견되던 시대였다. 그런 시대도 시간이 흐르면 노을을 맞아야 한다. 화려한 허물을 남긴 채 새로운 세대에게 주도권을 이양해야 하는 시간을 맞이하는 것이다.

'아버지 세대'에 대한 점묘

한국에도 이런 역사적 계기를 만들어낸 세대단위(*generation unit*)가 다수 존재한다. 아니, 더 적극적으로 해석하면, 한국의 현대사는 여러 세대단위들의 도전과 반역에 의해 만들어졌다고 해도 과언이 아니다. 일제강점기는 말할 것도 없고 해방 이후는 더욱 그렇다. 1890년대 개화파를 생각해 보라. 김옥균을 위시하여, 박영효, 서광범, 유길준 등 개화파 지식인들은 당시 20대에서 30대에 걸친 약관의 청년들이었는데, '문명개화'야말로 조선을 살릴 수 있는 유일한 길임을 확신하고 서구문명의 수용을 통해 부국강병의 기틀을 만들어야 함을 주창했다. 이들의 시도가 좌절된 것은 이들 전위부대와 공명할 연령집단을 광범위하게 확보하지 못했기 때문이다. 이들은 조선사회에서 고립된 '깨우친 소수'에 불과했던 것이다. 유길준이 후에 고종의 지원을 받아 일본에 유학생을 대거 보낸 것과 평생 교육사업에 투신하게 된 것도 자신과 뜻을 같이할 공명집단 또는 세대집단을 구축하려던 이유에서였다. 수백 명에 달했던 젊은 유학생들은 귀국해서 1910~20년대 산업, 상업, 학문분야에 뛰어들었고 애국계몽운동과 독립운동의 활동가로 변신했다. 세대의 전위부대들이 포자처럼 흩어져 무엇인가 혁신을 도모했던 것이다.

문학은 식민지 시대에 문명개조를 향한 세대의 목소리를 가장 잘 담아낸 장르였다. 가령 1920년대 중반에 결성된 공산주의 작가동맹(카프)이 그렇고, 카프의 맹원이었던 임화가 그렇다. 자주독립이라는 절대 절명의 시대적 과제를 문학이라는 예술적, 정신사적 장르를 통해 일궈내고자 했던 일단의 젊은 작가들은 그것을 당시 유행하던 새로운 이념사조인 사회주의적 리얼리즘과 접합시켰다. 그것이 옳았는지의 여부를 따지려는 것이 아니라, 한 시대의 어둠을 사회주의 이데올로기로 씻어내고자 했던, 그리하여 당시 식민지 조국이 처한 민족모순과 계급모순을 일시에 해결하는 탈출구로 사회주의 문학을 추구했던 일단의 세대원들이 있었다는 점을 상기시키려는 것이다.

물론, 세대집단에도 균열이 존재한다. 사회주의와 거리를 두었던 일단의 작가와 예술가들도 다수 존재했는데, 이들은 식민시대라는 아픔을 공유했으나 극복방식을 달리했던 세대원이었음에 틀림없다. 조선말을 가장 아름답게 구사한다는 평을 듣는 〈향수〉의 작가 정지용은 토속적 언어로 유리알 같은 시를 쏟아냈지만, 카프에 동조했고 한국전쟁 당시 월북하다가 기총소사에 맞아 사망했다. 세대원으로서의 시대적 사명과 문학적 실천 사이에 어떤 일관성이 존재했는지는 모르겠는데, 양자 사이에 이런 느슨한 연관으로 살아갔던 사람들도 다수 있었다. 아무튼, 문학은 세대의 열망을 담아내 시대 개조와 민족 개조를 열창할 수 있는 가장 좋은 영역이었고, 좌절의 고통을 거리낌 없이 표출할 수 있는 공간이었다.

세대의 반역은 고통을 수반한다. 전후 문단의 총아로 나타났던 재기발랄한 신인 이어령이 이른바 '화전민 문학론'을 들고 나왔을 때에 문단의 기성세대들은 숨을 죽여야 했다. 일궈놓은 것이 거의 없는, 척박하기 짝이 없는 땅에서 거의 원시적인 농사를 지어야 겨우 정신적 갈증을 풀 수 있는 전후 젊은 세대의 절규가 그 개념에 들어 있었다. 이어령은 전후 폐허화된 세계에서 실존주의 철학 하나에 기대어 기성세대의 유산을 전면 거부했다. 새로 시작하는 환호가 있었겠지만, 출발점 없이 망망대해로 나가야 하는 극도의 불안감이 엄습했을 것이다. 전선을 맡는 척후병이 감당해야 하는 공포이자 두려움이다.

몇 년 후 같은 세대원이었던 〈광장〉의 작가 최인훈은 4·19혁명이 일어난 직후 이념 공세를 피해 고향으로 내려간 우유부단한 대학생의 내면을 통해 세대의 또 다른 아픔을 그려낸다. 남북이념의 대립이 전쟁을 일으키고야 말았던 그 역사적 모순 속에서 최종 선택을 포기하고 자살로 생을 마감했던 〈광장〉의 주인공 이명준이 4·19 이후 역사적 방향감각이 모호해진 대학생을 통해 환생하는 것이다. 어디로 가야할지, 이 시대를 이끄는 이정표가 어디에 있는지가 애매해진 혁명 이후, 시골 출신 대학생은 고향에서 정지용의 〈향수〉를 떠올리며 이렇게 되뇐다. "옅은 졸음에 겨운 늙으신 초로의 아버지가 짚베개를 돋아 고이시는 고향의 밤은, 어떤 시대의 젊은이에게는 거역하고 싶은 아픔일 수도 있다."

"거역하고 싶은 아픔", 이것은 모든 젊은 세대에게 공통적으로 일어나는 신경통이다. 한국의 1960년대 세대는 이 신경통을 공유했고 이것으로 세상을 바라봤다. 신경통의 원인은 애매모호했다. 때로는 김승옥의 〈무진기행〉처럼 안개가 되어 나타났고, 김수영의 시처럼 "바람보다 먼저 눕는 풀"의 저항의 역설로도 표현되었으며, 아사달과 아사녀가 놀던 고운 나라에 외국자본이 심어놓은 "선인장 뽑아가라"는 신동엽의 무시무시한 절규로도 분출되었다.

젊은 세대의 '세대위치'

이미 역사적 사실이 되어버린 '아버지 세대'의 내면풍경, 그것도 지극히 부분에 불과한 한 단면을 스케치한 이유는 간단하다. 세대는 독자적 경험에 의해 형성된 특유의 집단의식을 공유하고 있는데, 기성세대에 대한 수용과 저항, 미래에 대한 기대와 지향이 교차되는 지점에 위치해서 과거의 유산과 미래의 과제를 융합해 나간다는 사실을 확인하려는 것이다. 과거의 유산과 현실적 짐이 너무 무거워 미래의 문을 활짝 여는 데에 실패한 세대가 있었고, 과거와의 완전한 단절을 통해 혁신을 이루려던 세대도 있었다. 전자는 이른바 '유신세대'로 불렸던 70년대 세대에 해당될 터이고, 후자는 이른바 '386세대'로 통칭되던 80년대 세대가 그 전형을 이룬다. 아무튼, 독재정권과 한강의 기적 속에서 싹텄던 70년대의 관념적 저항의식이 80년대의 급진적 행동주의를 낳는 씨앗이 되었다고 한다면, 세대는 연속적이든 단절적이든 역사발전의 견인차임에 틀림없다.

역사는 세대적 고통이 현실과 접목된 무엇, 세대단위의 실천적 행동에 의해 진화하는 실체이다. 이런 시각으로 21세기를 살아가는 현재의 '젊은 세대'를 바라보면 어떠할까?[1)]2002년 월드컵 때 붉은 악마

1) 이 책에서는 '젊은 세대' 개념을 필자의 관심과 문맥에 따라 보다 유연하게 사용할 것이다. 기성세대에 대비되는 개념으로도 사용되고, 20대와 30대 연령집단을 지칭하기도 하고, 때로는 그보다 범위를 좁혀 20대에 한정적으로 쓰이기도 할 것이다. 아무튼, 기성세대에 의해 양육되고 있는, 10여 년 뒤

로 모습을 드러내었고, 본격적인 진보정권을 지향했던 노무현 정권이 집권하는 데에 결정적 역할을 담당했던 인터넷 선거혁명의 주역이었으며, 2004년 탄핵반대시위, 2008년 쇠고기정국 촛불시위에 이르기까지 쟁점점화의 주력부대로 등장한 오늘의 젊은 세대는 도대체 어떤 세대 사명을 내면화하고 있으며, 기성세대와 구별되는 어떤 세계관을 갖고 있는가? 그들의 행위양식과 사고방식은 어떤 점에서 기성세대와 뚜렷이 구별되는가? 한국의 역사상 가장 풍요로운 시대에 태어나고 성장한 젊은 세대는 앞에서 묘사한 세대적 고뇌, 세대적 임무, 또는 역사적이라고 레이블을 붙일 만한 어떤 세대적 사명을 갖고 있는가? 그들은 기성세대의 무엇을 수용하고 거부하는가?

이런 질문 자체가 이미 시효가 지난 낡은 시각일지 모른다. 세대에 어떤 역할을 부여하는 것, 어떤 배타적인 행동양식과 사고방식이 발견되기를 바라는 것, 그리하여 현실의 장벽을 뚫고 미래를 개척하는 독전대로 나서주기를 바라는 것 자체가 70년대와 80년대 세대의 사고방식일지 모른다. 사실 이 책을 집필한 연구팀이 모두 단절적 혁명을 지향했던 386세대의 일원이었다는 것이 그렇고, 연구책임자인 필자는 그보다 앞선 1970년대에 속한다는 점이 그런 의구심을 낳는다.

유신세대와 386세대는 시대를 너무 비장한 눈으로 바라보는 경향이 있다. 그도 그럴 것이, 독재정권 밑에서 민주화의 염원을 키웠고 민

기성세대가 될 예정에 있는 젊은 연령집단이 '젊은 세대'이다.

주화를 위해 청춘을 바칠 것인가 말 것인가를 결정해야 하는 광경들을 목도하면서 젊은 시절을 보냈기 때문이다. 이런 점에서는 386세대가 더 치열하고 절박했다. 그들은 더욱 단단해진 강성권위주의 하에서 감옥, 수배, 고문 등과 같은 무시무시한 단어와 함께 전복에의 꿈을 몰래 키워나갔던 것이다. 전복의 대상은 독재정권을 묵인한 기성세대의 비겁함이었으며, 경제성장을 앞세워 민주주의를 짓밟은 군부정권이었고, 나아가 국가라는 물리적 억압기구였다. '국가전복!'은 반역이었지만, 그들의 꿈과 이념 속에서는 혁명으로 정당화되었다. 국가전복과 새로운 국가건설이라는 엄청난 과제가 세대적 사명으로 규정되던 그 비장한 분위기를 기억하지 않고는 젊은 시절을 떠올릴 수 없는 세대에게 이 시대의 젊은 세대는 너무 발랄하고 너무 경박하며 너무 가볍게 보인다는 것이 자연스럽게 이해된다.

그러나 어쩌랴, 시대의 변화에 따라 기존 세대와는 매우 다른 별종의 세대가 태어나는 것을 막을 도리는 없다. 신세대, X세대, N세대 등으로 불렸던 인터넷세대가 태어난 것은 현실사회주의가 붕괴하고 386세대의 이념적 유효성이 막을 내렸던 1990년대 중반이었다. 기성사회에 막 발을 들여놓았던 386세대는 그때 '광장의 이념'을 버리고 밀실로, 개인의 방으로 돌아가야 했다. 핵심 운동집단은 여전히 광장에 남아 2002년 노무현 정권의 등장을 지원하는 후방세력으로 활동했지만, 대부분의 386세대는 경제, 사회, 문화계의 초년병으로 배치되었다.

'광장의 시대'가 저물고 이른바 '문화의 시대'가 개막된 것이었다. 그것은 한국 현대사에서 일찍이 볼 수 없었던 매우 화려한 시대였다. 1인당 국민소득 1만 달러를 돌파한 시점이자, 최초의 민선정부가 장엄한 출범을 선언한 시대였던 만큼, 자유와 개성을 찾아 천지사방으로 흩어진 젊은 세대의 물결은 사회 도처에서 출렁거렸다. 쾌락과 멋이, 소비와 사치가, 풍요와 안락이 디자인, 패션과 어우러져 신문화를 창출했고, 이성과 논리가 감성과 감각에 밀려 지난 세대의 낡은 유물로 치부되었다. 마침, 후발산업화의 열세를 일거에 만회하기 위해 정부와 기업이 매달렸던 정보화 정책이 어느 정도 결실을 맺은 덕에 대중화되었던 인터넷붐을 타고 90년대의 문화세대는 밀실에서도 세대원들과 소통의 개폐가 가능했다. 그들은 인터넷이 선사하는 광범한 정보의 바다를 거리낌 없이 유영했다. 공동체주의로부터의 철수가 확연하게 보였고 젊은 세대원들로 가득 찼던 광장은 텅 비었다.

광장시대의 종언을 쓰린 필체로 그린 작품이 자주 선을 보였던 것도 그 무렵이었다. 소설가 박상우는 〈샤갈의 마을에 내리는 눈〉(1991)에서 세대원들이 그렇게도 믿었던 로고스(*logos*)가 빛을 바래고, 결국 그로부터 등을 돌릴 수밖에 없는 386세대의 마지막 모습을 비장한 필체로 그려낸다. 로고스로부터 도망치는 길은 각각 다르다. 지난 연대로부터 도망치는 방법도 각자 다르다. 눈이 내렸던 밤에, 과거엔 비장하게 모였던 술집에서, 한 사람은 내일 새벽의 일을 걱정하며 무리에서 이탈하고, 한 친구는 우연히 건널목을 앞서 건넜다가 저편으로 사라진다. 남은 사람들 중 누군가 아주 우울한 표정으로 이렇게 얘기한다. "이제 내 가슴에 남겨진 건 극단적 허무뿐이고, 그리고 그 허무 속에서 끝끝내 되찾고 싶은 건 인간적인 낭만뿐이야. 그리고 나머진 아무것도 없어 …"라고. 불에 덴 듯한 상처를 안고 각자는 각자의 방으로 흩어진다. 1991년의 일이다.

그리고 9년이 지난 후 박상우는 새로운 인간들, 새로운 종자들, 문화, 쾌락, 개성, 멋을 마음껏 탐닉하는 새로운 세대가 태어났음을 알린다. 작가는 '2000년 한국'에서 전사들의 후예들을 '사탄의 마을'에서 목격한다. 그것도 아주 철저하게 자아와 욕망을 불사르고 존재마저 없애버릴 수 있는 철저한 퇴폐와 허무로 어두워진 마을이었다. 작가의 말대로라면 그들은 악마에 귀를 기울였다. 이름을 대신하여 붙여진 X, 헤어밴드, 보랏빛 립스틱, 은빛 귀고리가 엉망으로 취한 채 찾아드는 '카타콤'은 엑스터시에 몸을 맡긴 전사들의 후예들이 악령과 접선하는 장소였다. 그들은 그곳에서 몸을 가눌 수 없을 만큼 취했고 서로 엉켰다. 작가는 그 쾌락과 탐미의 끝이 허무라는 것을 보여줌으로써 탐닉세대의 끝없는 도취여행에 일종의 경종을 울리려 했던 것이다. 그러나 과도발달된 작가의 도덕적 촉각이 전해준 것과는 달리 탐닉세대의 모든 세대원이 그 정도로 과감하게 과거의 규범과 감시망을 벗어던진 것은 아니었다. 다만, 광장이 주는 중압감에서 벗어나 개인의 방으로 진입했던 것은 틀림없었고, 그곳에서 세대원들끼리 새로운 문화를 창출하기 위한 공모의 주파수를 맞추고 있었다고 보는 편이 적합하다. 그렇지 않고는 2002년 월드컵 대회에서 터져 나온 젊은 세대의 집합적 열광, 세대 특유의 발랄한 표현과 상징들을 이해할 길이 없기 때문이다.

90년대에 등장한 X세대 또는 N세대는 이데올로기의 시대를 마감했기도 했지만 젊은 세대가 기성세대에게 무엇을 던져야 한다는 것쯤은 터득하고 있었다. 월드컵의 붉은 악마, 그리고 붉은 악마로 표현된 모든 동작과 상징들은 외환위기를 자초한 기성세대에 대한 일종의 문화적 조롱이자 비난이었다. 탐닉세대의 세대원들은 모두 밀실로 귀환했지만, 그것은 소통의 장치가 이미 설치된 작은 광장이었다. 그러나 그들은 갑자기 닥쳐온 외환위기 때문에 사회 진입의 첫 걸음부터 비틀거려야 했고, 많은 세대원들이 진입의 시기를 늦춰야 했다. 구직자가 누증되기 시작했고, 고학력의 인적 자본들이 취직을 위해 한층 격화된 경쟁시장을 기약 없이 헤매는 구조적 사회문제가 젊은 층의 고민거리로 등장하기 시작했다.

연구팀이 관심을 두는 것은 바로 이 연령층이다. 외환위기를 전후하여 고등학교 졸업과 동시에 사회에 진출했거나 대학에 진학했던 젊은 층이 우리의 관심대상이다. 그들은 현재 30세에 달했으므로, 20세에서 30세에 있는 20대 연령층이 '젊은 세대'의 중추이자 우리의 일차적 관심대상이다. 이들은 2002년 월드컵 응원의 주력부대였다. 이들은 2003년 노무현 정권 출범의 일등공신이었고, 2004년 탄핵반대 집회의 주역이었으며, 2008년 쇠고기 정국 촛불집회에 대거 모습을 나타냈다. 기존의 탐닉세대보다 더 심화된 개인주의로 무장하고, 정보화에 더 심취하고, 정치적 사건과 쟁점보다는 개인적 멋, 사랑, 드라마, 영화에 더 열광하는 세대, 집단이념을 혐오하고 개인적 성취와 성공신화에 더 귀를 기울이는 세대, 입신양명과 부귀영화를 스스럼없이 추구하는 세대, 애정 표현을 거리낌 없이 연출하는 세대, 개인권익을 위해서라면 동거와 이혼을 마다하지 않는 세대, 그러면서 환경, 생태, 인권 같은 녹색주의 운동에는 비상한 관심을 보이는 세대가 우리의 관심사이다. 이런 점에서 이 시대의 젊은 세대는 기존 세대와 공통점보다는 차별성이 더욱 두드러진다.

기성세대의 평자들은 이런 젊은 세대에게서 변동의 어떤 폭발력이 분출되리라는 기대를 일찍이 접었다. 그도 그럴 것이, 이들은 2002년과 2004년의 정치적 참여를 끝으로 인터넷 공간에 틀어박혀 의미심장한 정치적 행동을 전혀 하지 않았고, 2007년 대선정국에서도 전체적 흐름에 영향을 미칠 만한 어떤 행위도 시도하지 않았다. 2007년 대선에서 20대 투표참여율이 가장 낮았다는 것이 그것을 부분적으로 입증한다. 혹자는 젊은 세대가 극도의 정치적 무관심에 빠졌으며, 정치적 집단이 되기를 거부했다고 평하기도 했다. 그 증거는 도처에 널려 있었다. 그들의 관심을 붙잡아 둘 정보와 게임거리가 인터넷세계에는 매우 풍부하기 때문에 사이버공간이야말로 그들의 놀이터이자 정치판이라는 견해는 매우 설득력이 있고 또 사실 그러했다.

혁명세대의 키워드가 전복이었고, 문화세대의 키워드가 자아정체성이었다면, 오늘날 젊은 세대의 키워드는 상상력(*imagination*)이다.

상상력은 사이버공간에서, 영상에서, 스토리의 세계에서, 패션과 디자인에서, 드라마에서 발휘되고 재생산된다. 개인의 창의력이 경계가 없는 사이버공간에서 한없이 펼쳐질 때 상상력은 제 힘을 발휘하고, 때로는 인터넷을 타고 타인의 상상력과 융복합되면 전혀 예기치 않은 다른 창조력으로 현현된다. 인터넷 공간은 소득자원이 현격하게 줄어든 젊은 세대에게는 비용이 저렴한 상상력 놀이터였다. 사이버공간은 그들에게 하버마스의 용어로 '공론장'을 제공했던 셈인데, 기성세대는 이 공론장의 기능과 역할을, 그로부터 발휘되는 변동의 힘을 잘 읽어내지 못했던 것처럼 보인다. 그렇지 않다면, 2008년 촛불시위에 그렇게 많은 자발적 참여자가, 마치 붉은 악마가 재현되듯이, 스스로 모습을 나타내지는 않았을 것이다. 그들은 인터넷공간에서 그들의 정치감각을 배양하고 있었던 셈이다. 그러나 그 실체와 본질이 정확히 무엇인지 아직 불명확하다. 더욱이 이념적 프리즘으로 세상을 바라봤던 386세대에게는 사이버공간과 현실공간을 연결하는 젊은 세대의 감성과 감각이, 그들의 언어와 은어가 무엇을 뜻하는지 그 함의가 정확히 포착되지 않는다. 이런 상황에서 그들의 세대적 코드를 정확히 읽어낸다는 것은 실로 어렵다.

여기에서, 오늘의 젊은 세대에게는 기존의 젊은 세대가 누렸던 사회적 기회(*social opportunity*)가 현격하게 축소되었다는 점을 상기할 필요가 있다. 사회적 기회가 출세의 기회, 고소득을 올릴 수 있는 기회, 취업의 기회, 또는 주택소유자가 될 수 있는 기회 등을 포괄적으로 지칭한다면, 오늘의 젊은 세대에게는 냉혹할 만큼 그 기회가 축소되었다는 점은 주지하는 사실이다. 달리 말해, 좋은 일자리가 취업인구에 비해 줄었고, 고소득 직종으로의 진출이 어려워졌으며, 주택가격이 상승했고, 기타 좋은 재화를 취득할 수 있는 경쟁이 격화되었다. 어지간한 실력을 겸비하지 않고는 생존조차 어렵다는 현실이 그들 앞에 놓여 있다. 사회적 진입비용이 높아졌고, 장벽이 두터워졌다. 이에 반해, 그들의 평균 인적 자본(*human capital*)은 훨씬 증진되었다. 영어도 잘하고, 악기도 다룰 줄 알고, 패션 감각도 갖추었으며, 외국 여행경험도 풍부하다. 사회적 기회와 인적 자본과의 격차가 가장 커진 것을 어떤 식으로든 돌파해야 하는 현실이 오늘날 젊은 세대가 직면하고 있는 난관이다.

청년실업이 OECD국가 가운데 가장 높은 10%를 기록하고 있는 상황에서 젊은 세대는 자신의 학력과 취향에 맞게 취업할 때까지 부모에 더부살이를 할 각오를 한다. 이런 상황은 외국도 마찬가지여서 호주에서는 캥거루족, 일본에서는 버블세대, 유럽에서는 니트족(NEET: *Not in Education or Employment*) 또는 천 유로 세대라는 불명예스러운 명칭으로 불리고는 있는데, 한국이야말로 젊은 세대가 겪어야 하는 현실적 고통이 가장 혹독한 국가이다. 천 유로는 우리 돈으로 약 120만 원에 해당하는 것이어서 한국의 88만 원과 엇비슷하다. 아마 '88만 원 세대'라는 명칭만큼 그들의 자존심을 건드리는 말은 없을 것이지만, 그들의 경제적, 사회적 현실이 그것에 근접하는 것이 사실이다.

인적 자본이 가장 풍부한 세대가 소득기회가 가장 적고 사회적 출세의 장벽이 가장 높은 시대를 경과하고 있는 셈이다. 젊은 세대를 '88만 원 세대'로 호명하자고 제안한 그 책의 저자의 마음은 서글프고 우울하다.[2] 일자리 부족으로 인해 세대 내 경쟁이 격화되고, 겨우 고학력의 맨손밖에 없는 젊은 세대를 기성세대가 냉정하게 착취한 결과가 평균 임금 88만 원으로 상징되기 때문이다.

젊은 세대에게 전가되는 짐은 이것뿐 아니다. 세계에서 가장 빠른 속도로 증가하고 있는 고령인구를 부양할 책임, 세계에서 가장 낮은 출산율을 기록한 국가에서 경제활동 인구를 재생산해야 하는 출산 및 육아부담이 이들에게 부과된다. 그런데 정부는 청년대책에 소홀하다. 이렇다 할 실업대책, 소득지원정책, 재교육정책 등이 보이지 않는다. 청년을 위한 복지정책이 가장 빈곤한 나라가 한국이라는 점은 누구나 잘 알고 있지만, 누구도 그 대책의 절박성을 주장하거나 변호하지 않는다. 청년세대의 정치조직이 없고 이들의 이익을 옹호하는 시민단체나 압력집단이 취약해서 관료와 정치인들이 청년정책을 후순위로 미루고 있기 때문이다. 오늘날의 젊은 세대는 이런 격차와 결핍의 틈바구니에서 신음하고 있다. '88만 원 세대'가 내는 고통의 신음은 기성세대가 결코 고치려 하지 않는 이기적 심성이 강요한 '무지한 착취'의 결과라는 명제가 설득력 있게 다가오는 이유도 그러하다. 그런데 기성

2) 우석훈 · 박권일, 2007, 《88만원 세대》, 레디앙.

세대가 애지중지 키웠지만 사회적 진입의 차단벽을 낮추지 않는 부모 세대의 무지한 행위를 비난하고 파기할 젊은 세대의 무기는 별로 마땅치 않은 게 현실이다. 2008년 촛불시위에서 보였던 그들의 참여의식은 스스로 폭발할 어떤 또 다른 계기를 기다리며 잠복해 있을 것이다.

이것이 우리가 연구하고자 하는 젊은 세대의 '세대위치'(*generation location*)이다. 탐닉세대와 문화세대로부터 개인적 열광의 방식을 학습하고, 사이버공간에서 그들의 상상력을 한껏 발휘하며, 그것을 어떤 창조적 생산물로 전환해 부가가치를 획득하게 될 경제적 방도를 궁리하면서 높은 진입장벽 앞에서 웅크리고 있는 세대, 그것이 이들 세대의 현위치다. 그렇다면, 이 글의 서두에서 거창하게 꺼냈던 질문, 이들이 지향하는 '세대의 사명'은 과연 가시적인 것이며, 지난 시대의 세대들과 마찬가지로 역사적 발전방향에 영향을 미치는 '세대단위'(*generation unit*)로 역할을 할 수 있을 것인가? 이것이 연구팀이 다룰 쟁점들이다.

사회과학적 세대진단: 비가와 영가

지난 1년 동안 연구팀은 매월 정기적인 회합을 가져 젊은 세대의 문제를 논의했다. 연구팀의 전공이 여러 사회과학 분야에 걸쳐 있었기 때문에 논의의 주제와 시각도 매우 달랐다. 젊은 세대의 소비패턴, 성장배경, 가치관, 직업관, 학력수준, 여성관, 정치의식 등이 자주 거론되었는데, 집단성향과 주요 트렌드라고 지칭할 만한 공통적 속성은 잘 파악되지 않았다. 사회현상으로부터 어떤 규칙성을 발견하고 그것을 이루는 인과관계를 찾아내는 것이 인문학과 구별되는 사회과학의 특징이다. 그런데 어떤 일관성, 규칙성이 발견되지 않을 때 사회과학자는 절망한다. 예컨대, 386세대에 대한 연구는 거대담론을 출발점으로 설정하면 가시적 영역이 비교적 많이 확보된다. 그러나 젊은 세대의 경우는 달랐다. 그들의 집단성향과 세대적 특성을 한눈에 볼 수 있는 거점 파악이 쉽지 않았던 것이다. 전망을 트이게 해주는 방법론적 입지가 쉽지 않다면, 사회과학자는 인문학적 지혜를 요청한다. 현상 속으로 파고들기, 현상을 묘사하고 이해하기, 그 속에 숨겨진 스토리 드러내주기 등 인문학적, 인류학적 연구기법이 힘을 발휘한다.

연구팀은 서로 동의할 수 있는 최소한의 출발점으로부터 각자의 탐구여행을 떠났다. 그 출발점이란 이런 것이다. 지난 386세대에 비해 젊은 세대는 개인주의적, 소비주의적, 쾌락주의적 성향이 짙어졌다는 것, 386세대가 자기의 인생을 사회개혁이라는 거대담론에 걸었다면, 젊은 세대는 '자신의 혁신'에 몰두한다는 것, 386세대는 자신의 세대적 역량이 세상을 통제할 수 있다고 믿었다면, 젊은 세대는 세상이 자신의 인생을 통제하고 있다고 믿는다는 것, 그러면서, 자신이 뚫고 나갈 수 있는 작은 출구를 만들려고 눈물겨운 노력을 한다는 것이 그것이다. 출발점을 이루는 이런 가설들이 '세대위치'다.

그런데 세대위치의 이런 양상으로부터 '세대사명'(*generational mission*)을 끌어내기란 쉽지 않았다. 자본주의, 시장, 그리고 그들에게는 닫힌 정치세계로부터 밀려오는 일사불란한 공세에 매몰된 듯 보이는 젊은 세대로부터 어떤 전복의 힘을 발견하기란 어려웠기 때문이다. 어떤 연구자는 비관적 전망을 수집해서 돌아왔고, 다른 연구자는 그 속에서도 낙관적 전망의 흔적들을 찾고자 노력했다. 이 책의 필자들이 세대사명과 관련해서 일관적 전망을 내놓지 못한 이유이기도 하다. 그럼에도 연구팀은 비관적 증거들로부터 밝은 미래를 만드는 요인들을 찾고자 했고, 외적 구속이 커지는 상황에서도 그것을 돌파하고자 하는 젊은 세대의 노력을 부각시키고자 했다. 그러나 젊은 세대가 세대원의 힘과 지혜만으로 그런 낙관적 전망을 만들 수 있을 거라고 믿는 연구자는 없었다. 다시 말하면, 이들의 선배세대가 그랬듯 역사를 만들어간다는 자신감과 미래 확신이 젊은 세대에게서는 현저하게 엷어졌다는 사실을 깨달아야 했다. 젊은 세대가 무력하다는 뜻이 아니라, 그들을 에워싼 상황, 그들이 돌파해야 하는 질서의 벽이 그만큼 경직되었고 두터워졌다는 점에 주목하지 않을 수 없다. 세계화는 기성세대, 젊은 세대 할 것 없이, 인간적 관리의 범위를 벗어나 자체의 진화법칙으로 굴러가고 있다는 사실을 인지하는 것이 중요하다.

젊은 세대는 그들에게 부과된 부하(負荷)를 감당하기도 벅차다는 사회과학적 진단은 그래도 자원과 권력을 소유한 기성세대가 무언가 이들에게 작은 돌파구라도 마련해 줘야 한다는 세대론적 처방을 내리게

끔 한다. 부모들이 모든 가용자원을 자녀들에게 투자했는데, 이제 와서 새삼 또 어떤 일을 해야 하는 것이냐고 반박할 필요는 없다. 기성세대는 젊은 세대를 각자의 가정에서 키웠고 배양했을 뿐이다. 사회의 일원으로 활동하게끔 기본임무에 충실했던 것이다. 연구팀이 기성세대에게 권하는 처방은 개인적인 것이 아니라 사회적인 것이다. 젊은 세대가 사회에 쉽게 진입할 수 있도록 진입장벽을 낮춰주고, 젊은 세대에게 가용한 일자리를 더 만들어주고, 치열한 교육경쟁을 조금 완화하고, 나아가서는 출산비용과 육아부담을 사회가 더 지고, 젊은 부부에게 주택공급을 늘려주는 일 등이 여기에 포함된다. 다시 말해, 세계가 젊은 세대에게 부과한 짐을 조금이라도 덜어주고, 미래의 경쟁력 자원인 상상력을 더욱 풍부하게 배양할 수 있도록 사회적 여유 공간을 넓혀주는 일은 기성세대만이 할 수 있는 사회과학적 처방이다.

연구팀이 확인했던 공통적 세대상황은 '그들은 질식당하고 있다'는 사실이다. 공부를 잘 하는 집단도 못하는 집단도 학력경쟁에 내몰려 하고 싶은 일을 제대로 하지 못한다. 20대 세대원 중 가장 공부를 잘 하는 집단, 그래서 공신(功神)으로 불리는 서울대생들도 학력경쟁과 출세경쟁에 질식당하기는 마찬가지이다(1장). 그들은 자신의 적성에 맞는 전공분야를 택하기보다 출세에 가장 유효한 전공을 택하도록 강요받는다. 그래서 자신의 흥미를 유발시키는 공부에 매몰되기보다 학점관리에 더 신경을 써야 한다. 결과는 역설적이다. 학점이 좋은 학생들이 대학생활에 가장 불만이 많고, 가장 공부시간이 적고, 출세경쟁에 가장 많이 자신을 노출시킨다. 그래서 불행하다. 성공한 집단 중 가장 성공한 자들이 가장 불행하다고 느끼는 이유이다. 사회는 그들에게 창의성을 기대하지만, 그들의 인생은 사지선다형에 포박되어 있다. 대학원 진학, 고시, 기업, 언론, 이 네 가지면 그들의 인생설계가 모두 포착된다. 얼마나 야무지게 현실적인 계획인가. 그러나 최고 엘리트집단의 이런 현실성이 한국의 미래를 밝게 만드는 것은 아니다. 내신 2등급 정도에 해당하는 광운대생의 현실도 벽에 부딪긴 마찬가지다(3장). 그들은 자신의 현실을 타개하고자 어려운 진학을 감행했다. 그러나 진학의 끝은 원점일지 모른다는 불길한 예감에 몸을 떨어야 한다. 상고를 졸업하고 경리직에 취업한 똑똑한 세대원이 있었다. 그는 이 상황을 타개하고자 대학에 진학했는데, 대학졸업 후 다시 경리직으로 돌아갈 공산이 커지자 절망한다. 이게 20대에게 닥친 세대 상황이다.

젊은 세대는 자신들에게 닥친 이런 상황을 인식한다. 기성세대보다 젊은 세대에게 주어진 사회적 기회가 너무나 협소하다는 사실을 인지한다. 신자유주의로 요약되는 이 시대의 세계화추세는 자신들에게 치열한 경쟁을 강요하고 있음을 너무나 뼈저리게 느낀다(7장). 한국의 자본주의가 글로벌 스탠더드를 수용할수록 경쟁이 치열해지고 빈부격차는 커지고 취업기회가 적어지고 있음을 인정한다. 상황이 이럴수록 이들은 개인주의로 무장하고 문화적 취향과 여가를 즐길 작은 공간을 만들어 나간다. 세계화 이데올로기는 자유시장을 확대함으로써 인류의 공동체적 번영에 공헌할 것이라고 말한다. 그러나 공동체적 유대는 도처에서 해체되고 국내, 국외에서 창의적 소수자들에게 부의 편중이 이뤄짐을 목격한다. 세계화는 시장의 자유라는 보편적 이념으로 세상을 평등하게 관리할 것이라고 전파하지만, 자원도 권력도 없는 젊은 세대에게 그것은 매우 좁고 냉혹한 출구일 뿐이다. 이런 억압적 상황은 세계화가 심화될수록, 한국의 자본주의가 영미식 구조로 재편될수록 강도가 높아진다(8장). 영미식 자본주의는 냉혹한 시장경쟁을 원리로 한다. 영국의 중상주의가 그랬다. 시장의 자유를 추구하면 국가의 부가 저절로 커진다는 신념에 사람들은 헌신했지만, 그것은 중산층의 부의 증대와는 아무런 상관이 없었다는 게 영국의 교훈이었다.

마찬가지로, 한국의 발전국가 혹은 국가주도자본주의가 약속한 것이 대기업과 재벌중심의 이데올로기였다는 사실이 분명해진 지금, 그리고 영미식 자본주의로 더욱 다가갈 것이 분명해진 지금, 젊은 세대는 자유주의와 시장주의가 결합한 '세속적 자본주의'에서 생존방식을 모색해야 한다는 것이다(8장).

국가로 하여금 어떤 거창한 역할을 요청하기보다는, 젊은 세대를 위한 작은 설계들과 실현가능한 현실적 방안들을 기대하고 만들어나가는 것이 오히려 적실하다는 판단이다. 다시 말해, 질식상태에서 벗어나게 하는 대책은 그들에게 무작정 자선을 베푸는 구휼이 아니라 기성세대가 벌써 구축해야 했을 복지국가의 작은 한 부분에 해당한다. 그것은 기성세대의 시대적 임무이자 한국의 밝은 미래를 위한 필수적 투자이다. 이 필수적 투자가 결여될 때 젊은 세대는 그들의 비교우위인 창의성, 개성, 문화적 풍요성을 발휘하지 못한다. 그들이 애써 키워낸 진취적 코드들을 기성세대가 읽어내지 못할 때, 젊은 세대의 미래는 질식당한다. 기성세대가 기성세대의 코드로 그들을 배양하려 할 때, 젊은 세대의 미래는 거세당한다. 젊은 세대의 미래란 바로 한국의 미래다. 우리는 도처에서 그런 모습을 목격했다. 교육, 취업전선, 문화생산, 정치구조, 기업전략 등에서 젊은 세대를 착취와 관리의 대상으로 묶어둔 모습을 자주 발견했지만, 속수무책이었다. 젊은 세대가 숨 쉬는 작은 공간을 만드는 것, 이것은 거창한 약속이 아니더라도 세속적 국가가 할 수 있는 평범한 기획에 속한다.

이 '작은 공간'이 젊은 세대가 그들의 역량을 길러나가는 교두보(橋頭堡)다. 연구팀은 젊은 세대가 세계질서에 질식당하고 있다는 점을 인정하면서도 나름대로 미래변혁의 힘을 배양하고 있다는 사실에도 주목하고자 했다. 특히, 쇠고기 정국으로 터져 나온 촛불시위를 목격하면서 변혁을 향한 젊은 세대의 열망이 수면 밑에 형성되고 있다는 사실을 인정하게 되었다. 민족, 민주, 평화, 인권 등과 같은 거대담론에 심취했던 유신세대와 386세대의 눈에 젊은 세대는 인터넷 공간에 숨어 무언가 작고 미시적인 것만을 만지작거리고 있을 뿐이었다. 이들은 정치적 집단의식을 표출하지도 않았고 시대에 대한 독자적인 저항의식을 만들지도 않았다고 생각했다. 또한 젊은 세대는 정치적으로 무기력하고 철저한 정치적 무관심으로 일관한다고 생각했다. 그러나 월드컵 때의 붉은 악마를 계기로 집단행동을 조직하더니 2002년 대선 때에는 세계 역사상 유례없는 인터넷 동원선거를 일궈냈으며, 2004년 탄핵반대 시위에 대거 참여했다. 정치적 무관심이 아닌 것이다. 다시 말해, 이들은 집단행동 양식을 달리 선택했을 뿐, 세대 특유의 세계관과 가치관을 만들고 있었다는 데에는 지난 세대와 차이가 없다.

다만, 그들이 무엇을 지향하는지, 그들이 만들어낸 세대론적 코드가 무엇인지를 제대로 파악하지 못했을 뿐이다(6장). 따라서 이들을 보는 시각도 달라져야 한다. "추상적이고 거창한 얘기보다는 실질적이고 구체적인 생활얘기에 더 큰 관심을 가지며", "보수화되지도, 탈정치화되지도 않았다"고 말이다(6장). 유신세대와 386세대가 그토록 애지중지했던 거대담론의 쟁점들이 이미 해소된 상황에서 젊은 세대는 그들의 꿈을 실현하는 창구들과 어엿한 사회인으로 자리 잡는 데에 필요한 사회적 기회들에 더 신경을 쓰는 것이다. 그러나 현실환경은 열악하다. 출구가 협소하고 사회지도층은 무지하다. 이들은 그런 기성세대를 냉소한다. 2008년 총선에 출마한 랩가수 김디지의 선거 연설문은 그런 냉소로 가득 찼다. 낙선해도 좋았다. 다만, 젊은 세대의 그런 비판적 시선을 전달하는 것이 목적이었다. "고3들은 바뀌는 교육정책에 죽어난다. 직장인들은 세금이 올라서 죽어난다. 우리 엄마는 오르는 물가 때문에 맛있는 것도 안 해준다. 정치싸움? 수구보수? 진보중도? 헤. 그딴 거 솔직히 우리는 신경도 안 쓴다." 이게 젊은 세대의 선거연설 랩이다. 가락을 실은 노랫말로 기성세대의 정치판을 냉소한다. "그딴 거 우리는 솔직히 신경도 안 쓴다"고 경쾌하게 노래할 때 유신세대와 386세대의 비장함은 경쾌하게 뒤집힌다. 생활의 얘기로 이념의 얘기를 뒤집기, 이게 젊은 세대의 정치의식이자 참여양식이다.

이런 냉소가 가능한 것은 개별적 작은 공간을 연결하는 소통의 도구, 즉 인터넷 네트워크가 활발하게 가동되고 있기 때문이다(2장). 젊은 세대는 인터넷으로 서로를 연결하고 크고 작은 얘기들을 공유하고 있으며, 이를 통해 세계관과 가치관을 형성해 나간다. 유신세대와 386세대가 오프라인 모임을 통하여 이념정치로 뛰어들어 갔다면, 젊은 세대는 온라인 모임을 들락거리면서 정서, 감정, 비판, 냉소, 연정을 나누며, 때로는 번팅(번개+meeting)을 통해 세상 밖으로 나온다. 인터넷이야말로 젊은 세대가 세계관, 가치관 형성은 물론 가족, 친구, 애인관계를 유지하고 맺는 방식을 찾아내는 통로이며, 한국사회의 현행 질서에 대한 세대론적 평가를 형성하는 공론장이기도 하다. 인터넷의 바다에서 그들의 고민, 그들의 코드, 그들의 행동양식이 만들어지고 유통된다. 그들은 개별 공간에 아지트를 만들어 세계를 바라보고 있지만, 그 공간은 그들의 세대원들에게 열려있다. 이들이 유통시키는 코드 읽기, 인터넷에서 형성되는 행동양식의 특성 읽기는 젊은 세대가 지향하는 세대적 임무를 알아내는 데에 필수적인 작업이기도 하다(2장).

향후 또 다른 폭발의 계기를 기다리고 있는 이 변혁의 에너지는 젊은 세대가 축적한 '문화자본'(*cultural capital*)으로부터 나온다는 것은 충분히 눈치챌 수 있다. 기성세대와는 달리 젊은 세대는 영어실력도 쌓았고, 외국여행 경험을 갖고 있으며, 음악회, 오페라, 연극, 운동경기 등 온갖 유형의 문화활동에 깊숙이 발을 들여놓은 연령층이다. 기성세대는 고급문화에 돈을 쓸 여유도 없었고 공연장에 가본 경험도 미천하지만, 젊은 세대는 느끼고 즐기고 함께 놀기 위해 공연장으로 간다. 그것도 자주 간다(4장). 한국문화관광 정책연구원이 발간한 보고서를 토대로 세대별 문화활동의 경험을 분석한 글은 젊은 세대가 결코 무지하고 무식하지 않다는 사실을, 오히려, "책도 안 읽고 컴퓨터 게임에만 몰두한다"는 기성세대의 우려가 더 무지한 판단이라는 사실을 일깨워준다. 이들은 클래식 음악을 더 들었고, 오페라 공연을 더 보았으며, 연극과 뮤지컬의 주요 고객이고, 영화, 대중가요, 쇼, 문학행사, 미술전시회 등을 더 즐긴다. 젊은 세대가 문화의 주요 소비층인 것이다. 김영하의 소설이 역설적으로 항의하듯, "우리는 단군 이래 가장 많이 공부하고, 제일 똑똑하고, 외국어에도 능통하고, 첨단전자제품도 레고블록 만지듯 다루는 세대"다. 그런데, "왜 지금 우리는 놀고 있는 거야? 왜 모두 실업자인 거야? 도대체 우리가 뭘 잘못한 거지?"다. 상상력과 창의성으로 가득 찬 세대는 지금 놀고 있다. 대부분, 시간제 근로자와 알바층으로 전전긍긍하고 있다.

여성주의담론만 해도 그렇다. 기성세대 여성운동가들이 활약한 덕분에 성차별의식은 상당 부분 해소되었고 여성의 권익을 신장하는 제도들이 속속 도입되었다(5장). 그것은 민주주의와 함께 찾아온 거센 여풍(女風)이었다. 여성학이 1970년대 말 도입되었고, 1990년대에는 여성학협동과정이 대학 내에 신설되었다. 성폭력근절 운동이 벌어졌으며, 여성정치인 쿼터제, 여성고용평등, 여성호주제 등의 혁신적 쟁점들이 대부분 해결되었다. 그렇다고 여성의 진출을 막는 유리천장(*glass ceiling*)이 깨진 것은 아니다. 한국사회에서 그것은 여전히 강하게 존재해서 여성의 사회진출을 저해하고 있으며, 건강한 여성관을 왜곡한다. 이런 상황에서, 신상녀, 된장녀, 알파걸 등 여성을 특정 소비주체, 특출한 능력자로 부추기는 세속어들이 등장하는 것은 오히려 여성주의가 의도하는 건강한 면모를 왜곡하는 남성주의적 공세에 불과하다. 여풍에 대한 역풍(*backlash*)인 것이다. 특출한 여성의 존재를 부각시켜 여성주의가 과도한 수준에 달했음을 전파하는 이런 역풍 속에 놓인 젊은 세대는 이중적 괴로움에 직면하고 있다. 결코 엷어지지 않은 채 실생활에 막강한 억압으로 존재하는 유리천장을 어떻게 깰 것인가의 문제와, 알파걸로 상징되는 '능력여성'이 되기 위해 얼마만큼의 치열한 경쟁을 뚫어야 하는가의 문제가 그것이다.

기성의 여성운동이 거대담론을 전파하고 제도혁신에 성공하였다면, 영페미니스트들은 여성 주체성의 문제를 부각하고, 문화와 축제 중심의 운동방식을 선택했다. 전자가 이념과 논설, 집단행동 중심이었다면, 후자는 실생활에서의 고민과 그것을 드러내는 퍼포먼스를 주요 방식으로 설정한다. 따라서 기존의 여성주의가 한국사회를 감싸고 있는 단단한 껍질을 벗겨내는 데에 치중하였다면, 젊은 세대의 영페미니스트들은 여성편견과 차별이 재생산되는 현장에서 미시적 남성권력과 미시개념들을 격파하는 데에 초점을 둔다. '개인적인 것이 가장 정치적인 것이다'는 젊은 세대의 확신은 어떤 계기를 통해 폭발하고야 말 문화자본의 축적양식에도 스며있다.

기성세대가 관심을 둬야 하는 일은 바로 이들의 문화자본이 제대로 폭발할 수 있도록 기폭제를 만들어 주는 것, 다시 말해, 창의성으로 전환되도록 길을 터주는 것이다. 창의산업(*creative industry*)이 바로 그 답이다(3장). 상상력이 풍부한 젊은 세대를 창의산업으로 이끌어내는 것, 또는 플로리다(Florida)의 '창의계급'(*creative class*)으로 만드는 것은 한국의 미래를 보장하는 중요한 해답이다. '단군 이래 최고의 문화세대'로 지칭되는 한국의 젊은 세대는 한국을 창의산업 선도국가로 만들 충분한 자질을 지녔다. 플로리다가 측정한 2007년 창의성 지수를 보면, 한국이 39개 국가 중 38위를 차지하고는 있으나 창의계급의 연평균 증가율이 3.8%, 아일랜드 다음으로 2위를 차지해 미래발전에 관해 매우 낙관적인 전망을 내리게끔 한다. 20대를 문화산업의 전사로 길러내는 일, 그것을 위해 창의산업의 인프라를 단단히 구축하는 일은 기성세대의 몫이다. 창의산업의 번창을 위해 국가가 해야 할 일은 산더미처럼 쌓여 있다. 미디어시장과 아이디어시장의 활성화, 산업과 기업활동의 규제완화, 수도권 경쟁력 강화, 교과과정 혁신과 교육개혁, 콘텐츠개발 기관육성, 유통시장 구조개혁, 그리고 문화와 경제를 융합하는 문화거버넌스의 현대화 등 국가에 요구되는 과제는 넘쳐난다.

젊은 세대에 부과된 역사적, 사회적 짐이 매우 무겁고 세계화가 이들의 진로를 협소하게 만들수록 국가와 사회, 기성세대가 이들을 위해 해야 할 일은 늘어난다. 이들의 세대위치를 정확히 파악하고 이들의 고뇌와 딜레마를 해독하는 것이야말로 세대진단학의 출발점이며, 이를 토대로 젊은 세대가 세대역량을 충분히 발휘하고 '세대 임무'를 착실히 수행하도록 길을 닦아 주는 것이 세대진단학의 도달점일 것이다.

인터넷세대 : 눌림과 열림

행복해도 괜찮아 1장

학생들에게 주는 교육사회학

장덕진*

이 글은 내가 가장 잘 알고 있는 내 주변 대학생들의 꿈과 좌절, 그리고 선택에 대한 이야기이다. 내 주변의 대학생이라 함은 좁게는 내가 재직하고 있는 서울대 사회학과 학생들을 말하는 것이고, 조금 더 넓게는 서울대 사회과학대학 학생들을 말하는 것이다. 좀더 용감하게 범위를 넓혀서 이야기하면 인문대학과 경영대학, 법대 등을 포괄하여 서울대 문과 학생들까지 포함한다고 이야기할 수는 있을 것 같다. 겨우 이 정도의 특수한 학생들, 더구나 국내에서 가장 선택받고 혜택받은 학생들에 대한 이야기를 가지고 한국의 젊은 세대와 교육현실에 대해 무슨 이야기를 할 셈이냐고 묻는다면, 할 말이 없다. 하지만 내 주변의 학생들에 대해 이야기할 수밖에 없는 사정들은 있다. 첫째로, 내가 만나보지 않은 젊은이, 그들의 삶에 대해 감히 왈가왈부할 생

* 서울대학교 사회학과.

각이 없다. 둘째로, 우리나라 대학교육의 문제를 이야기할 때, 대한민국 국민 대다수가 비판해 마지않는 교육 서열화의 최정상에 서 있는 서울대 학생들조차 어떻게 좌절해가고 있는지를 가능한 생생하게 보여주는 것이 어찌 보면 최선의 방법이라고 생각한다. 한국의 대학은 동질적인 집단이 아니다. 어느 대학이 다른 어느 대학보다 '높다' 혹은 '낮다' 정도를 지나서 합격자들의 수능 평균점수를 기준으로 어느 대학이 다른 어느 대학보다 '몇 점 높다' 혹은 '몇 점 낮다'라고까지 이야기할 수 있는 철저한 위계서열 구조이다. 이렇게 이질적인 집단인 대학을 놓고 무작위 표본추출한다는 것 자체가 잘못된 발상일 수 있다. 서열화된 구조에서는 혜택도 병폐도 최정상에 집중된다.

이 글을 읽고 막상 당사자인 서울대 학생들이 얼마나 자신들의 이야기라고 받아들여줄지 나로서는 알 길이 없다. 내가 그들이 아니기 때문이다. 그러나 다른 어느 교수 못지않게 그들의 삶에 가까이 가기 위해, 그들의 삶을 엿보기 위해 노력했다고는 말할 수 있다. 올해로 교수생활 11년째를 맞이한 나는 비교적 최근에 들어서야 내가 가르치는 학생들의 '삶'에 대해 진지하게 관심을 가지기 시작했음을 고백한다. 이것을 부끄러워해야 마땅하겠으나, 변명을 하자고 들면 한국 대학의 현실에서 지금까지 내 앞가림하기에만도 충분히 바빴다고 말할 수 있다. 최근 들어서야 가지게 된 진지한 관심을 앞으로 얼마나 더 오래 더 진지하게 유지할 수 있을지도 솔직히 잘 모르겠다. 최근 대학사회의 변화가, 내게 이런 문제에 신경 쓰지 않는 것이 유리할 것이라고 은근히 권하고 있기 때문이다.

내가 그들이 아니라는 점에서, 나는 이 글을 통해 그들의 이야기를 대신 하는 셈이다. 그것도 그들이 공감해줄지 확신하지도 못하는 상태에서 말이다. 왜 그래야 하나. 이유는 한 가지이다. 대한민국처럼 교육이 온 국민과 정부의 관심사인 나라에서, 막상 그 교육의 대상인 학생들의 입장에서 교육의 문제를 제대로 파헤친 것을 한 번도 본 적이 없기 때문이다. 교육에 가장 영향을 많이 받는 것은 학생들이다. 교육이 학생들의 삶을 심대하게 바꾸어 놓는 것은 상식에 속하는 일이다. 그러나 교육을 둘러싼 논쟁은 항상 학생들을 배제한 상태에서 이루어졌다. 많은 경우 특정 정파 혹은 특정 이해집단의 이해관계에 의해 교육정책의 급차선 바꾸기 실험이 행해졌고, 학생들은 교육개혁이라는 미명하에 실험실의 개구리가 될 수밖에 없었다. 지난 정부에서도, 그 이전 정부에서도, 그리고 현 정부에서도 이런 일은 어김없이 되풀이되고 있다.

힘없는 아동을 대상으로 한 범죄가 가장 지탄받아 마땅하듯이, 아직 자신의 이익을 완전하게 대변할 능력이 없는 학생들을 대상으로 하는 정파적 이해관계에 의한 교육실험은 적어도 도덕적으로는 중범죄에 속한다. 정파적 이해관계에 의한 교육실험을 그럴듯한 명분으로 포장했던 사람들은 선거에서 표를 얻고, 정부의 고위직을 차지하고, 대학의 높은 자리를 차지한 후 그 경력을 가문의 영광으로 간직하면 그뿐이지만, 어설픈 실험의 칼날을 온몸으로 감당해야 했던 학생들은 그 상처가 덧나서 시름시름 시들어간다. 캠퍼스에서 학생들과 늘 함께 호흡하며 그들의 상처를 지켜보아야만 하는 나는 이제 그 잔혹한 장면들을 더 이상 보아내기가 어렵다.

대학입시가 끝난 자리, 어른들은 떠난다

85학번인 내가 대학입시를 치른 날짜를 정확히 기억하지는 못하겠으나, 아마도 1984년 겨울의 어느 날이었을 것이다. 그때나 지금이나 명문대학을 향한 경쟁은 초등학교 무렵부터 시작되었으니, 우리는 10여 년에 걸친 긴 전쟁을 끝낸 병사들이었다. 그날 저녁 외국어대학 근처 이문동 어느 술집에 우리 반 친구들이 모였다. 당시 한 반 정원이 65명쯤 되었는데, 족히 20명은 넘는 인원이 모였으나 우리는 절대 비행청소년이 아니었다. 대학입시를 막 끝낸 평범한 고3 학생들일 뿐이었다. 고2 때부터 교복자율화가 시행되어 어설프게 사복을 입기는 했지만 누가 봐도 머리에 피도 안 마른 애송이들이었다. 그날 우리 20여 명은 익숙지 않은 술에 만취했고, 옆 테이블 청년들과 패싸움을 벌여서 두들겨 맞았으며, 퉁퉁 부은 얼굴로 집에 갔다. 10년 전쟁을 끝낸 병사들이었으니 상처를 달고 집으로 돌아가는 것이 자연스러웠으리라.

돌이켜 생각하면 그날 우리의 어수룩한 술자리를 둘러싼 놀라운 '사회적 합의'에 경악할 수밖에 없다. 한눈에 봐도 고등학생들임에 분명한 우리 애송이들 20여 명을 기꺼이 '손님'으로 받아준 술집주인은 무슨 생각이었을까. 한편으로는 입시생들에 대한 측은한 마음도 있었을 터이고, 다른 한편으로는 오늘 같은 날은 설사 단속이 뜬다 해도 눈감아 줄 것이라는 얄팍한 계산도 있었을 터이다. 대학입시 날이면 경찰이 비상근무를 했던 것 같기는 한데, 주로 길에서 만취해 방황하거나 난동을 부리는 수험생들을 계도하는 정도였고 우리가 술 마시는 것 그 자체를 문제 삼는 일은 없었던 것 같다. 우리들 20여 명이 술집에 모일 수 있었다는 것은 적어도 스무 가족의 부모님들이 만 18세 자녀들의 음주를 묵인했다는 뜻이기도 하다. 우리의 부모님, 술집주인, 그리고 경찰은 그날 우리가 술 마셔도 좋다고 무언의 합의를 한 셈이다.

그 다음날부터 2월 졸업식까지 약 두 달 정도의 의미 없는 학교생활이 시작되었다. 봄방학 기간을 빼면 실제로 학교에 나간 날은 한 달 남짓 되지 않았을까 생각되는데, 선생님들에게나 학생들에게나 실로 난감한 시간이 아닐 수 없었다. 오로지 대학입시만을 위해 우리는 고등학교에 다녔고, 이제 그 대학입시가 끝난 마당에 더 이상 고등학교에서 할 일이 없었던 것이다. 우리들은 더 이상 공부할 생각도 없었고, 선생님들도 우리를 공부시키려 하지 않았다. 이제 선생님들의 모든 관심은 새로 고3이 될 우리의 1년 후배들에게 가 있었다. 공부를 하지 않는 대신 학교에서 대절한 버스를 타고 서울 근교의 사적지 같은 곳을 둘러보는 일이 자주 있었던 걸로 기억한다. 학급에서 주먹깨나 쓴다던 친구들은 버스 제일 뒷자리에 모여 앉아서 창문을 열어놓고 담배를 피웠고, 상소리를 해가며 술을 마셨다. 버스 제일 앞자리에 앉은 담임선생님은 때때로 우리를 제지하기도 했지만 주로 무서운 눈으로 말없이 노려보며 우리의 작은 일탈이 더 큰 극단적 일탈로 번져나가지 않도록 하는 선에서 관리를 하셨다. 당시 그 분과 비슷한 나이가 된 지금에서야 그 분의 말없음 속에 감춰진 절망과 무기력을 이해하지만, 그 분으로서도 그게 최선이었을 거라는 생각은 예나 지금이나 변함이 없다.

대학입시가 끝나자마자, 그렇게 어른들은 우리를 떠나갔다. 어제까지 그렇게도 우리의 일거수일투족을 관리하고 강제하던 어른들이, 시험이 끝남과 동시에 모두 떠났다. 10대 소년 20명이 모여서 술을 마셔도, 패싸움을 해도, 학교에서 흡연과 음주를 하고 상소리를 해대도 아무도 간섭하지 않았다. 어떤 의미로 보면 한국 사회에서 대학입시는 인생의 종착역이다. 아직 목도 제대로 가누지 못하는 갓난아기들에게 알파벳 철자가 적힌 카드를 보여주면서 조기교육이라는 미명하에 유아 정신질환을 유발하는 것으로부터 시작해서 영어발음을 잘하라고 혀를 잘라주고, 새벽에서 다음날 새벽으로 이어지는 과외와 기러기 아빠를 양산하는 조기유학까지 이 모든 광풍(狂風)은 대학입시가 끝나는 순간 끝이다.

서울대 사회과학연구원이 2004년 1월에 발표한 흥미로운 자료가 있다. 〈입시제도의 변화: 누가 서울대에 들어오는가?〉라는 제목의 이 자료는 서울대 사회과학대학 교수 4명이 공동으로 서울대 입학생에 대한 다양한 데이터를 분석한 결과이다. 이 자료에 따르면 어머니가 전업주부인 경우 자녀가 서울대에 입학할 확률은 어머니가 직업이 있는 경우와 비교하면 연도에 따라 적게는 4배에서 많게는 6배까지 높다. 이것을 좀더 세분하여 어머니의 학력까지 함께 고려하면 더 흥미로운 결과가 나온다. 즉, 어머니가 대졸 이상의 학력인가 그렇지 않은가, 그리고 어머니가 전업주부인가 아니면 직장을 가지고 있는가의 범주들을 교차시켜 그 자녀들이 서울대에 입학할 확률을 비교해보는 것이다. 놀랍게도 — 혹은 당연하게도 — 자녀를 서울대에 많이 입학시키는 순서는 ① 대졸 이상 전업주부 어머니, ② 대졸 이상 직장을 가진 어머니, ③ 고졸 이하 전업주부 어머니, ④ 고졸 이하 직장을 가진 어머니 순서이다. 이 순서는 분석의 대상이 된 1985년부터 2000년까지 15년 이상 단 한 번도 예외 없이 지켜졌다. 통계를 잘 모르는 사람이라도 이 결과는 쉽게 해석이 된다. 전업주부 어머니라면 직장에 묶인 어머니보다 자녀들을 관리 · 감독할 시간이 훨씬 많을 것이다. 거기다 본인이 고학력자라면 대학입시에 대해 아는 것이 많으니 유리할 수밖에 없다.

이제 대한민국의 어머니들이 왜 그다지도 자녀 교육에 목숨을 거는지 그 한 가지 이유가 밝혀진 셈이다. 적어도 자녀교육과 관련해서 볼 때, 대한민국 어머니들의 최고의 임무는 본인이 가급적 좋은 대학을 나와서 그 능력과 관심을 다른 곳에 쓰지 말고 자녀에게만 전적으로 쏟아 부어서 자녀를 명문대학에 입학시키는 것이다. 남의 이야기일 때는 비아냥거릴 수 있지만 자신과 사랑하는 자녀들의 일이 되면 비장해질 수밖에 없다. 그래서 우리의 어머니들은 자녀교육에 관한 한 비장하다. 자녀가 공부를 잘하면 잘할수록, 그래서 서울대라는 최정점에 가까우면 가까울수록 더욱 비장하다. "고지가 바로 저긴데 예서 말 수는" 없으니까.

이제 이 아이들이 서울대에 입학한 이후에 어떤 일이 벌어지는지 보자. 앞서 인용한 자료에는 서울대 재학생들의 학점이 어머니의 직업에 따라 어떻게 달라지는지에 대한 결과도 나와 있다. 이 결과를 그대로 옮겨놓은 것이 〈그림 1-1〉이다.

〈그림 1-1〉 어머니의 직업별로 본 서울대 재학생의 평균 학점(1981~2002)

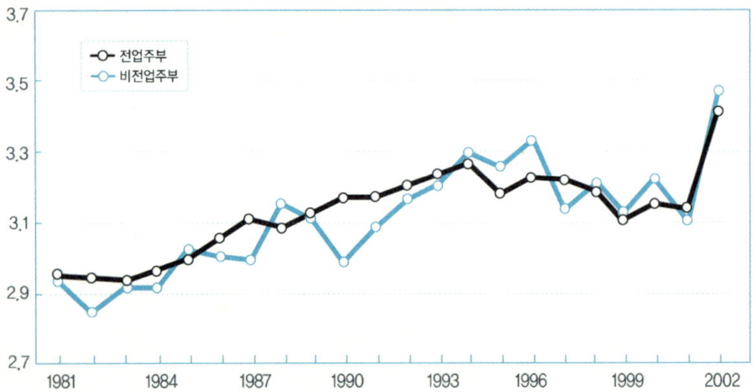

자료출처: 김광억 외, 2004, 〈입시제도의 변화: 누가 서울대에 들어오는가?〉, 서울대 사회과학연구원.

자녀들의 서울대 입학을 많게는 6배까지 좌우했던 그 지대한 영향력은 놀랍게도 입학과 동시에 완벽하게 사라진다. 이 학생들을 직접 가르치는 나로서는 웃어야 할지 울어야 할지 알 수 없는 결과이다. 좋게 해석하자면, 이제 대학생이 된 자녀들이 부모로부터 독립해가는 과정에서 부모의 영향력을 무산시킬 정도로 대학교육이 골고루 영향력을 행사하고 있다고 볼 수도 있다. 나 스스로가 이 대학의 일원이니, 제발 이 해석이 맞았기를 바라는 마음 간절하다. 하지만 이 글의 뒷부분에서 제시하는 자료들은 이 해석이 맞았을 가능성이 매우 희박함을 말해준다.

이보다 훨씬 가능성 높은 해석은 적어도 대학교육과 관련하여 이 학생들의 부모들이 자녀들을 '떠났음'을 말해준다는 것이다. 우리 사회의 통념이 그렇듯이 서울대생의 부모들도 자녀가 서울대에 입학한 순간 부모가 해야 할 '뒷바라지'는 끝났고, 자녀들의 앞길에는 '탄탄대로'가 열렸다고 생각한다. 부모들은 등록금이 인상되었다고 한탄하지만 아직도 사립대학에 비해 상대적으로 싸다는 사실에 안도하고, 간혹 전해 듣는 무성의한 일부 교수들에 대해 분개하기도 하지만 '서울대'라는 간판이 있으니 넘어간다. 자녀들이 이른바 국내 최고의 대학에서 무슨 과목을 듣는지, 무슨 생각을 하는지, 그들의 '마음의 길'이 어느 방향으로 열리고 있는지에 대해서는 거의 무심하다. 서울대생의 부모들이 나빠서가 아니다. 그것이 대학을 둘러싼 우리 사회의 '사회적 합의'이므로, 누가 서울대생의 부모가 되더라도 마찬가지이다. 대학은 '들어가는 곳'이지 '공부하는 곳'이 아니다. 일단 들어갔으니 거기서 무얼 하는지는 별 관심이 없다. 그 결과가 〈그림 1-1〉로 나타났다는 것이 나의 생각이다.

1/N 무한경쟁과 레드 퀸(Red Queen)

> "우리나라에서는 말이죠," 아직도 숨을 헉헉대며 앨리스가 말했다. "아주 빠르게 오랫동안 뛰면 어딘가 다른 장소로 이동하게 되거든요? 우리가 방금 했던 것처럼 말이죠."
>
> "느려터진 나라로구나." 붉은 여왕(Red Queen)이 말했다. "이곳에서는 최선을 다해 뛰어야 제자리에 있을 수 있어. 만약 어딘가로 가고 싶다면 최소한 두 배는 더 빨리 뛰어야 해."
>
> - 루이스 캐롤(Lewis Carroll), 《거울나라의 앨리스》 중에서.

《이상한 나라의 앨리스》(*Alice in Wonderland*) 후속편이라고 할 수 있는 《거울나라의 앨리스》(*Through the Looking-Glass*)에 나오는 유명한 구절이다. 이후 이 구절에서 따온 '레드 퀸 현상'은 여러 가지 과학적 은유로 사용되었다. 가장 널리 알려진 것은 생물학에서 서로 다른 종들 사이의 공진화(*co-evolution*)를 설명하는 것이다. 예를 들어 늘 쫓기는 입장인 사슴은 생존가능성을 높이기 위해 더 빨리 뛰는 방향으로 진화한다. 그러나 사슴을 잡아먹는 사자도 생존가능성을 높이기 위해 더 빨리 뛰는 방향으로 진화한다. 결국 그들은 더 빨리 뛰기만 할 뿐, 사슴의 생존가능성도, 사자의 생존가능성도 높아지지 않는다.

서울대 학생들을 가르치러 강의실로 향하면서, 때때로 나는 두려움을 느낀다. 최근 전국의 대입수험생 수는 대략 60만을 조금 넘는 수준이고, 서울대 입학정원은 약 3천 명 정도이다. 각 대학 의대나 다른 명문대 등으로 빠져나가는 학생들을 감안하더라도 내가 가르치는 학생들은 아마 전국석차 6천 등 이내에는 쉽게 들었을 학생들이다. 아무리 넉넉하게 잡아도 상위 1%의 학생들만 모여 있다는 뜻이다. 요즘 유행하는 말로 공신(功神), 즉 공부의 신들인 셈이다. 1백 명쯤 모여 있는 대형강의일 때는 이 두려움이 더욱 커진다. 상위 1%의 공신들 1백 명을 모아놓고 가르칠 만한 자격이 내게 있는 것일까. 1백 명을 모아놓고 3시간짜리 강의를 하면 3백 시간이 된다. 대한민국 상위 1% 최고 인재의 3백 시간이 가치 있게 쓰였다고 자신할 수 있는 수준의 강의를 나는 하고 있는 것일까. 생각이 여기에 미치면 가벼운 현기증을 느끼게 된다.

서울대는 2002년부터 모집단위 광역화를 시작했다. 많은 사람들에게 익숙한 학과별 모집이 아니라, 넓게 묶인 모집단위별로 학생들을 선발한 후 2학년 혹은 3학년이 되면 학생이 자신의 전공을 택하는 시스템이다. 내가 속한 사회과학대학에는 9개의 학과와 두 개의 모집단위가 있다. 학과로는 정치, 외교, 경제, 사회, 언론정보, 심리, 사회복지, 인류, 지리학과가 개설되어 있고, 앞의 7개 과는 사회과학계열로,

인류학과와 지리학과는 인류지리학과군으로 묶여서 각각 신입생을 모집한다. 모집단위 광역화 논의의 시발점이 된 1995년의 5 · 31 교육개혁안이 제시한 이유는 일리가 있는 것이었다. 그에 따르면 "급변하는 사회에서 인간과 자연에 대한 총체적 이해 없이 세분화된 전공교육만을 시키는 것은 시대에 맞지 않는 교육이므로, 학생들이 다양한 전공을 이수할 수 있도록 기초학문과 응용학문을 적절히 배치해 학부 교육과정을 개편하고, 직업교육은 전문대학원에서 실시한다"는 것이다. 이 취지에 따라 서울대 사회과학대학에 들어오는 학생들은 1학년 때는 사회과학계열 혹은 인류지리학과군에 속하게 되고, 2학년이 되면서 원하는 학과를 1-2-3-4 지망으로 써내서 성적순서와 각 학과 정원에 따라 학과를 배정받게 된다. 사회과학계열에 속한 학생은 앞의 7개 학과 중에서, 인류지리학과군에 속한 학생은 인류학과와 지리학과 중에서 선택하게 된다. 학생들의 선택을 돕기 위해 각 학과는 '전공탐색 과목'을 운영한다. 1학년을 대상으로 각 학문의 내용을 알려주는 강의를 개설해서 이들이 미리 각 학문의 특성과 장래진로 등에 대한 정보를 얻은 상태에서 전공을 선택하도록 한다는 취지이다.

내가 속한 사회학과에서 개설하는 전공탐색 과목의 이름은 '현대사회와 사회학'이다. 나는 서울대에 재직한 7년간 이 과목을 다섯 차례에 걸쳐 강의할 기회가 있었다. 이 강의를 맡으면 약간은 묘한 고민에 빠지게 된다. 이 과목의 취지는 앞서 설명한 바와 같이 학생들이 각 학문의 성격을 미리 알고 전공을 선택할 수 있도록 도와준다는 좋은 의

도이지만, 다른 한편으로는 학년이 바뀌면서 최종적으로 몇 명이 그 학과를 선택하느냐에 따라 담당교수로서는 일종의 '성적표'가 드러나기 때문이다. 예를 들어 작년에 다른 교수가 이 강의를 맡았을 때에는 사회학과 경쟁률이 높았는데, 올해 내가 강의를 하고 나서 미달 사태가 빚어졌다면 뭔가 학과에 큰 피해를 입힌 것 같은 죄책감을 면하기 어려운 것이다. 앞에 제시한 〈그림 1-1〉을 보면 서울대 재학생의 평균 학점은 1981년 약 2.9 정도였던 것이 2002년이 되면 거의 3.5에 육박한다. 20여 년 사이에 평균적으로 0.6 정도 학점이 높아진 셈인데, 서울대 학점은 4.3 만점으로 되어 있으므로 이것은 100점 만점으로 환산하면 13.95라는 큰 폭의 상승이 이루어진 것이다. 그만큼 학생들이 과거보다 열심히 공부한다는 뜻으로 해석하면 바람직한 일이지만, 꼭 그런 것만은 아니다. 여러 가지 이유가 있지만 무엇보다 가장 큰 이유는 학생들이 학점을 '관리'하기 시작했기 때문이다. 과거보다 훨씬 좁아진 취업문을 걱정하는 학생들이 보편적으로 택할 수 있는 방법은 둘 중 하나이다. 하나는 학점관리이고, 다른 하나는 고시나 언론사 시험과 같은 시험 준비이다. 시험 준비는 학교 바깥에서 이루어지는 일이므로, 결국 학교 안에서 학생들이 할 수 있는 일은 학점관리밖에 없다고 해도 과언이 아니다.

이렇게 보면 학생들이 수강과목을 선택하는 공식은 아주 단순하게 결정된다. 일주일에 공부를 위해 20시간을 투자하고, 그 학기에 6과목을 듣는다고 가정하자. 과목당 3.3시간이라는 공부시간이 나온다.

그렇다면 학생 입장에서는 주당 3.3시간을 공부하고 A학점을 받을 수 있어야 한다는 계산이 쉽게 나온다. 나는 이것을 '1/N 공부'라고 부른다. 그러다보니 과제를 많이 주고 읽을거리가 많아서 주당 6시간을 공부해야 하고, 그래도 A학점을 못 받을지도 모르는 '치열한' 과목은 기피대상이 된다. 1학년 때의 학점으로 소속 학과가 결정된다는 점에서 '고등학교 4학년'인 대학 1학년생들의 입장에서 이 압력은 더욱 심해진다. 이런 상황에서 전공탐색 과목의 공부 강도를 높인다는 건 교수 입장에서도 모험이 아닐 수 없다. 강의의 질과 상관없이 학생들의 부담이 많아지면 기피과목이 되고, 이것은 곧바로 학과 지원율을 떨어뜨리는 결과로 이어질 것이 뻔하기 때문이다.

좋은 취지로 도입된 모집단위 광역화와 그에 따른 학생들 사이의 경쟁이 어떤 '의도하지 않은 결과'를 낳는지는 내가 직접 겪었던 다음의 에피소드가 잘 보여준다. 지금보다도 훨씬 더 경험이 부족했던 신참내기 교수 시절의 일이다. 정원이 1백 명쯤 되는 대형강의를 맡은 나는 '중간고사 40%, 기말고사 40%, 강의기여도 및 출석 10%, 수업게시판을 통한 토론 10%'라는 평가기준을 제시했다. 이 중 마지막 기준인 '수업게시판을 통한 토론 10%'가 탈이었다. 어차피 1백 명쯤 되는 큰 강의에서는 실질적인 토론이 이루어지지 못하기 때문에 인터넷 게시판을 통해서라도 학생들의 토론 참여를 유도하려는 생각이었다. 다른 것도 아니고 토론에 강제로 참여한다는 것은 의미가 없다고 생각했기 때문에 최하 몇 번 참여해야 한다는 기준은 제시하지 않았고, 알아서 자발적으로 참여하라고 했다. 개강 이후 한 달이 지나도록 토론게시판은 단 한 건의 토론도 올라오지 않아서 차마 클릭하기 민망할 지경이었다. 그러던 어느 날 한 학생이 한 건의 토론을 올렸고, 너무 반가워서 간단한 코멘트와 함께 칭찬의 말을 써주었다. 다음날 혹시나 하고 다시 토론게시판에 들어가 본 나는 깜짝 놀랐다. 하루 사이에 20여 개의 토론문이 올라와 있었기 때문이다. 그로부터 며칠 이내에 1백여 건의 토론문이 올라왔다.

"학생들이 갑자기 공부를 열심히 하나?", "내가 공연히 칭찬의 글을 써주어서 학생들이 샘을 내는 건가?" 이런 나의 생각이 얼마나 순진한 것이었는지, 신참 교수인 나는 그 학기가 끝나고 나서야 깨닫게 되었다. 결론부터 설명하면 다음과 같다. 1/N로 학점관리를 해야 하는 학생들의 입장에서는, 토론게시판에 아무도 글을 올리지 않은 상태가 최적의 상황이 된다. 공연히 추가적인 시간을 쓸 필요 없이 자신에게는 '감점요인'이 발생하지 않고, 결국 학점은 상대평가로 주어질 것이기 때문에 이 과목에 쓰는 시간의 총량을 줄이면서 자신의 학점은 계획대로 관리할 수 있기 때문이다. 그리고 여기서 절약한 시간은 다른 과목에 투입해서 그 과목의 학점을 올리면 된다. 그런데 한 학생이 토론문을 올리는 순간, 이 균형은 깨졌다. 이 학생에게는 '득점요인'이, 나머지 99명의 학생에게는 '감점요인'이 발생했기 때문이다. 그러자 이 깨진 균형을 원상태로 되돌리기 위해서, 즉 '감점요인'을 상쇄하기 위해서, 일제히 99개의 토론문이 올라왔다. 1백 개의 토론문이 올라왔지만, '학점관리'라는 관점에서 보면 아무도 토론문을 올리지 않은 처음으로 되돌아간 것이다.

며칠 후 어떤 학생이 자신의 '득점요인'을 만들기 위해 두 번째의 토론문을 올렸고, 아니나 다를까 2~3일 간격으로 99개의 토론문이 올라왔다. 이런 현상은 한 학기 내내 반복되었고, 학기말이 되니 족히 수천 개의 토론문이 게시판에 올라왔다. 종강을 며칠 앞두고는 하루에 1백여 개씩 글이 올라오는 날이 비일비재했다. 토론문의 수를 둘러싼 '무한경쟁'이 벌어진 것이다. 게시판을 통한 토론은 이 과목 학점의 10%를 차지한다고 했으니, 어찌 보면 이것은 비합리적인 행동이다. 대부분 학생들이 한 학기에 6과목을 듣는다고 할 때, 게시판 토론이 차지하는 비중은 그 학기 전체 학점의 1/60에 불과하기 때문이다. 그러나 학생들 입장에서는 달랐다. 합쳐서 80%를 차지하는 중간고사와 기말고사는 다른 학생들과 즉각적이고 직접적인 비교가 불가능하지만, 토론문의 수는 즉시 파악이 가능하기 때문이다. 게시판에 올린 글의 숫자가 남들보다 적다는 것을 발견한 즉시 그 학생은 자신의 학점관리에 빨간 불이 켜졌다고 생각하게 되고, 당장 눈에 보이는 감점요인을 모르는 척할 수가 없는 것이다. 암에 걸리고도 몇 년이 지나서야 병원을 찾는 사람이 많은 데 비해 당장 눈에 보이는 조그만 생채기에는 그때그때 약을 바르는 것과 비슷하다고 할까.

학생들 사이에서 벌어지고 있던 이런 무한경쟁의 내막을 모르고 있던 나는 대만족이었다. 학생들이 열심히 하는 것에 고무된 신참교수는 그에 부응하기 위해 더 열심히 강의준비를 했고, 열강을 토해냈다. 젊은 교수의 열강과 수천 개의 토론문으로 화답한 학생들. 아름다운 광경이라고 생각했다. 이것이 얼마나 큰 착각이었는지 깨달은 것은 방학도 절반 이상 지나고 학생들의 강의평가를 받아본 후였다. 한 학기 동안 뜨거웠던 열기만큼 좋은 평가를 기대했던 나는, 10명이 넘는 학과 교수들 중에서 갈데없는 꼴찌인 강의평가 결과를 받아들고 당황해야 했다. 양적 평가점수만 꼴찌인 것이 아니라, 강의에 대한 학생들의 코멘트는 가히 분노의 수준이었다. 분노의 내용은 한결 같았다. 1/60에 불과한 게시판 토론에 엄청난 시간과 노력을 쓰도록 만듦으로써 다른 과목 학점까지 모두 피해를 보았다는 것이었다. 지금은 담담하게 말할 수 있지만, 당시 이 일은 내게 엄청난 정신적 충격이었다. 그 후 나는 인터넷 게시판을 통한 토론을 할 경우 반드시 다음과 같은 안내를 덧붙인다. "강의게시판을 통한 토론 점수는 10%임. 한 학기에 두 개의 토론문을 올리는 것은 의무사항이고 점수에 포함되며, 두 개를 넘는 토론문은 권장사항이기는 하지만 점수에는 포함되지 않음."

요즘의 20대가 공부를 하지 않는다고, 심지어 무식하고 교양이 없다고 많은 사람들이 한탄한다. 정말 그런가? 내 생각은 다르다. 내가 대학생이었던 20여 년 전과 비교할 때, 그들은 평균적으로 훨씬 더 바쁘고, 더 많은 시간을 공부에 투자하고, 외국어를 비롯해 더 다양한 능력을 가지고 있고, 더 많은 자격증을 가지고 있고, 술 · 담배를 덜 하고, 더 학점이 높다. 그러나 평균적으로 볼 때 그들은 학점이나 자격증

따는 공부 이외에 '혼자 하는 공부'에 별로 관심이 없어 보이고, 그래서 그런지 아무래도 생각의 깊이가 덜한 것 같고, 어쩐지 지성인이라고 하기엔 인간적 성숙도가 덜해 보인다. 내가 대학생이었던 시절과 비교할 때 그들은 '전문인'에 훨씬 더 가까워 보이지만, '교양인'이나

〈그림 1-2〉 서울대 사회과학대학 2007학번 학생들의 학과배정 순서별 대학생활 특성

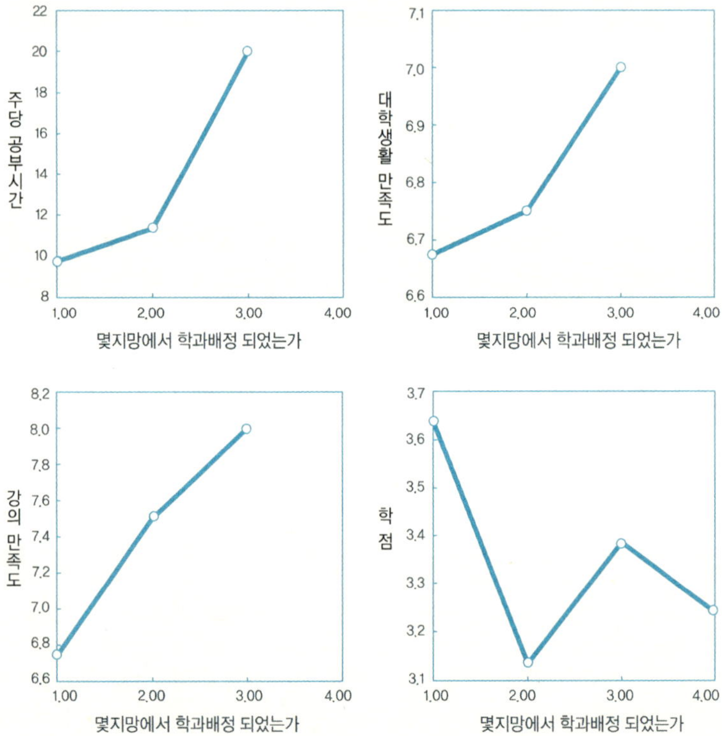

'인문인' 측면에서는 아무래도 떨어져 보인다. 왜 그럴까? 나는 그들이 '거울나라'에 살게 되었기 때문이라고 생각한다. 거울나라가 되어버린 대학에서 레드 퀸의 경주를 하게 된 그들은 최선을 다해서 뛰지만 제자리에 머물러 있을 수밖에 없는 것이다.

최선을 다해 뛰지만 제자리에 머물러 있다는 나의 평가는 너무 가혹한 것일까? 혹은 그들의 삶을 완전히 이해할 수 없는 외부자의 어설픈 관찰일까? 그랬으면 좋겠다는 마음 간절하지만, 불행히도 나의 관찰이 맞았을 거라는 증거가 여기에 있다. 〈그림 1-2〉를 보자. 앞서 설명한 바와 같이 서울대 사회과학대학 1학년 학생들은 2학년에 올라가면서 자기가 가고 싶은 학과를 1-2-3-4 지망별로 적어내게 되어 있고, 학생들의 성적과 각 학과의 정원에 따라 학과가 배정된다. 대학이 추구하는 학문의 다양성, 혹은 모집단위 광역화를 도입한 5 · 31 교육개혁의 취지와는 상관없이, 인기학과와 비인기학과는 엄연히 존재한다. 가장 인기학과는 경제학부이다. 커트라인이나 입학생 평균성적으로 보면 경우에 따라 다른 과가 더 높은 경우도 있지만, 지망하는 학생의 수로 보면 변함없는 인기학과는 경제학부라고 할 수 있다. 대략 전체 학생의 절반 정도가 경제학부를 지망한다. 최고 인기학과를 제외하고도 학과 간 순위를 매기는 것은 대강은 가능하다. 이런 상황이니 학생들 입장에서 보면 1지망에서 턱하니 자신이 지망한 학과에 배정되는 것이 1학년을 성공적으로 보냈다는 증표가 되는 셈이다. 만약 1지망에서 탈락했다면 2지망 학과에라도 배정이 되어야 한다. 2지망에서도 배정에 실패하고 3지망 혹은 4지망 학과에 배정된다면 대학 1학년 생활에 실패했다고 해도 할 말이 없어진다.

〈그림 1-2〉는 2007년 2학기에 내가 강의한 전공탐색 과목을 수강한 서울대 사회과학대학 07학번 학생 88명에 대한 설문조사 결과와 그들의 학점에 대한 교무처 자료, 그리고 학과배정에 대한 대학 측의 자료를 결합하여 분석한 결과이다. 1지망 학과에 배정받는 데 성공한 학생들과 2지망, 3지망, 혹은 4지망에 가서야 학과 배정을 받은 학생들을 구분하여 이들의 주당 공부시간, 대학생활 만족도, 강의 만족도, 그리고 성적을 비교한 것이다.

먼저 주당 공부시간을 보자. 놀라운 것은 1지망에서 전공 배정에 성공한, 다른 말로 대학 1학년 생활을 가장 성공적으로 보낸 학생들의 주당 공부시간이 최하이고, 일주일에 10시간도 채 되지 않는다는 것이다. 주당 공부시간은 2지망, 3지망으로 갈수록 높아져서, 3지망에 배정을 받은 학생들은 주당 20시간 이상을 공부에 투자하고 있다. 이러한 패턴은 대학생활 만족도나 강의만족도에서도 일관되게 나타난다. 반면 성적에 관한 한 전혀 다른 패턴을 볼 수 있다. 가장 공부 안하고, 가장 대학생활에 불만족하며, 가장 강의에도 불만족인 학생들이 가장 높은 성적을 보인다. 반면 가장 공부를 열심히 하고, 대학생활을 만끽하며 강의에도 만족하는 학생들은 성적이 낮고, 원하는 전공을 배정받는 데에 실패하고 있다. 왜 공부 안하는 학생들이 성공하고 열심히 하는 학생들이 실패할까?

우선, "머리가 나쁘니 오래 공부해도 성적이 안 나오지"하는 식의 오만하고 개념 없는 대답은 원천 배제하자. 다시 말하지만 이들은 모두 최소한 전국 1% 이내에 드는 공신(功神)들이다. 이 질문에 대한 답은 성공한 학생들의 관점과 실패한 학생들의 관점에서 각각 접근하는 것이 가능하다. 먼저 1지망 배정에 성공한 학생들은 그렇지 못한 학생들에 비해 '거울나라의 레드 퀸 경주'에 능한 학생들이라고 생각할 수 있다. 전국의 수재들만 모여 있다는 서울대에서, 일주일에 채 10시간도 공부하지 않으면서(혹은 3지망에서야 전공배정을 받은 학생들에 비해 절반도 공부하지 않으면서), 1지망 배정에 성공하였다는 것은 이들이 이러한 식의 게임을 뛰어나게 관리할 줄 아는 학생들임을 짐작하게 해준다. 이 해석이 맞건 틀리건, 한 가지 확실한 것은 그들의 '성공'이 그들의 '노력'(공부시간)의 결과가 아니며, 또한 그 '성공'은 그들을 '행복'하게 만들어주지 않았다는 점이다. 아마도 그들은 자신이 원하는(혹은 '원해야만 하는') 전공에 배정받기 위해 철저한 1/N 경쟁에 뛰어들었을 것이고, 그것은 그들에게 학점을 주었지만 행복을 주지는 않았을 것이다.

반면 실패한 학생들은, 실패했음에도 불구하고, 왜 더 행복할까? 이들은 훨씬 많은 시간을 공부하고도 더 낮은 학점을 받아야 했고, 결과적으로 원하는 학과 배정에 실패했다. 전국석차 1%의 공신들이 많이 공부하고도 실패하는 길은 한 가지이다. '관리'하지 못하고 '몰입'했기 때문이다. 학점관리에 대한 압박감이 거의 없었던 나의 대학시절, 나를 비롯한 많은 친구들은 꽤 열심히 공부하고도 학점이 엉망이었다. 한 학기에 수강하는 6과목 중 정말로 재미있는 과목 한두 개에 몰입해서 나머지 과목들을 관리하지 못했기 때문이다. 그러다보니 몰입했던 한두 과목은 100점 만점에 200점을 받을 정도로 공부했지만, 나머지 과목들은 C, D로 깔게 되는 경우가 흔했었다. 관리하지 못하고 몰입한 학생들은 학점은 낮았지만 대학생활을 더 즐기고, 강의에 흥미를 느꼈으며, 결과적으로 더 행복했다.

모두가 열심히 뛰어야 제자리에 머물게 되는 거울나라의 경주는 마치 기다란 러닝머신 위를 뛰는 것과 같다. 중간에 아무리 예쁜 들꽃이 피어있어도 쪼그리고 앉아 들여다볼 수 없다. 잠깐이라도 멈추는 순간, 앞서가는 것은 고사하고 제자리에 있지도 못하게 되기 때문이다. 레드 퀸은 둘 중의 하나의 선택밖에 없는 것처럼 말했다. 열심히 뛰어서 제자리에 있든가, 아니면 지금보다 두 배는 빨리 뛰어서 다른 곳으로 가든가. 그러나 다른 선택도 있다. 예쁜 들꽃을 보고 멈춰서는 순간, 뒤로 움직이는 러닝머신 덕분에 우리는 다른 곳으로 가게 된다. 두 배를 빨리 뛴 사람이나 멈춰 선 사람이나 다른 곳으로 간다는 면에서는 똑같다. 단지 앞으로 가느냐 뒤로 가느냐의 차이가 있을 뿐. 인생이라는 긴 여정에서 모두가 가고 싶어하는 공통의 목적지가 있다고 믿는 사람에게는 뒤로 가는 것은 참기 어려운 일일 것이다. 그러나 각자 자신의 몫의 행복이 따로 있고, 뒤로 가는 것도 옆으로 가는 것도 모두 그 사람에게는 소중한 의미라고 믿는 사람이라면 레드 퀸 경주에서 벗어나는 것은 한순간이다.

대학생활이 레드 퀸 경주라면, 멈추지 않고(몰입하지 않고) 최선을 다해 뛴 사람(학점을 관리한 사람)과 들꽃에 반해서(몰입해 버림으로써) 뒤로 밀려간 사람(학점관리에 실패한 사람), 둘 중에 누가 더 적극적인 선택을 한 것인가? 열심히 뛰어서 성적은 높았지만 들꽃에 눈길 한 번 줄 수 없었던 사람과 자연의 아름다움에 반해버린 대가로 실패한 사람. 불행하지만 학점이 높은 사람과 행복하지만 학점이 낮은 사람, 누가 승자인가?

〈그림 1-2〉에 대한 해석은 여기서 그치지 않는다. 더 이상의 해석은 오늘날 내가 겪은 대학생들의 가려진 꿈과 밀접하게 연관되어 있다. 이 이야기는 다음 절에서 하기로 하자.

이미 아쉬운 꿈, 사지선다형 꿈

2007년 2학기 전공탐색과목 강의를 맡으면서, 나는 몇 가지 결심을 했다. 첫째, 최대한 학생들의 눈높이에 맞추고 철저하게 준비해서 강의한다(당연한 이야기이지만, 부끄럽게도 과거에는 지키지 못하는 경우가 많았다).

둘째, 학생 숫자가 아무리 많아도 모든 학생을 일대일로 면담한다. 면담을 꼭 하기로 한 것은 두 가지 계기가 있었다. 우연히 대학생들의 학업성취에 대한 몇 개의 연구결과들을 볼 기회가 있었는데, 놀랍게도 학생들의 학업성취에 가장 큰 영향을 미치는 것은 담당교수와의 면담횟수였다. 생각해보니 당연한 일이었다. 담당교수와 면담을 자주 할수록 그 과목에 대한 관심을 나눌 기회가 많아지고, 그것은 그 과목에의 몰입으로 이어질 가능성이 크기 때문이었다. 또한 교육이란 근본적으로 지식 전달에 앞서서 '사람'을 바꾸는 것이라는 점을 상기할 때에도 당연한 결과이다.

또 다른 계기는 2006년 가을학기부터 2007년 봄학기까지 하버드대에서 교환교수로 있던 때의 경험이다. 내 과목을 듣는 학생 중 한 명이 2~3주 연속으로 결석하고 있다는 것을 문득 깨달았다. 어찌 된 영문일까 생각하면서 강의를 끝내고 집에 와보니 그 학생이 살고 있는 기숙사의 레지던트 딘(*resident dean*, 우리로 치면 기숙사 사감쯤 된다)으로부터 이메일이 와 있었다. 내용인즉슨, 자기가 파악하기로는 이 학생이 최근 생활태도에 문제가 있는 것 같은데 당신의 과목에서 별 탈 없이 잘하고 있는지 알려달라는 것이었다. 막상 담당교수인 나는 학생이 결석하고 있는 것을 2~3주 지나서야 깨달았는데, 수많은 학생들의 미묘한 생활태도 변화 하나하나까지 파악하고 담당교수에게 이메일을 보내는 정성에 깜짝 놀라기도 하고 얼굴이 붉어지기도 했다. 나는 즉시 회신을 보냈고, 그때부터 학기가 끝날 때까지 우리는 이메일을 주고받으며 그 학생을 지도해 나갔다. 이런 계기들을 겪으면서 나는 우리 대학의 제도나 재정이 아직 이 정도까지 받쳐주지 못한다 할지라도 내가 어느 정도의 개인적 희생을 해서라도 우리 학생들에게 비슷한 환경을 만들어주고 싶다고 생각하게 되었고, 그 결과 모든 학생들을 일대일로 면담한다는 '야심 찬'(무모한) 계획을 세우게 되었던 것이다.

세 번째 결심은 무슨 일이 있어도 시간마다 학생들보다 최소한 10분 이상 먼저 도착해서 학생들을 맞이한다는 것이었다. 우리 사회의 통념으로 보면 학생들이 모두 모여서 선생님을 기다리는 것이 예의라고 할 수 있지만, 그렇게 해서는 학생들의 마음속으로 들어갈 수가 없었고, 학생들의 마음속으로 들어가지 못하면 그들의 레드 퀸 경주를 말릴 수가 없을 것이 뻔했다. 교수가 먼저 가서 학생들을 맞이함으로써, 무의미한 경쟁에서 이기기 위해 잔뜩 털을 곤두세운 어린 짐승 같은 그들의 마음을 열어주고 싶었다.

네 번째는 내가 속한 사회학과의 이익(높은 경쟁률)이나 나 스스로의 얼굴 세우기(많은 학생들을 끌어왔다는 만족감)에 연연하지 말고, 최대한 학생들의 입장에서 함께 고민한다는 것이었다. 학생 숫자에 따라서 학과의 존폐까지 결정해야 하는 시장논리의 폭력에 대책 없이 노출되어 있는 많은 사립대학들과는 달리, 다행히 내가 속한 국립대학은 이러한 압력으로부터 아직도 상대적으로 자유로운 편이었다. 그렇다면 학과나 나 개인의 이익에 연연할 것이 아니라 학생들의 '삶'이라는 관점에서 접근하는 것이 옳았다.

끝으로, 한 학기 동안 최소한 일주일 정도는 학생들에게 '대학이란 무엇인가'라는 주제에 대해 심각하게 생각하고 토론할 기회를 준다는 것이었다.

막상 해보니 어려움도 많이 있었지만, 다행히 이 다섯 개의 결심은 모두 지켜졌다. 가장 힘든 것은 두 번째, 모든 학생과 일대일로 면담하는 것이었다. 88명의 학생들이 수강했는데, 아무리 오라고 해도 오지 않는 일부 학생들을 제외하고 모두 60명 정도의 학생들을 사람 대 사람으로 만날 수 있었다. 일대일 면담에 대한 학생들의 반응은 기대 이상으로 폭발적이었다. 놀랍게도 대부분의 학생들은 교수연구실에 들어와 보는 것이 처음이라고 했다. 이것은 지금까지 대부분의 교수들이 그들을 면담하지 않고, 그저 '내버려 두었다'는 것을 뜻한다. 대부분의 학생들은 교수가 자신들을 한 명씩 만나준다는 사실 그 자체만으로도 고마워했고, 더구나 대형강의에 면담이 있다는 것을 놀라워했다. 한 사람당 최하 15분에서 길게는 1시간 반 정도까지 이야기를 나누었고, 몇몇 학생들은 여러 차례에 걸쳐 찾아오기도 했다. 말이 쉽지 60명과 일대일로 대화한다는 것은 엄청난 시간과 노력을 요구했다. 이 한 학기 동안 나의 학교생활은 강의시간 이외에는 거의 학생면담으로 채워지다시피 했고, 이 기간 동안 단 한 편의 논문도 쓸 수 없었다. 이런 대가를 치렀지만, 그 덕분에 나는 지난 10여 년의 교수생활 동안 결코 알 수 없었던 많은 사실들을 알게 되었고 학생들과 훨씬 많은 것을 나누게 되었다. 무엇보다 행복한 것은 학생들과 함께 어울리는 것이 어색하지 않게 되었다는 점이다. 그전까지 학생들과 함께 있으면 그들은 나를 '우리들'과 '교수님'으로 구분해서 대했다. 그런데 이제는 나도 자연스럽게 '우리들'에 한 자락 낄 수 있게 된 것을 느낀다.

면담에서는 다양한 이야기들이 오고갔다. 학업이나 장래문제는 물론, 여친 혹은 남친 문제를 진지하게 상담한 학생도 있었고, 갱년기의 좌절증상에 괴로워하면서 식구들을 힘들게 하는 어머니를 이해하지 못하는 학생도 있었고, 남들이 부러워해 마지않는 서울대에 합격해 놓고도 재즈 연주자의 꿈을 버리지 못해 밤무대에서 연주하면서 서울 시내 모 예술대학 입시에 지원해놓고 갈등하는 학생도 있었으며, 심지어는 "교수님 몇 살이에요?" 하는 상상 밖의 질문에 포복절도하기도 했다. 돌이켜 보면 60명의 20대 청춘들로부터 들은 그들의 꿈 이야

〈그림 1-3〉 서울대 사회과학대학 2007학번 학생들의 장래희망

기는 참 여러 가지 색깔이었다.

그러나 여기에는 또 한 번의 반전이 기다리고 있다. 지금부터 여러 색깔의 꿈들을 실현하기 위해 충혈된 눈으로 젊음을 불살라야 할 그들은 아직 한 번도 시도해보지 못한 자신들의 꿈을 이미 "아쉬워하고" 있었다. 국내 최고의 대학이라는 국립서울대 1학년생들은 자신들의 색색가지 꿈을 추구해볼 기회가 없으리라는 것을 너무나 잘 알고 있었다. 우리 사회가 상상을 현실로 만들려는 시도를 심각하게 제약하는 경향이 있다는 것은 누구나 느끼는 일이지만, 이러한 제약은 서열화된 구조의 상층부로 갈수록 더욱 강고해진다. 서울대생에게 재즈 연주자의 꿈은 결코 용납되지 않는다. 그것을 잘 알고 있는 이 학생들은 한 번도 시도조차 해보지 못한 자신들의 꿈을 이미 아쉬워하고 있는 것이다. 영원히 꿈으로만 남게 된 아쉬운 꿈의 빈자리를 그들은 사지선다형 꿈으로 채운다.

〈그림 1-3〉은 내 과목을 수강한 88명의 학생들에게 설문조사하여 얻은 장래 희망의 분포를 보여준다. 놀라운 것은 고시, 언론, 기업, 대학원, 이렇게 네 가지 선택지만 있으면 이들의 꿈을 거의 다 설명할 수 있다는 것이다! 대한민국 상위 1% 청년들의 꿈은 고작 사지선다형인 것이다. 일대일로 면담할 때 나오던 내밀한 진짜 꿈 이야기들을 이들은 설문지에 쓰지 않았다. 대신 서울대생이라면 마땅히 추구해야 할, 사회적으로 용납될 수 있는 꿈들을 설문지에 쓴 것이다. 가장 많은 것은 고시를 치겠다는 응답이고, 대학원 진학이 두 번째로 많지만 여기

에는 허수가 숨어있다. 대학원 진학이라고 응답한 21명의 학생들 중 상당수는 학문 그 자체에 뜻을 둔 것이 아니라 로스쿨과 같은 전문대학원 혹은 해외 MBA 등을 염두에 둔 학생들이기 때문이다. 어떤 사람들은 이 학생들을 비난할지도 모르겠다. 아직 순수해야 할 어린 학생들이 지나치게 현실적인 것이 아니냐고. 그러나 어린 학생들의 꿈을 어른들의 현실에 맞추도록 강요한 책임은 대학을 포함한 기성세대에 더 크게 있는 것이 아닐까. 다음에 인용하는 한 여학생의 이야기를 들어보자.

> 저는 서울대에 들어온 것이 저에게 날개를 달아줄 줄 알았어요. 그런데 그건 날개가 아니라 족쇄였어요. 고등학교 때까진 공부를 잘하니 서울대에 갈 거라는 주위의 기대가 족쇄였지만, 대학에 가기만 하면 날개를 달고 꿈을 펼칠 줄 알았어요. 대학에 들어오니 당연히 ○○○과에 진입하겠지, 진입하고 나면 당연히 고시에 합격하겠지 … 막상 제 꿈을 펼칠 기회는 없어요. 성취하면 할수록 족쇄만 더 커질 뿐이에요. 고시에 붙고 나면 지금보다 더 심해질 거라고 생각해요. 서울대 나왔고 고시 붙었으니 당연히 출세하겠지… 유명한 사람이 되겠지 … 평생 내 꿈을 펼칠 기회는 없을 것 같아요.

나는 이 학생이 이 말을 하던 장면을 아마도 영원히 잊을 수 없을 것 같다. 수업 마지막 주, '대학이란 무엇인가'라는 주제를 가지고 학생들과 토론할 때, 이 학생은 이 말을 하면서 87명의 친구들이 지켜보는 앞에서 흐르는 눈물을 주체하지 못했다. 사실 이 학생은 나와 일대일 면담을 할 때에도 같은 이야기를 하면서 눈물을 흘렸었다. 그리고 또 다시 87명의 친구들이 지켜보는 앞에서 눈물을 흘린 것이다. 다른 사람이 보는 앞에서 운다는 것은 정말 어려운 일이다. 하물며 한두 명도 아닌 87명의 동기생 친구들이 보는 앞에서 눈물을 흘린다는 것은 본인도 감당할 수 없는 깊은 곳의 진심이 폭발하는 것 아니고서는 불가능한 일일 것이다. 나는 족쇄가 되어버린 날개를 안타까워하며 하염없는 눈물을 흘리는 이 학생을 지켜보며 너무나 가슴이 아팠다. 이런 학생들에게 '지나치게 현실적'이라는 혐의를 함부로 씌울 수 있을 것인가.

남이 하면 로맨스, 내가 하면 불륜

우리 사회가 대학입시와 동시에 학생들을 떠나버리고, 대학을 거울나라로 만들고, 학생들을 레드 퀸 경주에 몰아넣고, 형형색색의 꿈들을 사지선다형으로 우겨넣는 동안, 일부 학생들은 적극적으로 이 거울나라를 떠날 것을 선택한다. 어른들만 떠나는 것이 아니라 그들도 떠나는 것이다. 그들은 거울나라를 떠나서 지구 반대편으로 간다.

〈그림 1-4〉는 하버드대 학부 신입생 중 비영어권 국가 출신 학생의 국적 분포가 연도별로 어떻게 변했는지를 보여준다. 이것은 2007년 봄학기 내가 하버드대에서 방문교수 자격으로 가르칠 때 학생들이 발표했던 자료인데,[1] 하버드대 입학처의 자료를 인용한 것이다. 한국은

1999～2000학년도까지만 하더라도 한 해에 다섯 명 정도의 학생을 보내는 데에 그쳤으나, 최근 들어 급격하게 증가하면서 2005～2006학년도부터는 거의 30명에 육박하는 입학생을 내면서 단연 1위를 차지하고 있다. 비영어권 국가로 한정했다고는 하지만, 영어권 국가를 합치더라도 하버드대 학부에 한국보다 많은 자국 유학생을 보내는 나라는 캐나다와 영국뿐이다. 언어적이고 문화적인 동질성과 경제력 등

〈그림 1-4〉 하버드 대학교 학부 신입생 중 비영어권 외국인 학생의 국적 변화(1999～2006)

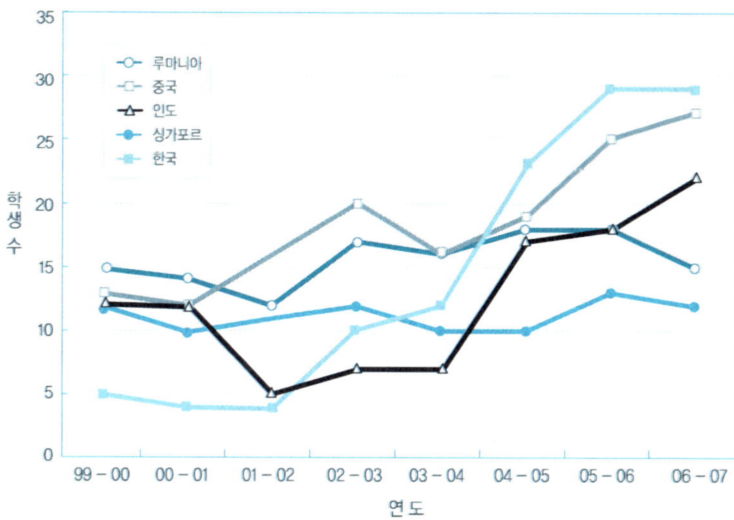

1) Jin Baek, Mincheol Hwang, Sukyoung Kang, Abe Riesman and Sorah Seong, "Koreans Among the Ivy: Harvard-Educated Korean Nationals and Their Place in Korean Society." 강의에 제출한 학생들의 발표자료.

이 두 국가가 자국출신 학생들을 하버드대에 입학시키는 데에 얼마나 압도적으로 유리할 것인지를 감안한다면, 한국 학생의 증가추세는 경이적인 수준이다. 한국출신 학생은 우리의 수십 배 인구를 가진 중국보다도 많고 인도보다도 많다. 하버드대만 그런 것이 아니다. 필자가 가진 자료에 따르면 최근 미국 내 한국 유학생의 수는 대략 6만 명 선으로, 10년 전보다 거의 2배 가까이 늘어났다. 1990년대 중반까지 미국에 와있는 전체 외국 유학생 중 한국 학생은 6~7% 정도를 차지했지만 몇 년 전부터는 10~11%를 차지하고 있다. 왜 이렇게 많을까. 이제 우리의 교육이 세계 최고수준의 국제 경쟁력을 가지게 되었다고 좋아할 일일까.

이 질문에 대한 대답은 뜻밖에도 몇 년 전부터 인터넷에 떠돌아다니고 있는 한 장의 사진이 제공해 주었다. 내가 초등학교에 다니던 무렵, 〈하버드 대학의 공부벌레들〉이라는 외화 시리즈가 방영되었는데, 이 프로그램은 꽤 인기가 높았었다. 깨진 유리창 갈아 끼울 예산이 없어서 겨울이면 학생들이 동상에 걸리고 70명짜리 교실에 달랑 한 개 있는 난로에 때는 조개탄마저 하루 2~3시간 정해놓고 공급해주던 그 시절, 한국인들은 상상도 하기 힘든 고풍스런 대학에서 학생들이 매일 밤을 새우다시피 하면서 열띠게 토론하고 공부하는 모습은 그 자체로 하나의 꿈이었고 낭만이었다. 그렇게 열심히 공부해가고도 강의시간이면 악명 높은 킹스필드 교수의 질문공세에 여지없이 무너지고 좌절했다가 다시 또 밤을 새우면서 일어나는 주인공들의 치열한

〈그림 1-5〉 '하버드 도서관 새벽 4시 풍경'으로 알려진 인터넷 게시 사진

젊음이 그렇게 멋지게 보일 수 없었다. 그로부터 30년의 세월이 흘러 그 외화를 즐겨 보던 꼬마가 하버드 대학생들을 가르치게 되었을 때, 그들은 한국 인터넷에 돌아다니는 사진 한 장을 이제는 중년의 문턱에 들어선 그 꼬마에게 보여주었다.

〈그림 1-5〉는 독자들도 포털 사이트 검색창에 '하버드 새벽 4시' 같은 검색어를 입력하면 쉽게 찾을 수 있다. 이 글을 쓰기 위해 다시 한 번 포털 검색창에 이 검색어를 입력해보았다. '하버드 새벽 4시 모습', '하버드 새벽 4시 풍경' 같은 제목을 단 수많은 문서들이 검색된다. 그 중 몇 개를 손닿는 대로 열어보았다. 한때 이 사진은 꽤 대대적인 선풍을 일으키며 인터넷에 돌아다닌 모양이다. 네티즌들은 물론 세계 최고의 공부벌레일 것으로 '추정되는' 하버드 학생들의 엄청난 학구열에

감탄하고 있었다. 심지어 하버드에는 배 나온 학생이 없다고 말하는 네티즌도 있었다. 그만큼 자기관리에 철저한 사람들이라는 뜻이다. 더 나아가 마치 하버드 학생들이 무슨 공통의 좌우명이라도 가지고 있다는 듯이 '하버드생들의 좌우명 30가지'를 나열해놓은 블로그들도 많이 있었다. 이 좌우명의 내용은 한국의 수험생들이 가질 만한 것들이 주를 이룬다. "지금 자면 꿈을 꾸지만 지금 공부하면 꿈을 이룬다", "내가 헛되이 보낸 오늘은 어제 죽은 이가 갈망하던 내일이다" 같은 내용들이다.

그런데 반전은 뜻밖의 곳에 도사리고 있었다. 내게 이 사진을 보여준 하버드 학생들은 이렇게 말했다. "그런데 저 도서관은 밤 12시에 닫는 곳이에요." 맥 빠질 노릇이었다. 세계적인 명문대학들이 흔히 그렇듯이 하버드도 수십 개의 도서관을 가지고 있으니 사진만 봐서는 나로서도 그 중 어느 도서관인지 분간할 재간이 없다. 하지만 학생들 중에는 이 도서관에서 공부하는 학생들도 섞여 있을 테니 사진을 보고 금방 알아본 모양이다. 세계최고라고 자부하는 한국의 인터넷에서 그리도 폭발적인 반응을 일으켰던 하버드 도서관 새벽 4시 풍경이, 사실은 그 도서관이 밤 12시에 문을 닫으니 존재하려야 존재할 수 없는 풍경이라는 기막힌 반전 앞에서, 그 학생들에게 허를 찔린 다음에야 교육을 둘러싼 한국 사회의 현실을 깨닫게 된 나는 아찔함을 느낄 수밖에 없었다.

왜 그럴까. 왜 이 사진은 한국 인터넷에서 그렇게 큰 반향을 불러일으켰을까. 더 구체적으로 묻자. 그토록 바라던 명문대학에 입학한 다음에도 공부가 아니라 학점관리를 하고, 스펙 쌓기에 몰두하고, 그렇기 때문에 가장 성공한 학생들이 가장 불행한 이 나라에서, 학생들만 그런 것이 아니라 자신의 자녀에게도 그것을 강요하고 그렇게 해야 한다고 사회적으로 합의가 이루어진 이 나라에서, 어리석게도 새벽 4시까지 '공부'하고 있는 하버드생들의 가짜 사진 한 장이 왜 그렇게도 큰 반향을 불러일으켰을까.

나는 그것이 한국 사회에서 진정한 의미의 공부는 '누군가는 해야 하지만 나는 하지 않는 것이 좋은' 것이 되어버렸기 때문이라고 생각한다. 사람들에게 물어보면 밤새 연구실에서 핏발선 눈으로 연구에 몰두하는 교수와 학생들이 있는 것이 바람직한 대학의 모습이라는 데에 누구나 동의한다. 그러나 막상 그것이 자신의 일이 되고 자신의 자녀의 일이 되었을 때, 이야기는 달라진다. 가장 큰 이유는 공부가 가져올 불확실한 미래 때문이다. 대학이 대학다우려면 누군가는 그렇게 열심히 공부해야 하겠지만, 나는 혹은 내 자녀는 미래가 불확실하면 안 되니까 우선은 안정적인 직업을 가져다줄 수 있는 스펙 쌓기와 시험 준비에 몰두하는 것이 낫다는 이야기이다. 모두가 이렇게 생각하기 때문에 밤새워 공부하는 그 '누군가'는 대한민국에는 존재하지 않는다. 하지만 전통적으로 교육에 높은 가치를 부여해온 한국 사람들은 비록 스스로는 하지 않더라도 공부하는 사람을 높이 평가하는 경향은 여전한 편이다. 그러니 비록 가짜로 판명되었을망정 하버드대 새벽 4시의 도서관 모습은 사람들의 아련한 향수를 자극한 것이다.

우리는 흔히 "내가 하면 로맨스, 남이 하면 불륜"이라는 말을 쓴다. 똑같은 일도 자기한테만 유리하게 아전인수 격으로 해석한다는 말이다. 하지만 이야기가 공부에 이르면 사정은 달라진다. 진짜 공부는 남들은 하는 것이 좋겠지만 나는 해서는 안 되는, 다른 말로 '남이 하면 로맨스, 내가 하면 불륜'인 셈이다. 다시 말하지만 이렇게 되는 가장 큰 이유는 공부가 가져올 불확실한 미래 때문이다. 거기에 정부와 기업, 대학이 앞장서서 공부를 불륜으로 만드는 데 부채질을 하고 있다. 그러니 이제 불확실한 미래에 대해 이야기할 차례이다.

원금보장형 인생과 길 밖의 길

1학년 1학기 신입생들을 가르치러 첫 시간에 들어가면 두근거리는 기대와 마침내 서울대에 입학했다는 자부심이 느껴진다. 서울대 입학이 확정된 순간부터 첫 강의에 들어오기까지 그들은 수없는 주위의 축하와 격려를 들었을 터이다. 그들은 왜 그리도 많은 축하를 받았을까. 국내 최고의 대학에서 최고의 공부를 할 수 있게 되어서일까. 물론 그런 순수한 의미의 축하도 있었을 것이다. 그러나 더 솔직하게 말하면 '서울대 출신'이라는 한마디가 한국 사회에서 가지는 막강한 위력을 평생 동안 누리게 된 것에 대한 축하였다는 것이 진실에 가깝지 않을까. 〈그림 1-6〉을 보자.

네트워크 분석을 전공하는 필자는 몇 년 전에 한국의 엘리트 31,800명에 대한 분석을 수행한 적이 있었다. 어떤 사람들이 대한민국에서 이른바 엘리트의 자리에 오르는지, 그 과정에서 그들이 가진 다양한 네트워크는 어떤 역할을 하는지를 실증적으로 확인해보려는 시도였다. 학연, 혈연, 지연, 직연 등 여러 종류의 네트워크를 분석했는데, 〈그림 1-6〉은 그 중에서 386세대에 속하는 엘리트들의 학연 네트워크를 보여준다.

〈그림 1-6〉 386세대 엘리트들의 학연 네트워크

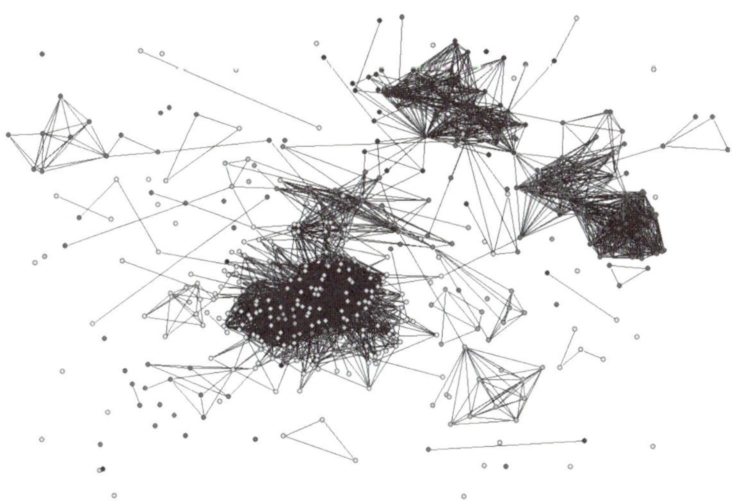

굳이 386세대의 분석결과를 인용하는 이유는 386세대가 고등학교 입시를 치르지 않은 세대이기 때문이다. 고등학교 입시까지 치른 그 앞세대들은 전체 엘리트가 학연을 통해 하나의 커다란 덩어리로 똘똘 뭉치기 때문에 흑백으로 인쇄된 상태에서는 학교를 구분하기가 쉽지 않다. 이 그림에서 좌측 하단의 가장 큰 덩어리를 형성하고 있는 무리가 서울대 출신 엘리트들이다. 그 바로 위에 서울대와 가장 가깝게 붙어있는 작은 집단이 카이스트 출신이다. 카이스트는 아직 학교의 역사가 그리 길지 않아서 상대적으로 수는 적지만 가장 빠른 속도로 부상하고 있는 학교이다. 그림 우측 상단에 두 개의 커다란 집단들이 있는데, 왼쪽이 연세대 출신이고 오른쪽이 고려대 출신이다. 흔히 말하는 SKY 대학의 실체가 확인되는 순간이다. 그 중에서도 서울대의 위력은 압도적이다. 자, 이제 서울대에 합격한 신입생들이 받았을 수많은 축하와 칭찬이 이러한 현실에 기반한 것이라고 추측해도 과히 틀리지 않을 것이다.

서울대에 입학한 학생들과 그 부모들은 이미 이룩한 이 성취를 이제는 '당연한 것'으로 인식하고 싶어하고, 얼마 전까지만 해도 "제발 합격만 …"이라고 빌던 그 성취를 이제는 '최소한'으로 받아들인다. 눈앞에 탄탄대로가 펼쳐져 있는데, 굳이 엉뚱한 짓을 해서 혹시라도 그 탄탄대로를 벗어날까 두려운 것이다. 이것을 나는 '원금보장형 인생'이라고 부른다. 금융상품에는 원금이 보장되는 것과 그렇지 않은 것이 있다. 말하자면 전국 1% 안에 들어서 서울대에 입학한 것은 엄청난 원금을 쌓아놓은 것이고, 그들은 그 원금에서 손실을 보지 않으려 한다. 그런데 그들이 간과한 것이 있다. 금융상품도 원금보장형은 수익률이 낮다는 당연한 사실 말이다. 원금보장형 인생은 잘해야 수익률이 낮고, 많은 경우 원금조차 보장되지 않는다. 일찍이 사회변혁을 꿈꾸던 독일의 철학자 허버트 마르쿠제(Herbert Marcuse)는 점진적 사회개혁을 주장하는 사람들과 논쟁하면서 "역사는 보험회사가 아니다"라고 일갈한 적이 있다. 흔히 점진적 사회개혁을 주장하는 사람들은 급격한 사회변혁이 가져올 불확실성을 우려한다. 이에 대해 마르쿠제는 역사의 흐름은 원래부터 예측 불가능한 것이라고 일침을 놓은 것이다. 인생도 마찬가지이다. 애써서 명문대학에 입학한 학생들에게는 미안한 이야기일 수도 있지만, 인생도 보험회사가 아니다. 이미 이룩한 성취는 과거의 성취일 뿐이다. 지금 이 순간 모든 것을 던져서 스스로를 불태우지 않으면, 원금조차 보장되지 않는다.

한국 교육의 역사에서 가장 많은 명예로운 기록을 가진 대학은 아마도 서울대일 것이다. 대통령과 UN 사무총장을 비롯하여 수많은 엘리트들을 배출했고, 서울대 졸업생들은 한국 사회의 발전에 가장 많이 공헌했다. 그러나 동시에 아무도 기록하지 않고 아무도 소리 내어 말하지 않는 역사도 있다. 권력형 비리와 스캔들, 부정축재와 인권탄압, 부패를 자행한 졸업생들을 가장 많이 배출한 대학은 어디일까. 이런 어두운 역사는 아무도 기록하지 않으니 확인할 길은 없으나, 나는 아마도 서울대일 것이라고 생각한다. 사소한 폭력전과나 사기 같은 범죄가 아니라 위에 열거한 종류의 범죄들은 이른바 '출세'하지 않고서는 저지를 기회 자체가 없는 범죄들이다. 그런 기회를 가장 많이 가진 서울대 졸업생들이 그런 범죄도 가장 많이 저질렀으리라는 추론은 과히 틀리지 않을 것이다. 이런 종류의 유혹은 스스로를 드러내고 오지 않는다. 권력을 가진 사람에게 뇌물을 주면서 "이것은 뇌물입니다"라고 말할 바보가 어디 있을 것인가. 그들은 온갖 미사여구와 포장을 통해 이것은 누구나 다 받는 돈이고 받아도 아무 문제없는 돈이라고 인식하게 만들 것이다. 독재정권하에서 인권탄압에 앞장선 대가로 출세한 사람들도 있다. 그들은 자신의 출세가 보통 사람들의 인권과 맞바꾼 것이라는 사실을 선명하게 인식했을까. 그들은 자신의 인권탄압이 혼자만의 출세를 위한 것이 아니라 국가발전의 현 단계에서 불가피한 것이라고, 그런데 그것이 우연히 나의 출세와 일치하는 것일 뿐이라고, 자위했을 가능성이 높다.

탄탄대로를 걸어간 엘리트들에게 언젠가는 이런 중대한 선택의 순간이 찾아오게 마련이다. 대학에서 학점관리라는 1/N 경쟁을 통해 레드 퀸 경주에서 승리하고 원금보장형 인생을 살아온 그들은 이 엄중한 선택의 순간에 서서, 종종 올바른 선택을 하지 못한다. 그들이 올바른 선택을 하지 못하는 이유는 인생의 중대한 기로에서 신앙과도 같이 귀 기울여 들어야 할 가슴속의 그 무엇을 갖지 못했기 때문이다. 잘못된 선택을 한 사람들은 조만간 추락한다. 정권이 바뀐 후에, 자리를 내놓은 후에, 내부자의 고발을 통해, 다양한 방식으로 추락한다. 어떤 이들은 죽을 때까지 적어도 겉으로는 추락하지 않기도 한다. 그러나 그들의 메마른 노년은 이미 그들이 마음속 깊은 곳에서 추락했다는 것을 여실히 보여준다. 원금보장을 통해 위로만, 위로만 올라간 그들은, 이제는 쓸모없게 된 한때의 날개를 달고 그렇게 추락한다.

대학에는 다양한 강연회와 특강들이 열린다. 그 중에는 학생회나 동아리 등이 주축이 되어 열리는 강연들도 많다. 서울대 사회과학대학에는 최근에만 해도 한비야 씨와 이수만 씨가 다녀갔다. 학생들이 초청하는 연사들에게서 공통적으로 찾아볼 수 있는 특징이 한 가지 있는데, 그것은 대개의 경우 그들이 '길 밖의 길'을 간 사람들이라는 사실이다. 서울대 출신인 이수만 씨가 고시를 봐서 공무원이 되었거나 언론사 시험을 봐서 기자가 되었다면, 한국의 문화산업은 어떻게 되었을까? 한비야 씨는 은유적인 표현 정도가 아니라 실제로도 '길 밖의 길'을 간 사람이다. 그가 만약 원금보장만을 추구하는 인생을 살았다면, 우리는 국제사회에 당당히 내놓을 수 있는 몇 안 되는 활동가 중 하나를 잃었을 것이다. 하버드대를 중퇴한 빌 게이츠가 만약 세계 최고대학 졸업생이라는 '원금'에 연연해서 졸업 후에 로스쿨에 가서 변호사가 되었거나, MBA를 해서 회계사가 되었다면, 2009년 인류의 삶은 어떤 모습을 하고 있을까. 학생들은 길 밖의 길을 간 사람들을 존경하지만, 스스로는 철저하게 잘 닦여진 길 위에 안주하려고 한다. 서울대의 경우에는 특히 그렇다. 수많은 선배들이 고시로 대표되는 영광스런 시험에 합격하고 지나갔던, 〈그림 1-6〉에서 보듯이 서울대생들에게는 특히 넓게 열린, 탄탄대로 위에 안주하려고 한다.

증명된 길은 빠르다. 서울에서 부산으로 여행을 갈 때, 가장 빠르고 증명된 길은 경부고속도로이다. 그들은 누구에게도 뒤지지 않으려고 속도를 내면서, 증명된 길인 경부고속도로를 통해 재빨리 부산에 도착한다. 도착한 후에 비로소 깨닫는 사람도 있고, 끝내 깨닫지 못하는 사람도 있다. 깨닫는 사람은 "내가 왜 집에서 나왔지?"라고 원래의 목적을 되묻는다. 원래의 목적은 여행을 즐기려는 것이었는데, 달리는 데에만 신경을 쓴 나머지 아무것도 보지도 즐기지도 못하고 부산에 도착해 버렸음을 깨닫지만, 인생이라는 여행은 두 번의 기회를 허락하지 않는다. 깨닫지 못하는 사람은 원래의 목적을 애써 부인한다. 그들은 자신이 아무것도 보지 못했음을 숨기고 남들보다 빨리 부산에 도착했음을 누누이 말하고 다니지만, 빠르든 늦든 어차피 목적지에 도달한 사람들은 그들의 자랑스러운 속도에 별로 귀기울여주지 않는다.

길 밖의 길에 도전하지 않으려고 하는 데 대한 책임을, 학생들에게만 씌울 수는 없는 노릇이다. 부모에게도, 정부에게도, 대학에도 책임이 있다. 나 스스로 대학의 일원이니 대학의 책임을 제일 먼저 고백하는 것이 도리에 맞을 것이다. 몇 년 전부터 대학 개혁의 열풍이 불고 있다. 그 흐름에 편승해서 온갖 매체들이 대학 개혁에 앞장서고 있다는 총장이나 이사장들의 인터뷰를 실는 것이 유행처럼 되었다. 아주 드물게 안도의 숨을 쉬게 하는 경우도 있지만, 대개는 치밀어 오르는 치욕을 참기 어렵다. 모 사립대 총장은 내년부터 시작해서 학생들의 지원율이 낮은 학과의 정원을 10%씩 떼어서 지원율이 높은 학과에 주겠다고 했다. 그렇게 몇 년이 지나면 경쟁력이 없는 학과는 자연히 폐과될 것이라고. 이해하기 쉽게 의대에 적용해보자. 이 논리대로라면 조만간 한국인들은 세계 최고의 성형수술을 할 수 있겠지만 맹장수술하려면 외국으로 가야 할 것이다. 또 다른 모 대학 이사장은 교양과목이 너무 잡다하게 많다면서 여기가 구청 문화센터냐고 했다. 학생들이 수백만 원의 등록금을 내는데, 밥벌이도 못하는 교육을 시켜서 내보내는 것은 양심상 할 수 없다고 했다. 나는 이 분의 양심을 믿고 싶지만, 그렇다면 왜 엄청난 돈을 들여서 굳이 대학을 운영하는지 이해할 수가 없다. 그 분이 만약 그 돈을 들여서 취업난에 좌절하고 있는 20대를 위한 최고수준의 직업학원을 설립했다면 역사에 남을 위인이 되었을 것이다.

대학평가가 선정주의로 흐르면서, 대부분의 대학들은 대학개혁이라는 미명하에 주로 외국저널에 실리는 연구업적을 요구조건으로 내세우며 교원의 채용과 승진, 정년보장을 박하게 하고 있다. 이런 기준의 타당성에 대한 수많은 논란들이 있지만, 그것은 이 글의 취지를 조금 벗어나는 이야기이니 일단 접어두자. 내가 이해할 수 없는 것은 그 어떤 대학도 교수들이 학생들을 얼마나 잘 돌보고 있는지는 평가하지 않는다는 점이다. 마치 집에서 왜 나왔는지 생각하지 않고 무조건 빨리 달려서 부산에 가려는 여행자처럼, 대학들은 대학이 애초에 왜 존재하는지 생각하지 않고 대학평가의 등수만을 올리는 데 급급하고 있다. 좋은 대학이란 본질적으로 훌륭한 연구와 뛰어난 교육을 하는 곳이 아니던가? 수험생의 수가 갈수록 줄어들고 있는 현실에서, 중하위권 대학으로 갈수록 학생 확보는 심각한 재정적 문제이고, 대학 개혁이라는 명분하에 교양교육과 학생지도를 저버리고 길 밖의 길보다는 당장 눈에 보이는 취업률을 높이는 것이 생존전략이라는 계산이 그 아름다운 명분 뒤에 숨어있음을 모르는 것인가 아니면 모르는 체하는 것인가.

대학이, 그리고 대학의 최고 지도자라는 사람들이, 이런 생각을 하고 있는 한 아직 인생 경험이 짧고 가치관이 뚜렷이 정립되지 않은 학생들이 이리저리 내몰리며 스펙 쌓기에 열중하는 것은 너무나 당연한 일이다. 많은 대학들이 최근 들어서는 영어로 강의할 수 없는 교수는 아예 채용조차 하지 않으려 한다. "우리 대학은 강의의 몇 퍼센트를 영어로 진행합니다"라는 광고를 하는 데에 방해가 되기 때문이다. 그렇다면 한국과 아시아의 역사와 문학은 누가 연구할 것인가. 무엇보다 우리의 대학이 길러낸 박사학위 소지자들은 실력이 뛰어나더라도 영어 강의에 서툴다는 이유 때문에 교수 채용에 원서를 제출해 볼 기회조차 박탈당한다면, 스스로가 길러낸 학문의 결실을 부정하는 대학은 도대체 왜 존재하는 것인가.

교수 채용에 있어서 이럴진대, 힘없는 학생들에게 그때그때 주어지는 요구사항들은 더 끝이 없다. 어떤 대학은 토플 몇 점 미만을 받으면 졸업할 수 없다고 엄포를 놓는다. 토플 점수를 졸업요건으로 따로 제시해야 한다면 그 대학에서는 도대체 교양영어를 왜 가르치는 것인가. 이 대학들이 과연 학생지도를 얼마나 내실 있게 하고 있는지, 졸업논문들은 제대로 쓰고 있는지 궁금하기 짝이 없다. 또 다른 대학들은 자기학교 출신 학생들이 고시에 몇 명이나 합격했는지, 공인회계사 시험에 몇 명이나 합격했는지를 자랑스럽게 광고하고 교문에 그 명단을 써 붙인다. 그러나 그 대학 학생들 중 누가 뛰어난 연구논문을 제출했다고 상을 주고 격려하는 데에는 그리도 인색할 수가 없다. 더구나 고시와 공인회계사 시험에 합격한 그 학생들이 그 대학에서 잘 가르쳐서 합격한 것이 아니라는 데에 생각이 미치면 실소를 금할 수가 없다. 예외가 없지는 않겠으나, 대개의 경우 그들은 고시학원에서 열심히 한 결과 시험에 합격한 것이다. 이른바 '고시반'에 들어가면 심지어 강의 출석도 면제해주는 대학들이 있다는 것은 공공연한 비밀 아닌가. 강의를 면제해주고 학원에 잘 다녀서 시험에 합격한 것이 뭐가 자랑스러워서 플래카드를 써 붙이는지 알다가도 모를 일이다. 그건 대학이 아니라 학원에서 써 붙여야 마땅한 일 아니겠는가.

사정이 이러니 학생들은 끝없이 내몰린다. 그들은 학점을 관리해야 한다. 혹시라도 관리에 실패하면 재수강을 해서라도 학점을 만회한다. 방학 때 계절학기 수업을 듣고, 심지어 B학점을 맞은 과목도 재수강, 삼수강을 해서라도 어떻게든 A학점을 만든다. 그러다 보니 4년 만에 대학을 졸업하는 경우는 드물고 5년은 기본이요 6년은 선택이 되었다. 대학 '교육'이 아니라 대학 '운영'이라는 입장에서 보면 반가운 일이다. 한 번 들어온 학생들이 나가지 않고 계속 머물면서 꼬박꼬박 등록금을 내고 있으니까 말이다. 토플이나 토익 점수를 맞추어야 졸업도 할 수 있고 취업도 할 수 있을 거라고 생각하니까 영어학원도 빼놓을 수 없다. 방학 때면 외국에 나가거나 아예 휴학하고 어학연수를 가기도 한다. 자격증도 놓쳐서는 안 될 스펙이다. 그러니 실제로 사회에 나가면 아무 쓸모도 없을 각종 자격증 장사는 문전성시를 이룬다. 고시나 언론사 시험을 준비하는 학생들은 고시반에 들어가고 스터디 그룹을 결성해서 상식책을 달달 외운다. 경제원론, 행정학개론, 법학개론, 경영학개론 … 온갖 개론을 외우는 것으로 대학에서의 공부는 끝나고 그것만으로도 충분히 바쁘다.

수도사의 다락방과 카메라를 멘 원숭이

> 학생에게 필요한 것은 수도사의 다락방이다. 책을 읽을 수 있는 불이 켜져 있고, 따듯한 온기가 있고, 창밖의 별을 내다볼 수 있는, 그런 다락방이면 족하다.
>
> \- 르 꼬르뷔지에 (Le Corbusier, 1887~1965)

나는 외국에 갈 일이 있으면 어떻게든 짬을 내서 그 지역의 대학들을 방문하고 조그만 엽서 한 장이라도 사가지고 오는 취미를 가지고 있다. 짧은 대학 방문을 의미 있게 하려면 사전에 그 나라와 그 대학의 역사를 공부해 가는 것이 필수이다. 이렇게 꽤 여러 대학의 역사를 공부하게 되었는데, 브라운대를 방문하기 위해 학교 홈페이지를 뒤적거리다 발견한 앞의 구절은 조용한 감동으로 다가왔다.

정신없이 바쁜 학생들을 바라보면서 저들이 하루에 단 한 시간이라도 조용히 멈추어서 자신의 삶, 진리, 역사와, 그것들 모두의 관계를 음미할 기회가 있을까라는 생각을 하게 된다. 대학은 제조업체가 아니다. 학생들은 컨베이어 벨트 위의 부품들이 아니다. 학생에게 주어져야 할 수도사의 다락방은 넓어서는 안 된다. 약간은 구차한 것이 좋겠다. 그러나 작은 램프가 켜져 있어서 그 빛에 감사하며 책을 읽을 수 있어야 한다. 방 전체를 환하게 밝히는 불빛이 아니라 책상 위에 조그맣게 켜진 램프라야 한다. 그래야 빛의 선명한 갈라짐을 통해 진리의 밝음과 진리가 아닌 것의 어둠을 늘 느끼면서 살 수 있을 것이고, 진리에 다가가기 위해서는 조그만 램프 불빛 밑으로 기꺼이 다가앉는 수고쯤은 아끼지 말아야 한다는 것도 깨달을 수 있을 터이다. 다락방에나 있는, 손바닥보다 조금 큰 창문을 통해 학생은 때때로 창밖의 별을 보면서 세상과의 소통의 끈을 놓지 않고, 언젠가 저 별에 다가가고야 말겠다는 꿈을 키워나가야 한다. 그것이야말로 학점에 앞서서, 토플 점수에 앞서서, 취업에 앞서서 대학이 학생들에게 마련해주어야 할 최소한의 요건이다. 우리의 대학은 이것을 하고 있는가. 우리의 학부모와 우리의 사회는 대학으로 하여금 학생들에게 수도사의 다락방을 제공해 주라고 요구한 적이 한 번이라도 있었던가.

프린스턴대에는 재미있는 조각이 하나 있다. 미국의 많은 명문대학들이 그렇듯이 프린스턴대도 고색창연한 건물들을 가지고 있고, 그 건물들에서 여러 조각과 가고일(*gargoyle*)을 볼 수 있다. 가고일은 보통 악마나 괴물 같은 형상을 하고 있게 마련인데, 프린스턴대의 가고일 중 하나는 카메라를 둘러멘 원숭이의 형상을 하고 있다. 1904년에 완공된 '1879 홀'의 서쪽 지붕에 매달려 있는 이 원숭이는 올해로 105년째 프린스턴대 캠퍼스를 지키고 있다. 이 원숭이는 어쩌자고 카메라를 둘러메고 있는 걸까. 대학 측의 자료에는 다음과 같은 설명이 씌어 있다.

> 이 숨겨진 카메라맨은 학문탐구를 상징하는 것일 수 있다. 원숭이는 자신이 이해하지 못하는 기계를 가지고 놀고 있다. 어쩌면 어느 날엔가 그는 이 기계를 어떻게 사용하는지 깨닫게 될 것이다. 진리를 탐구하는 인간의 모습도 이와 닮아있을 것이다.… 원숭이는 제멋대로 날뛰는 행동으로 유명하고, 그것은 학생들도 마찬가지이다. 만약 인간이 원숭이로부터 진화했다는 것을 받아들인다면, 교수들도 천방지축인 학생들로부터 진화한다는 것을 받아들여야 한다.

프린스턴대의 자료는 존 암스트롱과 아나톨 코바르스키의 시 한 구절을 인용하면서 이 가고일에 대한 설명을 마친다.

〈그림 1-7〉 카메라를 맨 원숭이

출 처: 〈The Gargoyles of Princeton University: A Grotesque Tour of the Campus〉(http://www.princeton.edu/Mapfiles/gargoyles).

꼬리를 흔들어대며 원숭이가 말했지.
수컷, 암컷이 뒤섞인 아기 원숭이들에게 말이야.
"아가들아, 몇 년이 지나면
너희들 중에서
예일대 교수가 되는 녀석이 나올 거란다."

천방지축인 원숭이가 진화해서 사람이 되듯이, 천방지축인 학생들이 언젠가는 성숙한 연구자로 다시 태어날 것을 굳게 믿고 한 세기가 넘도록 대학의 근엄한 건물지붕에 카메라를 멘 원숭이를 매달아놓는 일은 진리탐구에 대한 원대한 자부심과 학생들에 대한 무한한 사랑이 없이는 불가능한 일이다.

이 원숭이는 지금까지 105년 동안 카메라를 들고 캠퍼스를 지켰다. 호기심 많은 원숭이답게 이 녀석은 카메라를 이리 돌려보고 저리 뒤집어보면서 얼떨결에 사진도 여러 장 찍었을 것이다. 그 필름을 현상할 수 있다면 우리는 대학과 진리의 역사에 대해 많은 것을 알 수 있을 것이다. 그 필름 속에는 무엇이 찍혀 있을까. 가장 먼저 떠오르는 것은 알베르트 아인슈타인의 산책하는 모습이다. 그는 유태인에 대한 박해를 피해 1933년 미국으로 갔고, 그때부터 1955년 76세의 나이로 세상을 떠날 때까지 프린스턴대의 고등과학연구소(Institute for Advanced Study)에서 연구활동을 지속했다. 프린스턴은 이 세계적인 과학자에게 아무런 강의 의무도 부과하지 않았기 때문에 그는 오전에는 고등과학연구소에서 연구에 몰두하고, 오후에는 캠퍼스 구석구석을 오랫동안 산책하면서 사색에 잠기고, 좋아하는 바이올린을 연주하고, 당대의 석학들 및 정치가들과 토론을 나누었다. 입자물리학의 기초인 통일장이론(*unified field theory*)에 대한 그의 공헌은 이 시기에 완성되었다. 원숭이의 카메라 속에는 머릿속에 우주를 담고 있는 노(老)석학의 사색에 잠긴 모습이 찍혀 있을 것이다.

금방 떠오르는 또 한 사람의 인물은 존 내쉬(John Nash)이다. 학계 바깥에 있는 사람들에게는 아마도 〈뷰티풀 마인드〉라는 영화의 실제 인물로 더 잘 알려져 있을 터이지만, 학계에 있는 사람들에게 내쉬의 이름은 곧 '내쉬 균형'(*Nash equilibrium*)과 동의어이고, 내쉬 균형이 없었다면 오늘날의 경제학이나 게임이론은 아마도 절반밖에 완성되지 못했을 것이다. 그는 여러 가지 전설을 낳은 사람이다. 첫 번째 전설은 그가 대학원에 진학할 때 지도교수가 써주었다고 하는 추천서이다. 이 추천서는 단 하나의 문장으로 구성되어 있었다고 한다. "이 학생은 천재입니다." 하버드와 프린스턴이 이 젊은 천재를 데려가려고 경쟁한 끝에 프린스턴이 거액의 장학금을 주고 내쉬를 받아들였다. 불과 20쪽 남짓했던 그의 박사학위 논문은 이미 내쉬 균형의 모든 것을 담고 있었다.

두 번째 전설은 영화를 통해 잘 알려진 것처럼, 이 천재 연구자를 평생 동안 괴롭힌 과대망상증 및 정신분열증과의 싸움이다. 학위를 마친 후 그는 MIT의 교수가 되었지만 곧 과대망상과 정신분열 증세를 나타내기 시작한다. 그는 자신을 붙잡아서 처단하려는 조직이 있다고 믿었으며, 자신이 신의 소명을 받아 세계정부를 수립한다고 선언하기도 하였다. 영화를 본 사람들은 연구자에게 가장 치명적인 정신질환과 평생 동안 싸우면서 빛나는 업적을 이룩한 그의 인간 승리에 감동했을지 모르지만, 사실 그는 정신질환과 싸우지 않았다. 스스로의 회고에 의하면 그는 보통 사람들처럼 사고하면 학문적 영감을 더 이상 얻지 못할지도 모른다는 두려움 때문에 특별한 방식으로 사고하는 습관을 키우기 시작했고, 오랜 세월이 지나 정신적으로나 사회적으로 회복과 복권이 이루어진 후에도 이렇게 말했다. "비록 나는 다시 과학자다운 합리적 사고를 하기 시작했지만, 과거에 비해 (정신적으로) 제약되었다고 느낀다." 심지어 그는 '정상적' 사고로부터 벗어나는 정신질환을 경제학적 관점에서 바라본 일종의 '파업'으로 설명하는 이론을 발전시키기도 했다. 정신질환이라는 최악의 어둠 속에서도 끝내 강렬한 빛을 내고야마는 인간정신의 한계는 과연 어디까지란 말인가.

내쉬의 세 번째 전설은 1994년에 이루어진 노벨경제학상 수상이다. 그의 정신질환에도 불구하고 그와 교류하면서 그의 학문적 업적을 존경하던 동료들은 노벨상위원회에 그가 노벨상을 받을 수 있을 정도의 정신상태를 가지고 있다고 탄원서를 제출한 끝에 그의 노벨상 수상은 이루어질 수 있었다. 그의 마지막 전설은 죽어서 '수학과의 유령'(Phantom of Fine Hall)이 된 것이다. 파인 홀은 프린스턴대 수학과 건물인데, 학생들 사이에 이 건물에는 오페라의 유령(Phantom of the Opera)이 아니라 수학과의 유령 존 내쉬가 출몰한다는 전설이 전해 내려온다. 내쉬의 유령이 한밤중에 수학과 건물에 나타나서 칠판에 난해한 공식들을 휘갈겨놓고 사라진다는 것이다. 원숭이의 카메라 속에는 아마도 인간이 만들어낸 가장 아름다운 언어인 '수학'이라 불리는 '문학'의 바다에서, 스스로의 정신을 해부대상으로 삼아 주저 없이 메스를 들이대는 불꽃같은 젊은이의 모습이 찍혀있을 것이다.

학생들의 눈물, 떠나지 못하는 꿈

학생들과 반드시 면담을 하겠다는 스스로와의 약속을 한 이후로, 지금까지 백 몇십 명 이상의 학생들과 한 사람씩 마주 앉아서 이야기를 나누었다. 그 과정에서 나 스스로도 놀랄 정도로 많은 학생들의 눈물을 보아야 했다. 평생 처음 담당교수와 일대일로 마주앉은 학생들은 울고 또 울었다. 울다가 웃고, 웃다가 또 울었다. 면담하러온 학생들에게 "무슨 이야기를 하고 싶니?" 하고 물으면 대개는 준비된 공식적 질문을 하려는 경우가 많다. 학업계획이나 추천도서, 이런 것들 말이다. 이제 그들의 마음을 어느 정도 읽을 수 있게 된 나는 학생들이 내 질문에 답하기 전에 얼른 두 번째 질문을 던진다. "공식적 질문 말고, 정말로 네 속마음에 있는 이야기를 하렴. 아무리 사소한 것도 상관없으니, 지금 이 순간 네게 가장 절실한 것에 대해 이야기하렴." 이 두 번째 질문에, 레드 퀸 경주에서 이기려고 잔뜩 털을 곤두세운 어린 짐승 같았던 스무 살짜리 학생들은 금방 눈시울이 붉어진다. "진짜 속마음이오…?" 라고 반문하는 목소리가 가늘게 떨린다.

행복해도 괜찮아

이 수재들에게 꼭 해주고 싶은 이야기 중의 하나는 "행복해도 괜찮아"라는 말이다. 전 국민이 뛰어든 살벌한 대입 전쟁터에서 최고의 승리를 거둔 이 아이들은, 그럼에도 불구하고, 행복하지 않다. 그리고 앞으로도 행복하지 않을 예정이다. 한 학생은 이렇게 말했다. "그냥 심드렁해요. 당장 몇 달 후에 전공진입도 해야 하는데, 내가 뭘 좋아하는지도 모르겠고 … 일단은 학점관리 하기는 하지만 재밌는 줄도 모르겠고, 그래요."

그 학생에게 되물었다. "생각하면 가슴이 뛰는 꿈 같은 건 없니?"

"그런 건 별로 없는 것 같아요. 그냥 뭐가 됐으면 좋겠다 … 이런 건 있지만 가슴이 뛰거나 하지는 않아요." 몇 초 후에, 그 학생이 말을 이었다. "아, 가슴이 뛰는 꿈이 하나 있긴 있었어요. 뮤지컬 배우요. 그렇지만 …."

다시 물었다. "그럼 뮤지컬 배우를 하지 그러니? 가슴이 뛴다면 그 일을 해야지." 어이없다는 표정으로 그 학생이 말했다. "그렇지만 이제 서울대 들어오고 했는데, 어떻게 그래요."

그 학생에게 길 밖의 길에 대해 차근차근 설명해주고, 서울대에 들어올 수 있는 지적 능력과 뮤지컬의 꿈을 결합했을 때 얼마나 큰 사회적 공헌을 할 수 있을 것이며, 무엇보다 그 과정에 이르는 하루하루가 얼마나 행복할 것인지에 대해 이야기해 주었다. 얼굴이 빨갛게 달아오른 그 학생은 자신의 가슴을 두 손으로 꼭 누르면서 이렇게 말했다. "선생님 … 가슴이 너무 뛰어요."

나는 학생들에게 고진감래(苦盡甘來)를 믿지 말라고 누누이 당부한다. 고생 끝에 낙이 온다는 이 말은 본래에는 좋은 뜻임에 틀림없으나,

우리 사회에서 그리고 우리 교육현실에서 너무나 큰 억압이 되어 있다. 학생들은 중고등학교 시절 고진감래라는 말을 믿고 그들의 형형색색 꿈들을 벽장 한구석에 묻어놓은 채 입시공부에 매진했다. 대학에 들어오면 펼칠 수 있을 줄 알았던 그 꿈들은 전공진입과 학점관리라는 벽 앞에서 다시 한 번 무너진다. 일단 전공진입부터 해놓고 꿈을 펼치자고 벽장 속 더 깊숙한 곳으로 그 꿈들을 밀어 넣는다. 인기학과에 성공적으로 전공진입을 하고 나면 이제는 각종 시험과 스펙, 그리고 취업이라는 장애물이 앞을 가로막는다. 시험에 합격하고 취업하고 나면 주위의 기대는 더욱 높아진다. 주위의 기대를 만족시킬지는 몰라도 정작 본인은 일생 동안 한 번도 행복할 기회가 없다. 앞서 소개한 한 학생의 말처럼 "날개가 족쇄가 되는" 것이다. 진정으로 자신이 꿈꾸는 길을 가는 사람은 비록 몸이 고될지언정 그 고된 하루하루가 행복하다. 매일매일 행복해야 진짜 행복이고, 올바른 선택이다. 어떤 의미에서 우리 사회에서 성공한 사람일수록 행복할 기회는 점점 더 없어진다. 이제는 더 이상 이 악순환을 내버려두어서는 안 된다. 고진감래는 없다. 내 행복을 미루지도 양보하지도 말라.

부모님과의 아름다운 이별, 그리고 만남

몇 년 전 은퇴하신, 내가 존경하는 한 원로 교수님은 은퇴 직전 학생들이 모인 자리에서 이렇게 말씀하셨다. "여러분, 부모님과 빨리 헤어지세요. 한국 가족의 여러 가지 문제들은 모두 부모와 자녀가 헤어지지 못하는 데서 나옵니다." 당시 나는 이 말씀을 잘 이해하지 못했었다. 그 인자하신 교수님이 퇴임 직전 학생들에게 마지막으로 당부하실 말씀이 고작 "부모님과 헤어져라"라니. 하지만 몇 년이 지나는 사이에 난 이 말씀의 깊은 뜻을 깨닫게 되었다.

학생들은 자신의 꿈을 추구할 당당한 권리가 있다는 사실을 인정하고 나서도 주위의 기대, 특히 부모님의 기대를 차마 저버리기 어렵다고 고백한다. 나 하나를 위해 평생을 살아오신 부모님, 그 살벌한 입시 정글에서 자녀를 최정상의 서울대에 "합격시키기"까지 희생만 하신 부모님을 차마 배신할 수 없다는 것이다. 대다수의 부모님들은 자신의 인생경험을 들어 자녀들에게 권유한다. 넌 아직 어려서 모른다. 내가 살아보니 안정성 있는 직업이 최고다. 공무원이 되어라. 돈 없는 설움은 당해보지 않은 사람은 모른다. 돈 잘 버는 직업이 최고다. 변호사나 회계사가 되어라. 힘없는 설움도 만만치 않다. 검사가 되어라.

이제 나도 그 부모님들과 얼추 비슷한 나이가 되어 가고, 돈도 없고 힘도 없는 백면서생 노릇을 오래 하다 보니 그 분들의 심정을 이해 못할 리가 없다. 그럼에도, 학부모님들께는 송구하지만, 난 학생들에게 이렇게 권한다. "부모님과 헤어져라." 난 이렇게 생각한다. 세상에 어느 부모인들 그 깊은 속마음은 똑같을 것이다. 자신들이 살면서 겪었던 어려움과 억울함을 내 자식은 겪지 않기를 바라고, 무엇보다 행복한 삶을 살기를 바란다. 스스로 돈이 없어서 행복을 누리지 못했다고 생각하는 분들은 행여 내 자식에게 같은 일이 생길까봐 변호사나 회계사가 되기를 원한다. 스스로 힘이 없어서 행복을 누리지 못했다고 생각하는 분들은 행여 내 자식에게 같은 일이 생길까봐 검사나 고위 공무원이 되기를 원한다. 그러나 그 본질은 똑같다. 자식이 행복하기를 바라는 것이다. 다행히 자녀가 같은 꿈을 가지고 있다면 좋겠으나, 그런 일은 여간해서 일어나지 않는다.

나는 학생들에게 이렇게 말한다. 네 꿈이 부모님의 희망과 다르다면, 양보하지 마라. 그렇다고 매일같이 부모님과 소리 지르고 부딪치라는 이야기는 아니다. 지금부터 1년 동안 네 꿈을 실현할 수 있는 계획을 세우고, 하나씩 하나씩 실현해 나가라. 비록 그것이 탄탄대로를 따라가는 꿈이 아닐지라도 상관없다. 현존하는 인물들 중에서 네 꿈에 가장 근접하다고 생각되는 인물을 하나 찾아서 그 사람을 롤 모델(*role model*)로 삼고 그 인간을 집중적으로 탐구해라. 그 사람이 어떤 유년시절과 청년시절을 보냈는지, 그 사람의 꿈은 무엇이었는지, 그 사람이 네 꿈에 근접하기 위해 어떤 준비를 하고 어떻게 열정을 불태웠는지 철저하게 연구해라. 네 꿈에 가까이 가기 위해서 네가 할 수 있는 것, 네가 해온 것, 네가 앞으로 해야 할 것들의 목록을 만들고 그 사람과 비교해라. 한 걸음씩 한 걸음씩 그 사람에, 그리고 네 꿈에, 가까이 다가가면서 동시에 그 사람을 넘어설 더 큰 꿈을 키워라. 무엇보다 그 과정에서 매일 매일 행복해라.

그렇게 1년을 지낸 후에, 1년 동안의 청춘의 대차대조표를 가지고 부모님과 마주 앉아라. 공부 잘 하는 모범생 아들, 딸의 모습만 보여드리지 말고 너의 욕망과 너의 추한 모습까지를 모두 포함해서 너라는 인간을 총체적으로 부모님께 보여드려라. 그리고 부모님을 설득해라. "엄마, 아빠, 난 이런 사람이야. 난 이게 행복해. 그리고 난 내 꿈을 이루기 위해서 지금까지 이렇게 준비해왔고, 그 과정에서 매일 매일 행복했어. 앞으로도 이 행복을 더 키워가고 싶어." 이렇게 말해라. 부모님이 네게 무엇이 되라고 요구했던 것은 궁극적으로는 너의 행복을 원하셨던 것이기 때문에, 자녀의 행복에 끝까지 반대하실 부모님은 세상에 없다. 잠깐의 이별 후 진심으로 서로를 존중하고 응원하면서 부모와 자녀가 다시 만나는 방법이다.

닫혀버린 자아

오래 전 유학시절 초기에 존경하는 스승님 중 한 분인 제임스 콜만(James Coleman) 교수님으로부터 들은 이야기이다. 어느 유명한 수학 천재가 있었다. 이 학생은 10대 초반에 벌써 고등학교 과정을 다 끝내고 최고 명문대학에 입학했고, 20대가 되었을 때는 수학 박사학위를 받아서 명문대 교수가 되었다. 이 무섭게 크는 천재에 학계는 주목했고, 그 기대에 부응하듯 그는 뛰어난 논문들을 쏟아냈다. 그러던 어느 날, 갑자기 그의 연구업적은 중단되었다. 그는 더 이상 논문을 쓰지 않았고, 강의도 시원찮게 하다가 슬그머니 학계에서 자취를 감추었다.

그 배경에는 그의 부친의 죽음이 있었다. 어려서부터 부친의 지극한 관심과 애정 속에서 자라온 그는 자신의 학문적 성취가 아버지를 기쁘게 하는 데에서 만족을 느꼈다. 그러다가 부친이 세상을 떠나고 나자, 더 이상 공부를 계속해야 할 이유를 찾지 못했던 것이다. 콜만 교수는 이 현상을 f〔f(u)〕라는 공식으로 설명했었다. 이 사람의 효용함수 속에는 자신의 만족이 있는 것이 아니라 아버지의 만족이라는 또 하나의 효용함수가 들어있었다는 것이다. 오래 전에 들은 그 설명은 아직도 내 기억 속에 인상적으로 남아있다.

그로부터 17년이 지나, 몇 달 전에 나는 정신과 의사들의 세미나에 초청받아 발표하러 간 적이 있었다. 세미나 초청은 흔히 있는 일이지만, 이 경우에는 어리둥절할 수밖에 없었다. 정신과 연구자들이 왜 사회학자를 초청하나… 이해하기 어려웠지만 그만큼 호기심도 발동해서 가보기로 했다. 막상 가보니 세미나는 흥미진진했다. 전혀 아무 관계도 없을 것 같이 보이던 두 영역에서 그동안 연구해온 것들을 펼쳐놓고 보니 서로 일맥상통하는 발견들이 너무나 많았던 것이다. 내가 사회학에서의 발견들을 이야기하면 정신과 연구자들은 "아, 그건 우리 분야에서는 뭐라고 부르는 현상인데요 …" 하고, 거꾸로 그쪽에서 먼저 이야기하면 나는 "아, 그건 사회학의 어느 분야에서 발견한 무슨 현상과 비슷하군요.…" 이런 문답들이 마치 옛 선비들이 번갈아 시를 짓듯이 끝없이 이어졌다.

많은 것을 배워 올 수 있었는데, 그 중 가장 충격적인 것은 '정체성 폐쇄'(*identity foreclosure*)라는 현상이었다. Identity는 우리말로 '정체성'인데, 여기에 따라붙은 Foreclosure란 무얼까? 직역하자면 '폐쇄'이고, 그 중에서도 '일찌감치 닫아버리는' 혹은 '미리 차단하는' 형태의 폐쇄를 말한다. 정체성 폐쇄의 대표적인 증상은 주어진 무언가를 아주 열심히 하는데, 자기가 그 일을 왜 하는지는 모르는 상태에서 그래도 열심히 하는 것이라고 한다. 이런 현상은 왜 나타나는가? 이러한 현상은 "청소년들이 자신의 삶과 이념과 직업에 대한 다양한 접근을 스스로 시도해보기 전에 부모들이 권위적인 방식으로 이것들을 정해줄 때" 가장 흔하게 나타난다고 한다. 놀라운 것은 정신과 연구자들의 연구결과 한국인의 약 70%가 이 정체성 폐쇄 유형에 해당한다는 점이다.

이 이야기를 듣고 나는 우리 학생들을 떠올리지 않을 수 없었다. 그들은 중고등학교 시절에도 정말 열심히 공부했던 사람들이고, 지금도 정말 열심히 학점을 관리하고 있다. 막상 면담을 해보면 그들은 자신들이 무엇을 원하는지 왜 열심히 사는지 모르는 채 열심히 살고 있다. 그들이 가장 자주 이야기하는 이유는 "부모님의 기대를 저버릴 수 없어서"이다. 전형적인 정체성 폐쇄 현상인 것이다. 이러한 현상이 내 학생들에게만 국한된 것일까? 나는 아니라고 믿는다. 한국인의 70%라는 수치가 말해주기도 하려니와, 무엇보다 한국에서 성공하면 할수록 정체성 폐쇄의 확률은 높게 되어있는 구조를 가지고 있기 때문이다.

떠나지 못하는 꿈

몇 년 전, 주위 사람들에게 말은 안했지만 나는 학자로서의 내 인생에 커다란 위기를 맞았다고 느낀 적이 있었다. 남 못지않게 연구업적을 많이 내놓고 있었고, 그 중에 어떤 것은 꽤 의미가 있다고 인정을 받아서 논문상이나 학술상 같은 것을 받기도 하던 때였다. 하지만 아무도 몰라도 나는 알고 있었다. 내 가슴속에 학문을 향한 열정이 조금씩 식어가기 시작하고 있다는 것을. 근본적인 위기의식을 느꼈다. 모르는 것은 부끄러움을 무릅쓰고 배우면 되고 부족한 재능은 노력으로 채울 수 있겠지만, 식어가는 열정은 무엇으로도 대체할 수 없다는 것을 알고 있었기 때문이었다. 사춘기도 한참 지난 나이에 농담으로 말하던 '오춘기'라고 할 만한 정신적 방황이 시작되었다. 매달려왔던 연구를 모두 집어치우고 몇 달 동안 책이라고는 한 줄도 읽지 않으면서 방황했다. 그러던 어느 날, 우연히 바비 킴이라는 가수의 노래를 접하게 되었다. "소나무"라는 제목의 노래였다. 오랫동안 공부한답시고 TV 한 번 제대로 본 적이 없었으니 유명한 연예인이 나와도 그 사람이 배우인지 가수인지조차 구분 못하고, 그걸 은근히 자랑스럽게 생각하던 나였는데, 우연찮게 이 특이한 가수와 마주치게 된 것이다.

두 눈을 감으면 선명해져요
꿈길을 오가던 푸른 그 길이

햇살이 살며시 내려앉으면
소리 없이 웃으며 불러 봐요

소나무야 소나무야 (중략)

바람이 얘기해줬죠 잠시만 눈을 감으면
잊고 있던 푸른 빛을 언제나 볼 수 있다

많이 힘겨울 때면 눈을 감고 걸어요
손 내밀면 닿을 것 같아 편한 걸까
세상 끝에서 만난 버려둔 내 꿈들이
아직 나를 떠나지 못해 (후략)

혼자 운전하면서 이 노래를 듣는데 나도 모르게 눈물이 주르륵 흘러내렸다. 그 후로 나는 가수 바비 킴의 노래를 여러 곡 좋아하게 되었지만, 아직도 그가 어떤 사람인지, 도대체 이 아름다운 가사를 누가 썼는지는 자세히 알지 못한다. 다만 이 노래가 첫 만남에서부터 내 가슴에 깊이 들어와 각인되었고, 내 나름의 방식으로 이 노래를 해석할 따름이다. 이 노래를 듣는 순간 몇 달에 걸친 나의 방황이 이제 반환점을 돌기 시작했음을 느꼈다. 나는 연구업적이라는 성과에 매달리는 동안 내가 진정으로 알고자 했던 진리에 대해 사유하는 것을 오랫동안 멈추고 있었던 것이다. 그러나 연구업적 내기를 그치고 두 눈을 감은 순간 선명하게 보였다. 열여덟 살의 고등학교 3학년생을 사회학이라는 학문으로 이끌었던 푸른 그 길이, 다시 또렷하게 내 눈에 보였다. 이른바 명문대에서 공부하고 명문대 교수가 될 수 있었던 행운이 이어지는 동안, 그 행운에 부끄럽지 않은 연구업적을 내겠다고 딴에는 이를 악물고 매달리는 동안, 원래의 꿈이었던 '진리의 빛'에 대해 사유하는 것을 바쁘다는 핑계로 미뤄놓고 있었지만, 원래의 출발점이 그것이었으니 진리의 빛은 손만 내밀면 언제든 닿을 것 같기만 해서 별다른 죄책감도 없이 미루고 있었던 것이었다. 내가 오랫동안 돌보지 않았던 진리에 대한 열정이 시름시름 식어서 더 이상 내가 연구업적에 매달리는 것조차 불가능하게 되었을 때, 나는 고통스럽게 깨달았다. 이 노래를 한두 소절 듣기 시작하면서부터 이미 코끝이 찡해지기 시작했지만, 결정적으로 눈물을 참을 수 없었던 것은 인용한 가사 중에서 마지막 부분이었다. 식어버린 열정 때문에 학자로서의 삶에서 세상 끝에 홀로 섰다고 느낀 순간, 전혀 뜻밖에도 내가 오래 전에 버려둔 내 꿈들이 아직도 나를 떠나지 못하고 조용히 나를 따라와 옆자리에 함께 있었던 것이다. 내가 버려두었던 꿈들에게 너무 미안해서, 그럼에도 나를 떠나지 않고, 돌봐주지 못해서 쇠약해진 몸을 끌고 조용히 나를 따라와 준 내 꿈들에게 너무 고마워서, 꿈을 잃은 줄 알았던 40대의 아저씨는 주책없는 눈물을 흘릴 수밖에 없었다.

많은 학생들이 내게 묻는다. "선생님, 저는 제가 뭘 원하는지 모르겠어요. 그게 가장 큰 문제예요. 무슨 과를 가야 할지, 무슨 직업을 택해야 할지 …" 학생들에게 이렇게 답해준다.

네가 지금 뭘 원하는지 모르는 건 당연한 일이란다. 원래의 너는 꿈이 있고, 욕망이 있고, 감상적이고, 모순되고, 논리적이고, 이 모든 것들의 총체인 인간이었다. 그러나 10여 년 전 대학입시라는 인생의 관문을 향한 질주를 시작한 이후, 너는 너의 여러 모습 중에서 시험공부를 하고 문제를 푸는 너만을 남겨두고 나머지 총체적 인간으로서의 너는 다락방 속에 밀어 넣어 두었다. "미안하지만 대학에 들어간 후에 보자"라는 말을 남기고…. 다락방 속에 들어간 너는 욕망과 모순과 감정의 복합체이기 때문에 그 시간들을 건강하게 버텨낼 수 없었을 것이다. 이제 성공적으로 대학에 들어온 이후, 더 이상 주어진 과제를 풀기만 하면 되는 인생은 끝났다. 이제 너는 무엇인가를 '원해야 한다'. 그러나 무엇인가를 원하는 일은 문제를 잘 푸는 네가 할 수 있는 일이 아니다. 그것은 10여 년 전 다락방 속에 들어간, '욕망하고 느끼는' 네가 잘 할 수 있는 일이다. 그럼 이제 다락방 속에 들어간 너를 꺼내기만 하면 되는 일일까? 그렇지 않다. 그 시간 동안 다락방 속의 너는 많이 야위고, 시름시름 앓고, 어쩌면 죽어가고 있을지도 모른다. 이제 다락방 속의 너를 다시 찾아가서 진심으로 미안하다고 말하고, 쇠약해진 그의 손을 잡아서 한 걸음, 한 걸음 걸음마부터 다시 뗄 수 있도록 도와주고, 그를 다시 건강하게 키워내야 한다. 그때가 되면 비로소 '느끼는 너'는 네 인생의 항로를 가르쳐줄 것이고, 너는 제대로 된 인생을 되찾을 수 있을 것이다.

사람 대 사람으로 만나면서, 많은 학생들이 눈물을 흘렸다. 누가 그들의 눈물샘을 자극하는 감상적인 이야기를 하는 것도 아니다. 속마음을 얘기해보라는 한마디에 벌써 그들은 눈물을 흘리기 시작한다. 그들은 대개 눈물을 흘리는 것에 당황하고, 부끄러워하고, 울지 않으려고 노력한다. "울어도 괜찮아. 아니 우는 게 좋은 일이란다. 눈물이 나면 참지 말고 속 시원하게 펑펑 울렴." 다 울고 나면 우는 게 왜 좋은지 이야기해준다. 대개 눈물을 흘리는 학생들은 스스로가 오랫동안 묻어두었던 '느끼는 나'와 갑작스럽게 대면한 것이다. 너무 오래 묻어두어서 그런 '나'가 있었는지조차 잊고 있다가, 아무 준비 없이 불현듯 마주친 순간 눈물이 나오는 것이다. 형제지간에 10년 만에 만나도 얼싸안고 눈물이 나오는데, 잃어버렸던 나와 10년 만에 만났는데 어찌 눈물이 없겠는가. 나는 눈물을 흘리는 학생들을 보면 조금이나마 안심이 된다. 그들은 적어도 잃어버렸던 내가 있었다는 사실을 기억해냈고, 힘들지만 오랜만의 첫 대면을 한 셈이다. 끝내 나와 마주치지 못한 사람들에 비하면 좀더 희망이 있는 것이다.

나는 내가 40대에 했던 방황을 내 학생들이 되풀이하지 않기를 바란다. 지독하게 운이 좋았던 나는 내가 내 꿈들을 나도 모르게 버려두었다는 사실을 40대 초반에 느낄 수 있었다. 지독하게 운이 좋았던 나는 직장에서 잘리지 않고도 몇 달에 걸쳐 방황하는 시간을 가질 수 있었다. 지독하게 운이 좋았던 나는 그 순간에 아름다운 노래를 만날 수 있었고, 다행히도 나의 꿈들은 그때까지 나를 떠나지 않고 내 옆에 머물러 있었다. 나의 학생들이 나처럼 운이 좋으리라고 기대하기는 어렵다. 그들은 너무 늦게 깨달을 수도 있고, 방황할 여유가 없을 수도 있고, 아름다운 노래를 만나지 못할 수도 있고, 뒤늦게 깨달았을 때 그들의 꿈은 이미 그들을 떠났을 수도 있다. 나는 이런 일이 내 학생들에게 생기는 것을 원치 않는다. 그렇기 때문에 그들이 자신의 꿈과 행복을 어떤 일이 있어도 양보하지 말 것을, 다락방 속에 넣어둔 '느끼는 나'를 하루라도 빨리 되찾아서 그와 함께 모순되고 동시에 행복한 인생을 살 것을, 가르치려고 한다.

꿈, 행복, 가슴 속에 북소리

긴 이야기를 마칠 때가 되었다. 내 학생들이 무슨 일이 있어도, 아무리 황당해 보여도, 형형색색의 꿈들을 버리지 말 것을 원한다. 비현실적일 것 같은 꿈은 내가 가슴에 품는 순간 이미 성큼 다가온다. 그 꿈을 향해 나아가면서 매일매일 행복을 느끼기를 원한다. 행복하지 않은 꿈은 거짓이다. 꿈을 향해 나아가는 긴 여정에서 지치고 유혹이 다가올 때마다 귀 기울여 들을 수 있는, 가슴속에서 평생 동안 둥! 둥! 둥! 울리는 북소리를 가지기를 원한다. 그것이야말로 인생이라는 기관차의 엔진이다.

• 나의 20대 초상 • **장덕진**

20대, 강렬한 시간을 살라

시간은 일정한 속도로 흐르지 않는다. 시간은 한 번의 강렬한 경험과 그 다음 번의 강렬한 경험을 빛의 속도로 이어줄 뿐이다. 강렬한 경험의 한가운데에 있는 동안 시간의 흐름은 거의 인식되지 않기 때문에, 1분 남짓한 시간이라 할지라도 그 하나하나의 디테일을 모두 기억할 수 있고, 1분의 경험을 가지고 두 시간 분량의 영화를 만드는 것도 얼마든지 가능하다. 반면 강렬한 경험이 없는 시간은 경험할 때는 지루하고 경험하고 나서는 잊힌다. 그러니 시간이 흐르고 나서 돌이켜보는 삶이란 누가 얼마나 더 강렬한 경험을 얼마나 많이 했느냐에 의해 규정될 뿐이다.

이제 나의 20대를 규정했던 강렬했던 경험들을 떠올려 본다. 1980년대라는 치열한 시대의 한복판에서 대학생활을 해야 했으니 시대와 관련한 강렬한 경험들이 없을 수 없다. 20대의 전 기간 동안 뜨겁게 사랑했던 여자가 다행히도 지금은 나의 아내가 되어 있으니 그 강렬한 경험은 지금까지도 이어지고 있다. 20대 후반에 유학해서 모든 것이 낯선 곳에서 치열한 경쟁 속에 살아남아야 했으니 문화적 충격과 관련한 이야기도 빠질 수 없다. 그러나 나의 20대를 돌이켜 볼 때마다, 어쩌면 뜻밖에도, 나에게 가장 강렬한 경험으로 떠오르는 것은 나의 선생님과 보낸 시간들이다. 지금부터 그 이야기를 하려고 한다.

나는 고 3 때 사회학의 매력에 흠뻑 빠져버렸다. 입시공부의 무의미함에 진저리를 내고 성적은 나날이 떨어져가던 고등학교 3학년 때 처음 접한 사회문화라는 과목은 나에게 전혀 새로운 세계를 보여주었다. 좋아하는 과목이라고는 국어, 영어, 한문밖에 없었던 내게 학력고사 340점 만점에 달랑 10점짜리 과목이었던 사회문화는 밤잠을 못 이룰 정도의 흥미를 선사했고, 평생 이 재미있는 공부를 하고 싶다고 생각했던 나는 그날로 장래 희망을 사회학자로 수정했다.

대입원서를 내던 날, 나의 신통찮은 성적에 담임선생님은 눈치작전을 좀 해보라고 말리셨지만, 어차피 사회학 이외의 공부에 관심이 없었던 나는 원서접수 첫날 휑하게 빈 접수창구에 일찌감치 원서를 내는 배짱을 부렸다. 당시만 해도 겨울에 눈이 많이 오던 시절이라 차도와 인도를 구분할 수 없을 정도로 온통 하얗게 변해버린 연세대 백양로를 따라 접수처였던 학생회관까지 덜렁덜렁 걸어가던 모습이 기억난다. 객관적으로 성적이 아슬아슬한데도 이상하게 아무런 떨림도 동요도 없었다. 아버님은 평생 직업군인으로 전방에서만 사시다가 내가 학력고사를 치기 서너 달 전에 전역하셨는데, 그동안 자식들 곁에 있어주지 못한 것이 미안하셨던지 눈길을 걸어가는 나의 몇 걸음 뒤에서 방울 달린 털모자를 눌러쓰고 묵묵히 따라오시던 모습이 눈에 선하다.

운 좋게 대학에 합격한 후 여러 일들이 있었지만, 좋은 사회학자가 되겠다는 생각은 한 번도 변한 적이 없었다. 그러나 체계적인 길을 안내받지 못한 젊은 열정은 스스로 그 무게를 이기지 못해서 이런저런 객기로 분출되는 일이 잦았다. 대학원을 졸업하는 한 선배의 학위논문 타이핑을 도와드렸다는 핑계로 술을 왕창 얻어마시던 2학년 겨울방학의 어느 날, 중간에 화장실에 다녀오니 우리 테이블에 웬 낯선 남자가 앉아 있었다. 그게 선생님과의 첫 만남이었다. 그때 선생님은 미국에서 학위를 마치고 우리 과의 신임교수로 막 부임하셨기 때문에 학부생들은 아직 얼굴을 익힐 시간도 미처 없었던 때였다. 이미 인사불성이 되어 있었던 나는 그 사람이 누구인지도 모른 채 얄팍한 지식에 기대어 그 사람을 상대로 밑도 끝도 없는 논쟁 — 이라기보다는 술주정에 가까운 — 을 벌였고, 옆에 앉은 선배는 얼굴이 하얘졌다 벌게졌다를 반복하고 있었다.

다음날 술 깨고 확인해보니 그 선생님은 이미 학문적인 명성이 자자하신 분이었다. 3월 학기 개강과 함께 곧바로 선생님의 비교사회학 강의를 신청했다. 머릿속이 탁 트인다고 할까 맑아진다고 할까. 마치 머릿속에 고속도로를 내는 것처럼 생각의 길이 쭉쭉 열리면서 혼자 몇 년 동안 공부하며 여기저기 흩어져 쌓여 있기만 하던 지식의 조각들이 서로 연결되고, 그렇게 연결된 지식의 조각들은 또 새로운 생각의 길을 내주었다. 말로 표현할 수 없는 감동이었다. 아, 이게 진짜 공부구나… 모든 기쁨 중에 가장 큰 기쁨은 법열(法悅), 깨닫는 기쁨이라고 하던가. 세 시간 강의를 듣는 동안 아무도 모르는 행복이 수십 번이나 찾아왔다. 그때부터 나는 선생님의 지적인 스토커가 되었다.

대학원 석사과정에 입학하면서 자연스럽게 선생님의 조교가 되었다. 요즘은 그런 일이 많지 않지만, 당시에는 조교가 교수 연구실에 책상 하나를 들여놓고 같이 앉아서 근무하는 것이 보편적이었다. 덕분에 나는 아마 선생님 사모님보다도 더 오랜 시간 선생님과 함께 시간을 보내게 되었다. 선생님은 참 소탈하신 분이었다. 내가 잘한답시고 화분에 매일 물을 줘서 결국 죽게 만들었을 때도 웃어넘기셨고, 2년 동안 단 한 번도 연구실 청소를 하지 않는 조교 대신 당신이 청소를 하시기도 했다. 외국서적들을 구해보기가 하늘의 별 따기였던 그 시절, 나는 귀한 책들이 그득한 선생님의 책꽂이에서 마음껏 책들을 보며 공부에만 몰두할 수 있었다. 선생님이나 나나 관련된 책들을 이것저것 뽑아서 펼쳐놓고 공부하는 일이 많아서 책상 위는 물론 소파에 앉을 자리가 없을 정도로 늘어놓는 일이 많았었다. 널려진 책들 때문에 앉을 자리가 없어서 소파에 딱 한 사람 엉덩이 붙일 자리가 남았을 때, 당돌하게도 내가 그 자리에 앉아서 책을 보고 있으면 씩 웃으시곤 당신이 책들을 다시 책꽂이에 꽂아 넣으시던 장면이 지금도 생각난다.

대학원 입학부터를 본격적인 학문의 길에 접어든 것으로 친다면 이제 어언 20년이 지난 셈이다. 그 20년 세월 동안 공부를 해오면서 가장 행복하고 따듯한 기억으로 떠오르는 건 겨울밤 선생님의 연구실에서의 추억들이다. 한 번 연구에 몰두하면 무서운 집중력을 발휘하시는 선생님은 몇 시간이 지나도록 아무 말씀이 없으시고, 나는 그런 선생님의 열정을 닮으려고 노력하면서 부족한 공부에 매진했다. 가습기 역할 겸해서 난로 위에 올려놓은 누런 양은 주전자만 보글보글 끓는 소리를 내며 방안에 구수한 보리차 향기를 채워주었다. 거의 매일 밤늦게까지 그렇게 공부하다가 한밤중이 되어서야 건물 밖에 나오면 때때로 온 세상이 하얗게 덮이도록 눈이 와 있었다.

한 번은 선생님의 중고 엑셀 자동차가 어디에 주차되어 있는지 찾기 어려울 정도로 눈이 많이 와 있던 적이 있었다. 지금보다 대중교통이 훨씬 부족하던 시절이라 나는 당장 집에 갈 걱정이 앞섰는데, 선생님은 먼눈을 하고서 "시카고에서 공부할 때도 이랬었지…" 하시던 모습이 인상 깊었다. 나중에 나도 선생님이 졸업하신 시카고대학에 유학가서 알게 된 일이지만 시카고에는 1미터도 넘는 눈이 곧잘 와서 자동차를 찾을 수 없는 일이 많다. 선생님은 시카고 그 자체를 그리워하신 것이 아니라 이런 저런 일들로 시간을 뺏기지 않고 마음껏 공부에만 몰두할 수 있었던 당시의 상황을 그리워하신 것이었다. 그런 날이면 학교 앞 선술집에서 선생님과 맥주를 마시는 일도 많았다. 때로는 한밤중까지 연구하느라 입 다물고 있었던 것을 보상이라도 받듯이 긴 토론이 이어지기도 했고, 때로는 재미난 농담과 사제 간에 격의 없는 자존심 겨루기를 하기도 했었다.

석사과정 재학시절 했던 놀라운 경험은 지금도 잊을 수 없다. 어느 날 저녁, 다음날 수업을 위해 읽으라고 지정해주신 *Making Sense of Marx* 라는 책을 읽기 시작했다. 맑스를 합리적 선택이론의 시각에서 재해석한 이 책은 그 시도 자체가 대담할 뿐더러 치밀한 논리적 짜임과 심심찮게 등장하는 수학공식 등으로 학생들 사이에 어렵기로 악명이 높았다. 저녁 8시쯤 마루 소파에 배를 깔고 엎드려서 책을 읽기 시작했는데, 잠시 후 눈을 들어 시계를 보니 새벽 3시가 넘어가고 있었고, 진도는 1백 페이지가 넘게 나가 있었다. 그제야 장시간 엎드려 있었던 허리의 통증이 밀려왔다. 그 긴 시간 동안 몰두할 수 있었던 것도 놀라웠지만, 무엇보다 놀라운 것은 수학이 문학이 될 수 있다는 것을 처음으로 체험한 것이었다. 사회학도에게는 비교적 낯선 수학공식들과 그에 대한 치밀한 설명들을 하나씩 따라가던 어느 순간, 책에서 문학적 향기가 느껴졌고, 이 이질적 조합이 가지는 아름다움이 나를 몇 시간 동안이나 몰두하게 했던 것이었다. 그 이후 세월과 함께 공부를 더해가면서 수학은 최고의 예술형태 중 하나라는 것이 너무나 당연한 일임을 알게 되었지만, 부족한 나로서는 그 깨달음과의 '날카로운 첫 키스'가 선생님이 손잡아 데려다주신 지적인 바다의 물결 속에서만 이루어질 수 있었다. 두어 시간 눈 붙이고 들어간 다음 날 오전 강의 또한 놀라움의 연속이었다. 새벽까지 읽은 1백 페이지가 넘는 난해한 내용들이 마치 눈앞에 책을 펼쳐놓고 보듯이 선명했다. 어떤 주제에 대한 이야기가 나오면 머릿속에서 해당 페이지가 척 펼쳐졌고, 심지어 그 페이지의 우측 상단에 내가 해놓았던 메모의 내용까지 또렷이 떠올랐다.

행복한 세월이 흘러 내가 유학 갈 시점이 다가왔다. 선생님께 추천서를 부탁드리러 가는데 손이 파르르 떨렸다. 그동안 내가 지켜본 선생님은 너무나 인간적이고 소탈하셨지만, 학생을 엄격하게 평가해야 할 순간이 오면 흔들림 없이 엄격한 분이었다. 언제나 잘하는 학생에게는 잘한다, 부족하면 부족하다, 잘 모르면 모른다고 쓰시는 분이었다. 학부 3학년부터 선생님을 따라다녔으니 대학원까지 합하면 4년의 시간 동안 나는 도대체 선생님께 어떤 학생이었을까. 지난 4년 동안 선생님과의 지적인 만남에 흠뻑 빠져 한 번도 생각해본 적이 없었던 질문이 떠오르자 가슴이 뛰었다. 그 바쁘신 분이 두어 시간 이상 시간을 할애해서 정성껏 추천서를 쓰시더니, 캐비닛을 열어 깊숙이 넣어 둔 무언가를 꺼내셨다. 얄팍한 상자를 여니 그 안에는 종이가 들어 있었다. 나는 생전 처음 보는 면으로 된 두툼하고 고급스러운 편지지였는데, 불빛에 비추어보면 선생님이 졸업하신 시카고대학의 로고가 은은하게 비쳐 나왔다. 어리둥절해 하는 내게 미국 사람들이 중요한 편지를 쓸 때 쓰는 거라고 간략히 말씀하시곤 그 종이로 추천서를 인쇄하셨다. 꽤 긴 추천서였는데 내가 7~8개 학교에 지원했으니 상자 안에 든 종이를 거의 다 써야만 했다. 선생님은 학위를 마치고 귀국할 때 혹시 몰라서 가져오신 그 종이를 캐비닛 안에 몇 년이나 보관했다가 부족한 제자인 나의 추천서를 인쇄하기 위해 아낌없이 사용하신 것이었다. 코끝이 찡해지면서 자꾸만 눈물이 나오려고 했지만, 이를 악물고 참았다. 선생님과의 아름답고 행복한 지적인 만남을 감상으로 바꾸어놓기는 죽기보다 싫었으므로.

그 후 6년 반의 유학생활과 귀국 후 10년의 교수생활을 하면서, 선생님과의 강렬하고도 행복한 지적 충돌의 시간들은 학자로서의 내 삶에 변함없는 원동력이 되어주었다. 누구나 살면서 여러 분의 선생님들을 만나게 된다. 하지만 적어도 선생님과 관련한 한, 나는 대한민국에서 내가 가장 행복한 사람이라고 생각한다. 지금도 이메일을 쓸 때면 다른 분들께는 '○○○ 선생님께'라고 쓰지만 선생님께는 성함을 생략하고 그냥 '선생님께'라고 쓴다. 내게 선생님은, 선생님 한 분뿐이니까. 그러나 오해하지 마시라. 선생님을 누구보다 존경하고 또한 내 능력이 선생님에 비해 턱없이 모자란다는 것을 잘 알지만, 나는 선생님이 가신 길을 그대로 따라가는 수제자가 될 생각은 없다. 선생님의 것을 그대로 배우는 제자보다는 설사 능력이 부족하다 하더라도 끝없이 선생님을 넘어서려고 시도하는 당돌한 제자이기를 선생님은 더 바라신다는 사실을 잘 알기 때문이다.

별로 대단할 것 없는 나의 20대에 대해 이야기하라는 요청을 받고 선생님과의 추억을 생각하게 된 건 서두에 말했듯이 강렬한 경험에 대해 말해야 했기 때문이었다. 강렬한 경험으로 채워지지 않은 밋밋한 시간들은 그냥 흘러갈 뿐이다. 그것들은 개인의 전기(傳記)도, 공동체의 역사도, 되지 않는다. 19살에 사회학자가 되겠다고 마음먹었던 나의 20대를 강렬한 지적 경험으로 채워주신 선생님을 만난 것은 학자로서의 내 삶을 규정한 일대 사건이었다. 세월이 흘러 이제 나와 선생님의 나이 차이보다 훨씬 더 차이가 많이 나는 어린 나의 학생들에게, 변변할 것 없는 나의 20대 이야기를 들려주면서 해주고 싶은 이야기는 이런 것이다. 어떤 인생을 살지 망설여진다면 강렬한 시간으로 채울 수 있는 인생을 택하라는 것이다. 시간은 일정한 속도로 흐르지 않는다. 그것은 한 번의 강렬한 경험과 그 다음 번의 강렬한 경험을 빛의 속도로 이어줄 뿐이다. 그 경험들 사이에 있는 밋밋한 시간들은 지루하게 경험되고 지나가자마자 잊힌다. 그러므로, 그러한 시간들은 나의 시간이 아니다.

인터넷 세대 · · · · · · · · · · · · · · 2장

우리는 예전의 우리가 아니다

배 영*

나를 잡아가라!

대한민국의 2008년 5월과 6월을 한마디로 그려내자면 그것은 '촛불 집회'와 '광우병'이었다. 수많은 사람들의 손에 촛불을 들게 한 미국산 쇠고기 수입문제는 다양한 사회적 이슈를 생산하면서 새로운 차원에서 '사회운동'과 '국민', '인터넷', 그리고 '민주주의'를 바라보게 하였다. 외교력과 정치력의 부재 속에서 정부는 '배후'가 누구인지에 대한 관심을 지속적으로 표명했지만 뚜렷한 해답을 찾는 데는 실패했다. 아니 실패할 수밖에 없었을 것이다.

분명한 것은 이제까지와는 달랐다는 점이다. 집회에 유모차가 등장했다. 처음부터 끝까지 이끄는 사람도 없었다. 이끄는 사람이 없었기에 경찰은 더 난감했다. 어떻게 진행될지 예상이 어려웠다. 난감하기

* 숭실대학교 정보사회학과.

는 이제까지 사회운동의 전면에 있었던 시민단체들도 마찬가지였다. 인터넷을 기반으로 '조직되지 않은 조직'의 힘이 대한민국을 흔들었다. 달라진 상황은 또 있었다.

> 미국산 쇠고기 수입 반대 촛불집회와 '광우병 괴담' 등을 사법처리하겠다는 경찰 방침에 누리꾼들이 크게 반발하고 있다. 경찰청 홈페이지(www. police.go.kr)는 14일 "나를 잡아가라"는 누리꾼들의 항의가 폭주하면서 한때 접속이 중단되는 소동을 빚었다. 이 날 사이버경찰청 자유게시판에는 "나도 촛불집회에 참석했으니 잡아가라"는 내용의 항의성 글이 1천여 건 이상 올라왔다. 접속자가 폭주하면서 접속속도가 느려지고 간헐적으로 접속이 중단되기도 했다. 누리꾼들은 특히 경찰이 대통령의 명예를 훼손하는 내용의 글을 유포한 ID의 신원을 파악하고 있다는 데 반발했다. 우모 씨는 "촛불집회에 두 번이나 참가했고 이명박 탄핵사이트와 정책반대시위연대에도 가입했다"며 자수 대열에 동참했다. 대통령 탄핵 서명운동을 벌인 ID '안단테'를 자처하는 이들도 늘고 있다. 누리꾼들이 '천만 인 잡혀가기 운동'을 벌이는 가운데 경찰청 등 각종 인터넷 게시판에는 "내가 안단테다 잡아가라", "오랫동안 쓰던 닉네임을 버리고 안단테로 바꿨다"는 글이 쏟아졌다.
>
> 한편 어청수 경찰청장은 14일 5·18 광주 민주화운동 기념일을 앞두고 광주지방경찰청을 방문해 "2003년에 일부 단체의 불법행위가 있었던 만큼 이를 감안해 대비하고 있다. 5·18 기념행사에서 집회 시위가 불법행위로 변질되면 법과 원칙에 따라 강력히 대응하겠다"고 말했다. (동아일보, 2008.5.15)

사전적 의미로 보면 국가의 공권력은 국민의 안녕과 사회질서를 위해 국가나 공공단체가 우월한 의사의 주체로서 국민에게 명령하고 강제할 수 있는 권력을 의미한다. 위의 기사에서도 잘 나타나듯이 적어도 2008년 5월 한국에서의 공권력은 사회질서를 위한 제어장치로서 그 영향력을 상실했고, 인터넷을 매개로 하여 공권력을 마주한 국민들의 모습도 과거의 그것과는 확연히 달라져 있었다. 인터넷의 기본적 속성이 '익명성'과 '비대면성'이라고 하지만 이번 경우는 거기에 해당이 될 수가 없다. 회원가입을 하고 로그인을 해야 글을 쓸 수 있는, 공권력의 상징이라고 할 수 있는 경찰청의 홈페이지였기 때문이다.

그렇다면 무엇이 우리 국민을 달라지게 만들었을까? 서슬 퍼런 경찰의 방패 앞에서도 촛불을 들게 한 힘은 어디에서 비롯된 것이며, 자신의 실명을 밝히면서 잡아갈 테면 잡아가라고 외칠 수 있는 자신감은 또 어디에 기반한 것일까?

인터넷과 새로운 세대

IMF 이후 지난 10년간의 한국사회를 조망해 볼 때 가장 두드러지게 나타나는 모습은 '기존 권위의 붕괴와 해체'였다. 개발의 시대를 거치면서 이룩된 경제성장과 수많은 희생을 기반으로 자리잡은 정치적 민주화는 20세기 대한민국을 대표하는 대서사(大敍事)였지만, 1997년

말의 IMF위기는 모든 것을 원점에서부터 다시 생각하게 하여 우리 일상의 소서사(小敍事)가 갖는 의미에 대해 새로운 성찰이 시작된 전환점이었다. 초유의 국가부도위기 앞에서 제대로 당당함을 갖출 수 있는 '권위'는 찾아보기 힘들었다. 자구(自救)를 위한 노력이었든 외부로부터의 강요 때문이었든 위기의 직접적 원인이었던 경제시스템은 물론이고 사회의 운용방식도 급격한 변화를 겪었고, 변해야 살아남는 시간이었다.

변화의 시간은 고통의 시간이었지만 어둡고 무력하기만 한 시간은 아니었다. 새로운 가능성을 찾아 수많은 도전이 시작되었고 그 가운데 뚜렷한 족적을 남긴 것이 국가정보화사업, 더 직접적으로는 '인터넷'이었다. "산업화는 뒤졌지만 정보화는 앞서자"는 취지와 함께 시작된 국가정보화는 '사이버코리아 21, E-코리아 비전 2006'(Cyber Korea 21, E- Korea Vision 2006)을 중심으로 진행되어 초고속 정보통신망의 인프라 제공을 통해 인터넷기반을 확립했고 궁극적으로 국민들의 삶의 질 개선을 위한 다각적인 사업이 추진되었다. 아이러니하게도 경제위기는 기존의 산업구조에 대한 구조조정과 함께 지식정보 관련산업에 대한 새로운 모색을 가능하게 하였고, 정보화에 필수적인 대규모의 DB구축 사업은 높아진 실업률로 인해 가능했던 공공근로인력으로 인해 활기차게 진행되었다. 다시 말해 국가적인 경제위기가 정보화의 측면에서는 오히려 긍정적인 효과를 가져오는 계기가 된 것이다.

하지만, 현재와 같은 일상화된 인터넷 이용을 당시에 기대할 수 있었을까? 더 나아가 인터넷 이용이 촉발시킨 다양한 사회적 변화를 예상할 수 있었을까? 미래사회에 대한 장밋빛 전망은 존재했다. 하지만 이는 기술적 측면에서 실현 및 예상 가능한 시나리오를 제시하는 것이었지 현재와 같이 개인의 일상과 사회의 전면적 변화를 가늠하는 것은 아니었다. 미래사회에 대한 예측이 어려운 것이야 비단 현재에 국한된 것은 아니지만, 뒤에 보다 자세히 설명할 인터넷을 통한 개인의 역량 증가라는 요인이 사회의 불확실성을 증가시켜 미래에 대한 예측을 어렵게 하는 하나의 기제로 작용하기 시작했다. 또한 역량이 증가된 개인들은 우리 사회의 수많은 변화의 지점들로 자리 잡으면서 전망은 더욱 어려워지게 되었다.

역량이 증가된 개인은 누구인가? 라인골드(H. Reingold)의 얘기대로 '휴대폰과 인터넷으로 무장한 개인'들이다. 기성세대가 사회화 과정 이후에 인터넷의 이용이 이루어졌다면, 이들은 인터넷 속에서 사회화의 과정을 거친 최초의 세대라는 특성을 지닌다. 인터넷 세대라고도 불리는 이들은 다양한 차원에서 기성세대와는 차별성을 갖는다.

흔히 세대 간의 인식과 가치관의 차이를 세대차이(*generation gap*)라고 한다. 과거부터 있었던 보편적인 현상이고 개념이라고 할 수 있지만 인터넷의 등장으로 새로운 양상이 부가되고 있는 상황이다. 예를 들어 과거의 세대차이는 주로 경험의 차이에서 비롯된 가치관에 기인했다. 이때의 가치관 차이는 아랫세대가 윗세대에 비해 체화하고 있는 지식과 사회적 경험의 정도가 미약했기 때문에 같은 현상과 사건에 대해서도 인식의 차이가 존재할 수밖에 없었던 측면이 강했다. 그랬기에 시간의 경과에 따라 윗세대와 같은 경로를 거쳐 경험과 지식을 체득하면서 자연스레 인식과 가치관의 차이는 해소될 수 있었다.

반면 최근에는 인터넷을 비롯하여 다양한 정보화기기 및 서비스의 확산으로 기술적 정보와 일상지식에서는 오히려 청소년들이 기성세대에 비해 높은 수준을 나타내는 경우가 많아지게 되었다. 또한 정보의 유입 통로가 많아지면서 상대적으로 윗세대로부터 얻을 수 있었던 가르침의 비중은 줄어들었다. 즉, 살아가는 데 기성세대에 의존적이었던 청년세대들이 다양한 정보의 활용과 공유에 기반해 자신들의 목소리를 키워가고 있는 상황이라고 할 수 있다.

지식뿐만 아니라 경험도 공유된다. 경험이라는 잠재지(*tacit knowledge*)가 수많은 게시판과 블로그를 통해 실재지(*explicit knowledge*)가 되었다. 이처럼 기성세대와는 다른 경험과 가치관을 지닌 새로운 세대는 인터넷의 특성과 결합하면서 경로의존적인 사회의 틀을 바꿔놓고 있다. 전승(傳承)의 시대에서 공유(共有)의 시대가 된 것이다.

이 글에서는 청소년을 비롯하여 인터넷 환경에서 자라나고 일상에서 인터넷이 주요한 역할을 하는 2030세대를 '인터넷 세대'로 지칭한다.[1] 그렇다면 인터넷 세대가 갖는 특성은 무엇일까? 그동안 새로운

1) 현재의 10대야말로 가장 완전한 형태의 인터넷 세대라고 할 수 있다. 아울러 20대와 30대를 인터넷 세대라는 하나의 틀 속에 묶는 것에 대해서는 논란이 있을 수 있다. 두 세대 모두 현재 인터넷 이용에서 10대와 함께 핵심적인 역할을 하고 있고 개인들의 일상에서도 인터넷이 차지하는 비중이 높

세대에 대한 개념화는 많이 이루어졌다. 1990년대 중반의 신세대 논쟁에서부터 X세대, Y세대, 그리고 최근의 P세대에 이르기까지 청년세대만의 독특함을 차별화하려는 시도는 계속되었다. 구체적인 특성이나 근거는 다를 수 있었지만 공통적으로 존재하는 요소는 역동성과 새로움이었다.

최근 IT 칼럼니스트인 김중태는 인터넷 세대를 웹에서의 하이퍼링크 개념을 빌려 하이퍼세대(*Hyper Generation*, *Generation H*)라고 지칭한다. 여기에서 하이퍼세대란 하이퍼링크에 내포된 비선형, 비순차적 사고방식과 행위양식을 가진 세대를 의미한다. 기성세대가 육하원칙에 기반한 사고와 표현을 하고 있다면 이들은 생각나는 대로, 그리고 하고 싶은 바가 우선된다. "어제 뭐 했니?"라는 질문에 기성세대가 "○○시에 ○○를 만나 ○○에서 ○○을 했어"라고 얘기한다면 하이퍼세대는 "기분 드러웠어"라는 응답이 나온다는 것이다. 어제를 떠올렸을 때 가장 먼저 떠오르는 생각이나 기분을 맥락을 고려않고 표현한다고 김중태는 설명한다.

그렇기에 인터넷 세대를 하이퍼세대로 규정한다면 세대가 갖는 특

다는 것은 공통적이지만 중고등학교 시기부터 자연스레 인터넷을 접했던 20대에 비해 30대는 대학시절이나 대학졸업 후에 인터넷을 접하게 됐다는 점에서 차별성을 갖는다. 하지만 현실적으로 구분이 쉽지 않고 다양한 조사에서 나타나듯 인터넷 이용에서 비슷한 양상을 보이고 있다는 점, 그리고 사회변화의 주동력으로서의 의미 등을 고려하여 이 글에서는 일단 청년세대에 속하는 30대까지를 인터넷 세대로 구분하고 논의를 진행하고자 한다.

성이나 일반화는 더욱 어려워진다. 어쩌면 일반화가 불가능하다는 것이 이 세대가 갖는 특성이라고 할 수도 있겠다. 하지만 인터넷을 중심으로 이들의 일상을 살펴본다면 이전 세대와 구별되는 중요한 특성을 한 가지 발견할 수 있다. 그것은 달라진 네트워크의 형태와 네트워크를 만드는 네트워킹 능력이다. 원래 네트워크는 미디어적인 관점에서 라디오나 텔레비전의 방송시 각 방송국을 연결하여 동시에 같은 프로그램을 방송하는 '방송망'이나 랜(LAN)이나 모뎀과 같은 통신설비를 갖춘 컴퓨터를 이용하여 서로 연결시켜 주는 체계를 일컫는 '통신망'의 차원에서 나타난 개념이다.

조금 원론적 차원에서 얘기하자면 개체라고 할 수 있는 노드(*nod*)와 노드들을 연결하는 링크(*link*)가 결합된 것이 네트워크이다. 어떤 시대에도 네트워크를 구성하는 노드는 존재했고, 또한 노드 간의 연결이 이루어졌다. 하지만 인터넷이 등장하면서 노드들의 성격이 변하게 되었고, 노드를 연결하는 링크의 방식 또한 획기적으로 달라졌다. 인터넷 세대는 이러한 네트워킹에서 과거의 세대와는 매우 다른 모습을 보여준다. 특히 사람을 노드로 하는 사회적 네트워크와 함께 정보들 간의 네트워킹인 정보 네트워크(*information network*)의 형성과 유지에서 그들만의 능력은 유감없이 나타나고 있다. 앞으로의 논의를 통해 인터넷 세대들의 두 가지 네트워크, 즉 사회적 네트워크와 정보 네트워크의 구체적 형태는 무엇이고, 어떻게 활용하고 있으며 그것이 갖는 사회적 함의는 무엇인지 제시해 본다.

닫힌 관계에서 열린 관계로, 열린 관계에서 열린 의식으로

인간은 사회적 존재이다. 여기에서 '사회적'이라는 말은 개별 존재로서의 개인이 사회라는 환경적 요소와 떨어져서는 의미 있는 삶을 영위하기 어렵다는 측면과 함께 개인은 한 사회 내의 역사적 형성물이자 사회적 관계들의 산물이라는 내용까지도 포함하는 것이다. 사회로부터 혹은 사회적 관계들로부터 고립된 개인, 원시적 개인이라는 것은 관념적으로나 상상할 수 있는 추상적 존재이다. 다시 말해 사회를 떠난 혹은 사회 이전의 개인으로서의 인간은 하나의 순수한 가상에 지나지 않는다. 인격체로서 한 인간을 형성하는 데는 생득적이라고 할 수 있는 생물학적 요소도 필수적이지만 태어나서부터 시작되는 사회 속에서의 경험과 다른 사람, 다른 조직들과의 관계 또한 빠질 수 없는 구성요소이다.

개인이 경험하는 구체적인 사회화의 내용도 시대별, 지역별로 매우 다양하게 나타나지만 한 개인이 맺게 되는 사회적 관계의 양상과 형태도 역사적인 특성을 지닌다. 역사적인 관점에서 생각해보면 고대의 경우 두 가지 상반된 측면의 사회적 관계형태가 지배적이었다. 먼저 신분·계급적 차원에 기반하여 신분 간 이동이 제한된 수직적 관계가 한 축을 이루고 있었다면 다른 한 축은 같은 계급 내에서의 수평적인 관계였다. 누가 부모인가에 따라 사회적 관계의 틀과 폭이 자연스레 결정되는 구조적 특성을 갖는 사회였던 것이다. 때문에 고대의 사회적 관계는 개인의 의지나 욕구가 완전하게 발휘될 수 있는 기회가 매우 제한된 성격을 가지게 된다. 중세 절대주의 시대에서도 신분 차이는 사라지지 않았다. 봉건적 지배 속에 공과 사가 구별되지 않는 양상을 보이다가 비로소 근대국가들의 성립과 함께 개인의 영역은 사회적 영역과 독립되어 나타났다.

개인 영역의 확보는 다른 의미에서 파악하자면 보다 자유롭고 자기 의지에 기반한 새로운 사회관계의 토대가 마련되었음을 의미한다. 산업화와 민주화 속에서의 사회적 관계는 세습적 계급사회가 아닌 인간의 평등이 기본적으로 내재한 관계이다. 하지만 합리와 효율을 중시하는 산업사회는 새로운 양상의 불평등을 양산하게 된다. 즉, 이전까지 공동체가 수행하고 있었던 사회통합과 조절의 기능을 시장이 대체하게 되면서 사회적 관계의 양상도 개인을 둘러싼 무수한 경쟁의 메커니즘 속에 내몰렸다. 관계 속에는 경쟁이 내포되었고 우선은 이겨야 하는 긴박함이 깔려있는 사회였다.

인터넷의 등장은 이제까지와는 완전히 다른 관계를 가능하게 했다. 사이버공간에서의 사회적 네트워크는 일반적으로 두 가지 성격을 갖는데, IT를 기반으로 기존 오프라인에서의 관계를 유지하고 지원하는 형태의 관계망과 서로 모르는 관계이지만 유사한 관심과 취향, 목적을 가진 사람들이 상호작용하여 형성되는 네트워크로 대별될 수 있다. 사이버 공간에서는 관계형성에서 익명성과 비대면성이 기본적인 특성이다. 서로 일면식이 없어도 불편 없는 소통이 가능해졌고, 이제까지 나와 다르게 산, 다양한 경험을 가진 사람들을 만날 수 있게 되었다. 이로 인해 현실에서는 관계형성과 의사소통에 장애가 되고 나아가 다양한 불평등의 원인이 되는 성, 연령, 계층, 외모, 사회적 배경 등에 구속되지 않고 보다 개방적이고 평등한 인간관계를 형성하는 것이 가능해졌다. 즉, 인지관계가 없을지라도 상호간의 관심과 목적의 공유를 통해 지속적인 상호작용을 함으로써 협력, 호혜성, 정보교류, 연대 등이 나타날 수 있는 공간이라는 것이다.

수적인 측면에서도 사이버 공간에는 오프라인보다 훨씬 많은 관계가 가능할 수 있다. 일 대 일의 관계뿐만이 아니라 커뮤니티 형태의 다양한 조직이나 모임이 생겨났다. 일반적으로 개인들이 오프라인에서 자신의 관심과 선택에 따라 특정한 목적을 갖는 조직이나 모임에 가입하게 되면 같은 성격이나 내용을 갖는 모임에 대해서는 더 이상의 필요를 느끼지 않는다. 예를 들어 만일 내가 건강을 위해 아침에 조기 축구회에 나가고 있다면 같은 성격의 조기 축구회를 여러 개 가입할 필요나 시간과 같은 물리적인 차원에서의 여유는 없어진다는 얘기이다. 하지만 사이버 공간에서의 관계는 보다 중첩적으로 이루어질 수 있다. 즉, 내가 영화에 관심을 가지고 있다면 여러 개의 동호회나 커뮤니티에 가입해서 필요한 요소들을 취할 수 있다는 것이다. 시간과 비용에서 오프라인보다는 온라인에서의 관계형성과 유지가 훨씬 경제적이고 효율적이라는 측면이 그러한 양상을 보다 강화시킨다.

다음의 그림은 우리나라에서 대표적인 커뮤니티 서비스를 하고 있

〈그림 2-1〉 사이버 커뮤니티의 내용별 변화(다음 카페의 사례)

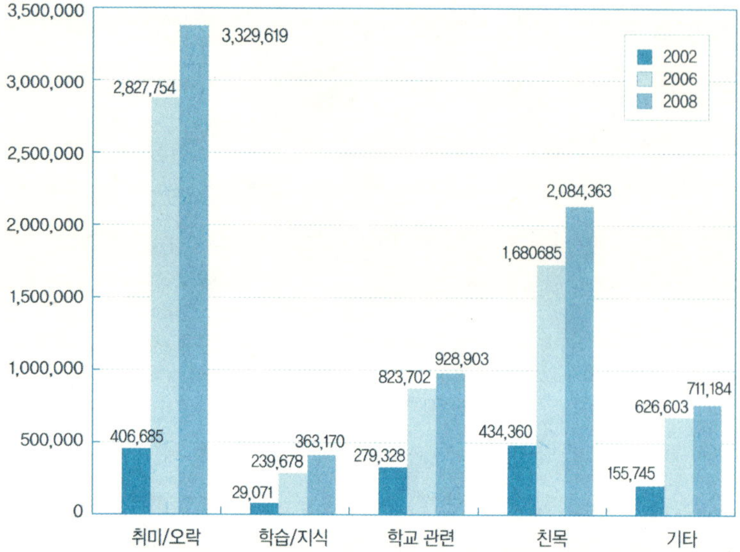

는 다음(Daum)의 카페가 내용별로 시간의 경과에 따라 얼마나 수적으로 증가했는지를 보여주는 것이다. 사이버 커뮤니티는 사이버 공간에서 사회적 관계의 형성에 중요한 매개로 작용하고 있다. 2002년 130만여 개였던 카페의 숫자가 2008년에는 740만 개 이상으로 늘어난 것을 알 수 있다. 수적인 차이뿐만 아니라 흥미로운 양상은 또 있다. 2002년도의 경우 친목관련 카페의 숫자가 가장 많고 학교관련 카페의 비중도 상당히 높았던 데 비해 2008년에는 취미 · 오락관련 카페의 숫자가 압도적으로 많아진 것을 알 수 있다.

학교관련 카페나 친목을 위한 카페의 경우 일반적으로 오프라인에서의 인지관계나 같은 학교라는 경험을 공유한 모임이 많다. 반면 취미와 오락을 위한 카페의 경우에는 인지관계는 없지만 각자가 추구하는 관심이 일치한다는 점을 특징으로 한다. 다시 말해 인터넷 출현 이전에는 물론이고 인터넷 도입 초기에도 개인이 가지고 있는 속성적 측면을 공유한 '우리'가 주된 흐름이었다면 현재는 같은 관심과 지향을 가진 '우리'로 변화했다고 보는 것이 적절할 것이다. 즉, 상대방이 가진 과거의 경험보다는 현재의 관심이 관계형성의 큐(*cue*)가 된 것이다.

이렇듯 관계를 둘러싼 행태에서 발생하는 차이는 곧 행위자들의 의식이나 심리로도 이어진다. 앞에서도 얘기했듯이 다른 경험을 가진 이질적인 사람들이 만난 공간에서 생각의 차이는 너무 당연한 것이다. 그런 다른 생각들을 접하면서 사람들도 달라진 것이다. 타인의 얘기를 많이 듣고 많이 보면서 자신의 생각을 살펴보게 되었고 이러한 과정은 타인에 대한 관용의 증가나 다양성에 대한 존중으로 연결되고 있다. 단적인 예로 한국사회를 짓눌러오던 오랜 구태(舊態)라 할 수 있는 지역에 대한 편견이나, 아직도 나아가야 할 길이 멀기는 하지만, 성차별에 대한 당연시가 지난 10여 년간 피부로 느껴질 만큼 없어졌다. '다름'이 '나쁨'이 아니라 그저 '다름'이라는 것을 체득하고 있는 것이다.

지식과 정보의 네트워킹

인터넷의 등장으로 인류가 얻게 된 가장 큰 혜택을 들자면 무엇보다 우선 정보와 지식의 자유로운 활용일 것이다. '활용'이라는 얘기에서도 드러나지만 인터넷을 이용하여 정보와 지식에 대한 접근성이 획기적으로 좋아졌다는 측면과 함께 일반인들도 정보와 지식을 소비만 하던 차원에서 정보와 지식의 생산자로 변화하면서 획기적인 전환이 활발하게 이루어지고 있다.

지식은 사물에 관한 개개의 단편적인 실제적(實際的) · 경험적 인식을 뜻하고, 엄밀한 의미로는 원리적 · 통일적으로 조직되어 객관적 타당성을 요구할 수 있는 판단의 체계를 말한다. 또한 가치중립적 데이터의 조합 형태로 존재하는 것을 정보라고 규정짓는다면 지식은 주관적 해석과 규범적 가치가 배태된 통합적 구성형태로 존재하는 의미의 집합으로 정의할 수 있다. 근대사회에서 지배적인 지식의 형태는 인식론적으로 정치화되고 체계화된 이론적 지식으로 수학적 추론과 경험적 실험이라는 절차에서 과학성을 부여받았다. 아울러 근대과학적 지식은 자연과학 내부에 새로운 분과학문분야를 개척하였을 뿐만 아니라 타 분과의 연구성과를 원용하고 활용함으로써 새로운 지식영역의 탄생에 밑거름으로 작용했다. 이러한 과정을 통해 전반적인 지식체계의 과학화와 '메타지식'(*meta- knowledge*), 즉 서지학적 지식이나 기술표준과 분류체계와 같은 지식의 표준을 설정하고 지식의 질서를 부여하며 지식의 담론양식을 결정하는 지식에 대한 지식(*knowledge about knowledge*)에 대한 중요성이 커졌다.

인터넷의 도입을 통해 디지털화된 정보는 무한 복제를 가능하게 했을 뿐 아니라 유통과 확산에서 그 범위와 정도를 급속히 확장시켰다. 그리고 정보 저장기기와 관련산업 및 기술의 발전으로 대량의 정보축적이 경제적으로 용이해지고 인터넷을 통해 가능해진 다양한 채널을 통해 지식의 생산자와 이용자뿐만 아니라 정보와 정보 사이의 네트워킹도 효율적으로 이루어지고 있다. 사회 구성원 간 혹은 정보와 정보 사이의 네트워킹은 특정한 사실이나 현상에 대해 이전과 비교할 때 엄청난 양의 정보공급을 가능하게 했는데, 이를 메가지식(*mega knowledge*)의 등장으로 개념화할 수 있다. 메가지식의 등장으로 인해 동일한 정보가 여기저기에 중복되어 존재한다는 점에서 웹 엔트로피를 높이고 있다는 우려와 '쓰레기'라고 표현되는 정제되지 못한 불량정보가 너무 많다는 걱정의 목소리도 높지만 하나의 사실에 대해 다양한 진단과 분석이 가능해지고 타인의 생각에 대한 사회적 관용의 폭이 넓어질 수 있다는 측면에서 긍정적 효과성도 부각되고 있다.

인터넷 공간은 다종다양한 사람들로 구성되어 있다. 각자가 가진 관심이 다를 뿐만 아니라 살아오면서 경험했던 내용도 상이한 양상으로 존재한다. 이러한 매우 약한 유대에 기반한 인적구성은 경험적 정보활용에 있어 중복성(*abundancy*)이 매우 낮은 효율적 관계망으로 기능할 수 있게 된다. 다시 말해 각기 다른 개인들이 가진 정보나 체험들이 공유될 수 있다면 활용 가능한 정보의 양은 그만큼 많아지는 것이다. 특히 지식검색 서비스는 각기 다른 관심을 가진 개인들이 자신의 관심을 효과적으로 표출하고 필요한 정보를 습득할 수 있는 기반으로 작용한다. 다양한 정보와 대상이 검색을 통해 접근가능해지면서 자연스럽게 타자의 생각에 대한 관심의 증가가 이루어졌고, 관심의 증가로 상호이해의 정도가 자연스레 커질 수 있다는 점에서 인식공유의 장으로서도 역할하게 되는 것이다.

아울러 지식검색을 통해 이루어지는 이용자들간의 커뮤니케이션은 일상생활에서 당연한 것으로 여기며 감수해야 했던 시행착오를 상당부분 줄여주는 데 매우 긍정적인 역할을 하고 있다. 다시 말해 한정된 비용과 시간을 합리적으로 배분하여 일상생활을 영위하는 것이 보다 효과적인지에 대한 정보가 참여자들의 자발적인 제공을 통해 이루어지므로 이를 통해 얻을 수 있는 효용은 매우 크다. 예를 들어 아직도 "~을 하려면 어떻게 해야 되죠?"나 "~을 하기위한 가장 저렴한 방법은 무엇인가요?" 등의 직접적이고 구체적인 대상과 사항에 대한 질문이 주를 이루고 있지만, 최근 들어 "3박 4일간 시간이 생겼습니다. 일본여행을 생각하고 있는데 가장 좋은 스케줄은 무엇일까요?"와 같이 개인 맞춤형 정보제공도 나타나고 있다는 점에서 지식검색은 개인의 합리적 판단과 계획수립에 매우 도움을 준다.

이렇듯 인터넷 세대는 새로운 미디어를 활용하여 자신들이 원하는 정보를 찾아 이용하며 타인과의 정보공유를 통해 지식과 정보의 양과

폭을 확장하고 있다. 아울러 자신의 경험을 바탕으로 한 경험적 지식의 생산에도 적극적인 모습을 나타낸다. 기존 지식창출의 원천은 사회적으로 공인이나 인정을 받은 전문가와 학술기관 또는 정부기관의 몫이었다. 때문에 지식의 생산자는 소수에 불과했으며 대다수의 사회 구성원은 지식과 정보의 소비자 역할에 머물러있었다. 하지만 인터넷의 발달은 지식을 표출, 전달하는 비용을 낮추어 주었으며 표출공간도 제공하고 있어 지식 창출의 원천을 전반적으로 변화시켰다. 전문가 집단에 의해 생산되었던 기존의 지식은 높은 신뢰성에 기반하여 공식화, 정식화된 지식이었다. 이러한 지식은 "명시지 혹은 실재지"라고 할 수 있으며 시장성의 원리에 의해 상품가치가 있었기 때문에 존재했다. 하지만 명시지와는 달리 우리의 경험에 의해 축적된 지식인 "암묵지"는 각자의 경험에 기반하고 있었기에 유통 및 전파의 어려움이 있었다. 인터넷의 발달은 기존 매체의 접근성을 공간적, 시간적, 경제적으로 낮춰주었고 발달된 표현 수단 및 축적, 유통으로 인해 암묵지는 명시지로 전화되고 있다. 즉, 기존에는 지식에 해당되지 않았던 비공식적이고 비정식적인 개인의 경험적 지식이 지식으로서 표출, 전파, 습득되는 것이다.

참여와 공유라는 인터넷의 기본정신을 기반으로 웹 2.0의 환경이 도래하면서 개인의 역량은 획기적으로 증가했다. 새로운 환경 속에서 지식의 생산과 공유에 이어 새로운 방식과 가치부여가 본격적으로 논의되고 있는데, 웹 2.0 개념의 창시자라고 할 수 있는 팀 오라일리는 웹 2.0의 핵심을 집단지성(*collective intelligence*)을 활성화하는 것이라고 보았다. 집단지성에 대한 의미규정이 아직 명확하게 이루어지고 있지는 않지만, 온라인 백과사전 위키피디아에서 보이듯 다수의 사람들이 협업(*collaboration*)을 통하여 지식 · 정보의 생산과 검증과정에 참여하고 있는 것이 대표적인 사례라고 할 수 있다. 우리나라의 경우 2002년부터 본격화된 지식검색 서비스나 오픈백과 서비스가 이러한 역할을 담당한다. 한마디로 개별적 정보가 다수의 참여와 검증을 통해 내용이 체계화되고 가치가 부가되어 의미 있는 지식으로 변환되는 것이다. 신뢰할 수 없는 정보에 대한 문제나 지나치게 경량화된 지식에 대한 폐해도 존재하지만 협업을 통한 지식의 창출과 축적은 매우 의미 있는 새로운 변화라고 할 것이다.

이러한 전반적인 양상 속에 정보와 지식의 활용에서 인터넷 세대가 갖는 차별적 특성은 무엇일까? 정보격차(*digital divide*)라는 개념이 있다. 인터넷을 비롯한 정보화기기의 활용양상을 성별, 계층별, 세대별, 지역별로 구분하여 어떠한 격차가 나타나는지를 측정하는 개념이다. 인터넷 도입 초기에는 위에서 말한 기준별로 모두 격차가 존재하는 양상이었다. 다시 말해 여성보다는 남성, 상위계층, 젊은 세대에서 그리고 농촌보다는 도시에서 정보활용, 그 중에서도 정보접근의 상대적 격차가 뚜렷하게 존재했었다. 시간의 경과에 따라 현재는 이와는 다른 양상이 나타난다. 즉, 성별 격차는 거의 사라졌고, 계층간 그리고 지역간 격차 역시 매우 미미한 상황이다. 다만, 그 폭이 많이 줄기는 했지만 여전히 남아있는 것은 세대간 격차이다. 여기에서 한 가지 좀 더 세밀한 분석을 필요로 하는 대목이 있다. 세대간 격차에서 보다 중요한 것은 접근(*access*)격차보다는 질적인 이용행태와 관련한 격차라는 사실이다. 다시 말해 단순히 인터넷에 접속하고 일상적인 이용을 하는 정도의 격차는 세대간에 급속히 감소하고 있지만 어떤 정보를 어떻게 활용하고 개인의 성과를 위해 이용하는지에는 여전히 큰 차이가 존재한다는 것이다. 인터넷 세대는 이전 세대와 차별적으로 정보의 네트워킹을 통해 자신이 동원할 수 있는 자원을 효과적으로 활용한다.

인터넷 세대의 70% 이상은 블로그나 미니홈피를 활용한다. 블로그나 미니홈피는 한마디로 말하면 개인들의 정보 저장고이다. 저장고에 담긴 정보나 저장고의 주인에 대한 관심을 가진 사람들 간의 관계 기반으로도 역할하고 있지만 우선 필요한 것은 어떤 정보가 어떻게 저장되어있는가 하는 사실이다. 정보의 저장은 개인들이 검색을 통해 알아낸 내용을 '펌'하는 방식을 주로 이용한다. 아울러 웹2.0 환경이 이루어지면서 굳이 검색하지 않더라도 자신이 원하는 정보가 자동적으로 축적되는 방식도 가능해졌다. RSS(*Really Simple Syndication*)는 해당 사이트를 직접 방문할 필요 없이 필요한 정보의 자동수집을 가능하게 하였고, 사용자는 각각의 사이트에 방문할 필요 없이 최신 정보들만 골라 한자리에서 볼 수 있게 된 것이다. 이러한 정보들은 태그(*tag*)를 통해 정보들간의 네트워킹도 효과적으로 이루어지고 있다. 다시 말해 내가

〈그림 2-2〉 개인과 콘텐츠의 관계변화

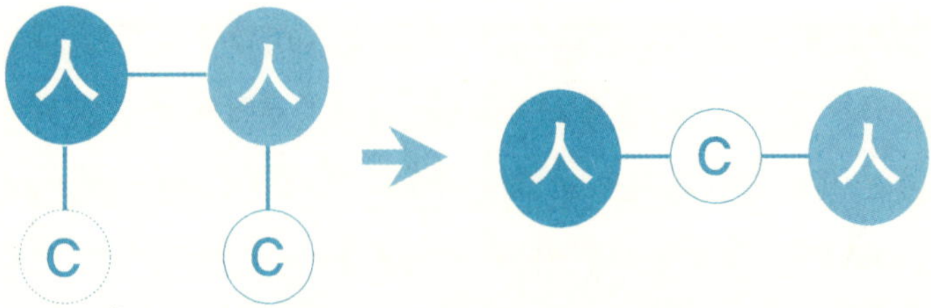

원하는 정보의 키워드를 설정해 놓으면 별다른 수고 없이도 새로운 정보를 얻을 수 있는 기반이 마련된 것이다.

이러한 상황에서 예전과 매우 달라진 또 하나의 양상이 존재한다. 즉, 정보의 생산과 공유에서 '누가'가 중요한 것이 아니라 '무엇'이 중요해진 상황적 유사성이다. 예전과 같이 어떤 평판을 가진, 그리고 어떤 능력을 검증받은 사람이 올린 콘텐츠인가가 중요한 것이 아니라 얼마나 효용이 큰 정보인지에 대한 콘텐츠의 내용 자체가 중요해진 것이다. 콘텐츠는 일종의 경험재라고 할 수 있다. 경험하지 않고는 이용자가 평가내리기 어려운 특성을 가지고 있다. 물론 지속적인 양질의 콘텐츠 생산을 통해 특정인이 이용자들로부터 신뢰를 축적하여 새로운 평판을 만들어 낼 수 있지만 이때에도 평판을 좌우하는 것은 '누구'가 아닌 '무엇'과 '어떤'의 기준이 작용하게 된다.

'누구의 정보인가'보다 '어떤 정보인가'에 대해 이용자들의 관심이 적극적으로 나타나는 것은 기존 권위에 대한 도전적 평가를 즐기는 인터넷 세대들의 문화적 특성과 함께 사이버 공간 특유의 정보공유 방식 때문이기도 하다. 다른 이들의 콘텐츠를 쉽게 '펌'할 수 있도록 제공되는 서비스는 최초 생산자가 누구인지에 대한 파악을 어렵게 만드는 원인이 된다. 다시 말해 콘텐츠를 중심으로 생산자와 이용자 간에 네트워킹이 되어있기는 하지만 네트워킹 자체가 중요한 것이 아닌, 매개가 되는 콘텐츠의 중요성이 훨씬 크게 존재하는 상황이라는 것이다. 특정한 생산자 한 사람에 대한 의존과 인지적 관계로부터 얻을 수 있는 효용은 줄지만 네트워크 자체의 가치나 효율성이 줄어드는 것은 아니다. 개별적이고 독자적인 유형의 협력이 나타나는 지식인이나 블로그와는 달리 상호의존적 집단지성인 위키피디아의 경우에는 행위자들 간의 협업을 통한 새로운 네트워크의 형성이 매우 중요하고 현재도 활발히 진행되고 있다. 이때도 물론 매개가 되는 것은 콘텐츠이다.

종합적으로 판단해 볼 때 전반적 흐름은 관계에 기반한 콘텐츠의 생산과 공유에서 콘텐츠를 중심으로 한 관계의 형성과 유지라는 방향으로 그동안의 상황이 변화되었다는 점이다. 특정한 콘텐츠를 확보하는 데는 기존 네트워크의 활용도 중요하지만, 정보를 얻기 위한 통로의 다변화로 인해 수많은 네트워크 속에서 기존 네트워크의 선택과 대체가 가능하게 되었다는 점을 염두에 둘 필요가 있다. 특히 인터넷 세대에는 기존의 유대와는 성격이 다른 약한 유대 기반의 관계 형성이 활발히 나타난다는 점에서 네트워크 자체에 대한 중요성보다는 네트워킹을 가능하게 해주는 콘텐츠에 대한 의미부여가 더욱 중요하게 나타난다.

인식의 공유와 인터넷 세대

지금까지 살펴본 내용 속에서 인터넷 세대가 갖는 특성은 관계와 정보의 네트워킹으로 정리된다. 즉, 사이버 공간에서 열린 관계의 형성과 활용이 매우 활발하게 나타나고 있다는 점과 정보의 네트워킹을 통해 자신이 동원할 수 있는 자원의 양을 획기적으로 증가시키고 있다는 것이다. 그렇다면 이러한 두 가지 특성은 이 글의 앞에서 생각해 보고자 했던 '나를 잡아가라'라고 외칠 수 있는 '자신감'과 어떻게 연결될 수 있을까?

거칠게 생각해보면 인터넷을 통해 시간과 공간적 구속을 넘어 자신과 같은 관심과 생각을 공유하는 사람들과 자유로운 연결망을 확장할 수 있다는 점에서 인지관계는 없을지라도 든든한 지원군을 확보할 수 있게 되었다. 또한 접할 수 있는 정보의 양이 많아지면서 판단을 필요로 하는 사실에 대한 다각적인 접근이 가능해졌다. 아울러 1인 미디어로 대표되는 다양한 매체를 활용하여 자신의 생각을 자유롭게 공표할 수 있는 환경도 갖춰졌고, 다양한 이슈를 생산할 수 있는 잠재태로서의 역량도 축적하고 있다. 이러한 기본적 여건과 함께 보다 직접적인 '자신감'의 단초는 클레이 서키가 말하는 '인식의 공유' (*shared awareness*) 속에서 찾을 수 있다.

서키가 말하는 인식의 공유는 각기 다른 다수의 사람들이나 집단들이 어떤 상황에 대해 이해하는 가운데, 또 다른 개인이나 집단이 그 상황을 마찬가지로 이해하고 있다는 것도 인지하고 있는 경우를 말한다. 여기에는 세 가지 단계가 필요하다. 첫 번째는 '모두가 (무엇인가를) 아는 단계'다. 이어 '모두가 알고 있음을 모두가 아는 단계'이고, 마지막으로 '모두가 알고 있음을 모두가 알고 있다는 사실을 모두가 아는 단계'다.

풀어서 설명해 보자. 많은 사람들이 미국산 소고기의 수입에 무언가 문제가 있다는 사실을 알게 되었다. '모두가 아는 단계'이다. 시간이 흐르면서 그들 중 상당수는 자기를 포함한 주변사람들 대부분도 그 사실을 알고 있음을 알게 되었다. '모두가 알고 있음을 모두가 아는 단계'이다. 그러나 이 단계에서 구체적 행동이 촉발되지는 않는다. 그것은 특정 사실에 대한 감정은 널리 확산돼 있지만, 모두가 무엇을 알고 있는지 발설하는 사람이 없기 때문이다. 그러다 마침내 행동에 나서는 다른 사람들 모습을 보게 된다. 광범위한 참여 속에 이루어졌던 촛불집회가 바로 그것이다. 3단계, 모두가 알고 있음을 모두가 알고 있다는 사실을 모두가 아는 단계인 것이다. 경찰청 홈페이지에 '나를 잡아가라'며 올린 글들도 같은 맥락에서 이해할 수 있다. 수많은 사람들이 같은 의견을 가지고 있고, 그렇기 때문에 경찰이 처벌하는 무리

수를 두지는 않을 것이라는 예측이 가능했던 것이다. 또 만일의 경우 처벌한다 할지라도 어떤 수위에서 어떤 처벌이 이루어질지에 대한 합리적 판단도 습득한 정보 속에서 이미 이루어져 있었던 것이다.

약하고 유동적이지만 같은 관심과 지향을 가진 이들에 대한 네트워킹이 자유롭게 이루어지고, 가치관과 신념의 형성에 밑거름이 되는 수많은 정보의 습득과 생산 속에 정보의 네트워킹이 원활할 수 있다면 앞으로도 인터넷 세대의 이런 자신감은 계속 나타날 것이다. 더 나아가 '촛불'로 대변되는 2008년의 한국 상황에서도 볼 수 있었듯이 인식의 네트워킹은 단순한 행위의 자신감에서 그치지 않고 사회변화의 주요 동력으로 변화할 수 있다. 다만 한 가지 걱정되는 것은 '다름'에 대한 또 다른 소모적인 갈등의 출현이다. 다름 속에 갈등은 배태되어 있다고 할 수 있지만 그것은 발전을 위한, 미래의 협력을 위한 건강한 갈등이 되어야 한다. 이제까지의 인터넷 이용이 서로 다른 생각과 가치의 '인식'과정이었다면 앞으로는 '이해'와 '관용'의 과정으로 성숙되어야 한다. 우리의 인터넷 세대부터 말이다.

• 나의 20대 초상 • **배 영**

나와 컴퓨터, 그리고 인터넷

내가 처음 컴퓨터를 접했던 건 대학교 2학년 때 전공수업인 통계학을 배우면서였다. 'SPSS-X'라는 통계프로그램을 이용해서 매주 과제를 했는데, 요즘 같은 퍼스널 컴퓨터용 프로그램이 아니라 학교 전산소의 중앙컴퓨터를 이용해야 하는 프로그램이었다. 입력을 위한 단말기는 전산소 분원이라고 할 수 있는 문과대 전산실에도 있었다. 하지만 문과대에서 '출력'을 명령하고 출력물은 이과대 전산소에서 찾아와야 했다. 불편하다는 생각은 하지 못했다. 그때는 당연한 일이었다.

본격적으로 컴퓨터를 쓰기 시작했던 것은 석사과정을 시작하면서 구입했던 386컴퓨터를 통해서다. 지금은 없어진 '대우통신'의 제품이었고 당시로서는 꽤나 비싼 값을 주고 컬러모니터도 장만했다. 주로 이용했던 프로그램은 워드프로세서였고(아래아 한글 프로그램의 용량은 360KB 플로피 디스켓 2장이면 충분했다. 요즘은 1GB에 육박한다), '페르시아의 왕자'와 같은 게임에도 꽤나 열심이었다. 컴퓨터를 쓰는 것뿐만 아니라 조립하는 것에도 관심이 컸다. 시간이 나면 용산 전자상가에 가서 선후배들에게 부탁받은 부품을 산 다음 컴퓨터를 조립해 주는 것이 즐거운 여가 중의 하나였다. 조금이라도 아끼겠다고 요즘과 같은 가격비교가 있었다면 감수 안 해도 될 발품을 참 많이도 팔았다. 그래도 그때는 당연한 일이었다.

컴퓨터뿐만 아니라 인터넷과 휴대전화로 대표되는 IT기술의 확산은 우리의 가치관과 일상을 여러 가지 측면에서 달라지게 했다. 먼저 생각해 볼 수 있는 것은 '다름'에 대한 인정과 '다른 이의 생각'에 대한 관용의 폭이 예전에 비해 훨씬 커졌다는 점이다. '다름'은 '나쁨'이 아니라 그저 다른 것이라는 생각이 이제 자리를 잡아가고 있는 것 같은 느낌이다. 현재 화두가 되고 있는 다문화에 대한 논의도 기실 농촌 총각들이 겪는 현실적 어려움이 촉발시킨 측면이 강하지만, 기본적 인식의 전환이 없었다면 그냥 어려움으로 남아있었을 일이었다. 인터넷은 다른 이들의 생각을 가감 없이 접하게 해주는 중요한 통로가 되었다. 같은 시대를 살아가지만 나와는 다른 생각과 경험들을 커뮤니티와 블로그를 통해서 온전히 볼 수 있다. 다수와 다를 수밖에 없는 소수의 생각과 생활을 접하게 된 것이다. 나와는 다른 이들의 생각과 삶의 흔적을 살펴본다는 것은 단순한 호기심의 충족을 넘어선다. 살펴보며 느끼게 되는 다양한 감정들은 곧 나를 반추해보는, 내 생각을 한 번 더 되짚어 보게 하는 훌륭한 재료가 되기 때문이다.

휴대전화 덕분에 우리는 예전에 비해 유동적이며 가변적인 삶을 살아간다. 지금은 없어진 신촌의 한 다방은 대학시절 우리의 중요한 포스트(*post*)였다. 말 그대로 약속을 위한 푯말이자 허브였다. 시간을 정해 다방 앞에서 만나 그 다음 행선지로 가든지, 아니면 다방에 있는 메모판을 이용하여 행선지를 다른 이들에게 알려주곤 했다. 늦으면 기다려야 했고, 어디에서 그 다음 약속이 이루어지는지를 알기 위해서는 일단 다방의 메모판을 확인해야만 했다. 지금은 그렇게 약속을 하지 않는다. 약속을 했더라도 휴대전화가 있기에 항상 변경은 가능하다. 어느새 가변적인 약속에 우리도 익숙해졌다.

대학에 다니면서 절대 해결의 기미가 안보였던 구조적 문제가 있었다. 바로 지역감정의 문제였다. 선거를 비롯한 정치적 과정에서의 가시화된 갈등의 문제도 있었지만 우리들 내부에 은연중에 자리 잡은 의식의 해결이 더 난망했다. 특정 지역에 대한 호 · 불호는 존재할 수 있지만 너무 맹목적인 형태로 표출되는 일이 많았다. 객관적으로 검증될 수 없는 일이기에 더욱 치유의 방법도 묘연할 수밖에 없었다. 그런 지역감정의 실체를 지금 우리의 일상 속에서는 찾기가 쉽지 않다. 전반적인 의식과 문화적 수준이 높아진 탓도 있겠지만, 인터넷의 긍정적인 역할이 상당했다고 본다. 다른 이들과의 열린 대화를 통해서, 그리고 다른 이들의 수많은 담론을 통해서 우리는 또 다른 학습을 하고 있는 것이다.

인터넷은 내 인생에도 여러 면에서 남다른 의미를 가져다주었다. 다른 이유 때문에 성사되진 않았지만, 남들보다 조금 빠르게 인터넷을 알게 되어 웹에 접속하고 정보를 찾을 수 있다는 '능력' 때문에 병역 특례로 연구소에 갈 기회도 있었다. 더욱이 박사논문의 직접적인 연구주제가 되었고, 바쁜 와중에 태어난 우리 애의 기저귀나 분유를 구입하는 데도 없어서는 안 될 도구였다. 그리고 내가 해야 하는 연구를 위한 수많은 정보를 제공해주었고, 한 가지 사실에 대해서도 나와는 다른 시각을 가진 수많은 사람들과 연결시켜 또 다른 세상을 알게 해주는 통로의 역할도 했다.

지난 10여 년 동안 나쁜 기억이나 경험보다는 긍정적인 면이 지배적인 컴퓨터나 인터넷을, 나는 요즘 우리 아이에게 가능하면 늦게 접하게 하려고 막아서고 감시한다. 아이가 왜 못 쓰게 하는지를 따지고 들면 대답은 궁색하다. 그럼에도 세상의 어두움을 조금이라도 늦게, 조금 더 크고 나서 겪게 하고픈 부모의 우격다짐은 오늘도 계속된다.

컴퓨터와 인터넷은 가치중립적인 도구이다. 처음 인터넷이 세상에 나왔을 때, 사람들은 현실에서의 구속과 불평등을 넘어서는 이상적 형태의 또 다른 삶의 환경이 될 것이라며 인터넷에 거는 기대가 컸다. 시간이 지나면서 이상은 현실이 되었다. 더할 나위 없이 나쁘고 위험한 행동들은 지금 이 순간에 인터넷 공간에서 부지기수로 일어나고, 상대적으로 드물지만 타인을 위한, 그리고 우리 사회를 위한 자기 헌신적인 행위도 나타난다. 인터넷이 나타난 후 지난 십여 년간 우리의 이용행태가 지금의 인터넷이 가진 모든 것을 만들어 놓았다. 좋고 나쁘고를 떠나서 바로 우리의 모습이다.

이제 인터넷과 유리된 일상은 상상하기 쉽지 않다. 아니 상상하기 싫다는 것이 보다 정확한 표현일 것이다. 인터넷 속에서 살아가며, 인터넷을 공부하는 나뿐만 아니라 우리의 인터넷 세대도 이런 느낌은 별반 다르지 않을 것이다. 이제 인터넷은 단순한 도구가 아니라 또 하나의 삶의 환경이 된 것이다. 일상에서의 실질적인 필요와 함께 온라인에서의 활동이 오프라인과 주고받는 영향도 커지고 있는 시점에서 구성원들간의 호혜적 협력이 선순환될 수 있다면 온라인 공간뿐만 아니라 오프라인 사회도 좀더 살 만한 세상이 될 것이다. 이를 위한 고민은 계속되어야 한다. 우리 모두를 위해서 말이다.

창의세대

소비, 주권, 창의산업

정보 경제와 창의세대 · · · · · · · · · · 3장

그 현실과 가능성

문상현*

들어가는 말

나라는 사람은 절대 비관론자가 아니다. 늘 항상 긍정적으로 생각하려고 하며 애쓰고 있지만 취업을 앞둔 24살의 나는 한국을 등지고 싶다는 생각을 종종 하는 심각한 비관론자가 되었다. 생각해보면 참 억울하기도 하다. 크게 잘난 것은 없지만 고등학생일 때 따놓은 자격증도 좀 있고, 내년에는 대학교 졸업장도 따고, 또 포토샵, 일러스트, 프리미어, 애프터 이펙트 등 여러 가지 툴들도 꽤나 다룰 줄 안다. 정말 말 그대로 크게 잘난 것 없지만 크게 못나지 않았다. 하지만 나보다도 더 잘난 아이들도 취업걱정을 하고, 취업한다고 해도 고작 생계에 필요한 정도의 임금을 받으며 일한다.

뭐가 좋다고 대학에 왔는지 정말 억울하고 무작정 대학이라는 곳에 온 내가 한심스러워진다. 사실 나는 상고를 나왔다. 내가 어려운 집안 형편에도 불구하고 대학에 온 이유는 경리가 하기 싫어서였다. 상고출

* 광운대 미디어영상학부.

신으로서 할 수 있는 일이 경리밖에 없다는 게 정말 죽도록 싫었다. 그 일이 나한테 맞지 않는다고 생각했고, 난 좀더 내 능력을 발휘할 수 있는 직업을 갖고 싶었다. 그래서 졸업해서 돈이나 벌라는 어머니를 겨우 설득하였고, 난 대출을 받아 학비를 대고 아르바이트로 이자를 근근이 갚아나가는 가난한 대학생이 된 것이다. 이처럼 힘들게 대학에 왔고 졸업하게 되면 난 사회초년생으로서는 어마어마한 빚을 떠안게 된다. 하지만 4학년이 되고 어느 순간 내가 정말 그렇게 싫어하던 경리를, 4년제 대학을 졸업하고 하게 될지도 모른다는 불안감이 하루에도 몇 번씩 엄습해 오곤 한다. (광운대 4학년 여학생)

위의 글은 내가 교수로 있는 학교의 4학년 여학생이 수업과제로 내준 에세이에 쓴 내용이다. 취업난, 등록금 문제 등 요즘 20대가 직면하고 있는 어려운 경제현실에 대한 고민이 절절하게 드러나 있다. 내가 재직하고 있는 학과는 문과에서 수험생들에게 가장 인기가 있다는 신문방송관련 학과이다. 당연히 우리 학교에서도 입학생의 성적이 가장 좋은 학과이다. 서울대나 연 · 고대생들에 비할 바는 아니지만, 수능 2등급 초 · 중반의 성적을 가진 학생들이 입학하기 때문에, 전체 수험생 기준으로 보면 꽤 우수한 학생들이라고 할 수 있다. 이 정도의 우수한 학생들이 취업문제로 절망하고 있다면 대한민국은 젊은 세대들에게 너무나 가혹한 나라임이 분명하다. 이 글을 읽으면서 선생으로서, 그리고 이들이 처한 우울한 현실을 만드는 데 적잖은 책임이 있는 기성세대로서 마음이 무척 무거워졌다.

요즘 젊은 세대들에게 "먹고 살 걱정"은 그 어떤 것보다 중요한 관심사이다. 기성세대는 젊은 세대를 사회문제에는 관심도 없고 자기밖에 모르는 개인주의자들이라고 몰아붙이지만, 이들이 처한 삶의 현실을 들여다보면 기성세대의 이 같은 질타는 무책임하고 부당하게 느껴지기까지 한다. 돌아보면 나의 20대 시절은 온통 민주주의니 통일이니 하는 정치적 구호로 가득했었다. 취업이라든가 먹고 사는 문제 등은 걱정은커녕 아예 관심의 대상도 아니었다. 물론 내가 세칭 'SKY 대학생'이었기 때문이기도 했지만 그 당시 대학생들에게 취업문제는 그렇게 심각한 고민거리도, 인생의 걸림돌도 아니었다. 그런데 세계 13위의 경제대국이고, 타의 추종을 불허하는 교육열 때문에 어디에 내놓아도 뒤지지 않는 갖가지 재능을 갖춘 젊은이들로 넘쳐나는 대한민국에서 우리의 20대는 호사스러운 삶에 대한 욕망도 아니고 그저 먹고사는 문제 때문에 하루하루가 절망스럽고 고통스럽기만 하다.

어느 사회나 마찬가지지만 젊은 세대의 특성과 그들이 처한 현실은 그 사회의 비전과 미래를 엿볼 수 있게 해준다는 점에서 사회적 주목의 대상이 된다. 특히 새로이 등장한 젊은 세대가 기성세대와의 단절적 특성이 두드러지는 경우 이러한 경향은 더욱 뚜렷해진다. 한국사회에서도 젊은 세대는 늘 기성세대의 눈으로는 쉽게 파악되지 않는 독특하고 복잡한 특성을 지닌 존재로 여겨졌다. X세대, 신세대, N세대, P세대 등 젊은 세대를 지칭하는 용어들의 의미는 기성세대가 보기에는 마치 어디로 튈지 모르는 이들의 성향을 반영하듯이 아리송하기만 하다.

최근 몇 년 동안 기업이나 학자들을 중심으로 젊은 세대에 대한 관심이 부쩍 증가했다. 젊은 세대에 대한 최근의 관심은 크게 두 유형으로 나눌 수 있다. 하나는 젊은 세대의 사회문화적 특성에 주목한 것으로, 그 중심에는 미디어를 통해 매개되는 젊은 세대의 문화적 생산과 소비에 대한 관심이 자리하고 있다. 반면 두 번째 유형은 젊은 세대가 처해있는 경제 현실에 주목하는데, 2000년대 들어 지속적으로 악화되고 있는 청년실업 문제가 가장 큰 관심 주제라고 할 수 있다. 미디어에서 자주 다루어진 소재들 중 UCC 제작과 공유, 싸이나 블로그 등의 인터넷 활동, 온라인 정치토론이나 사용자 커뮤니티 활동 등의 사례는 전자에 해당된다. 미디어에 의해 빈번하게 사용되는 '능동적 사용자', '프로슈머' 등의 개념은 20대의 문화적 특성에 주목하는 대표적인 표현들이다. 반면 젊은 세대를 묘사한 표현 중 지난해 큰 화제를 불러일으킨 '88만원 세대'는 후자의 관심을 대표하는 사례라고 할 수 있다. 역설적이게도 현 젊은 세대를 공통적으로 묘사함에도 불구하고 두 유형의 표현들은 극단적으로 상반되게 그들의 정체성을 구성한다.

우리의 젊은 세대는 문화영역에서만큼은 이미 거대한 권력이다. 그들은 문화적 트렌드를 규정하는 힘을 갖고 있을 뿐만 아니라 자식의 교육과 내 집 마련에 영혼을 팔아버린 3 · 40대와 달리 '지름신의 유혹'에 자유로운 존재들이다. 신형 휴대폰과 PMP를 사기 위해 시간당 4천 원짜리 알바에 매달리는 이들이 문화산업의 가장 큰 고객이 된 지

이미 오래다. 그렇다고 해서 이들이 허위욕구로 가득 차 소비에만 매달리는 존재들도 아니다. 이들은 저렴해진 문화생산수단과 일상적인 문화수용을 통해 길러진 감수성을 이용해 배타적이기만 하던 문화생산 영역에 진입하는 데 성공하였다. 이에 따라 거대 방송사들뿐만 아니라 주요 인터넷 포털들도 이들의 창작물을 확보하기 위해 안간힘을 쓰고 있다. 그뿐이 아니다. 이들은 네이버를 통해 지식생산과 공유의 방식을 변화시켰고 P2P 불법공유를 통해 음반산업과 영화산업의 사업방식과 전략마저 바꿔버렸다. 이처럼 우리의 20대는 문화영역에서 만큼은 주목받는 생산자이자 소비자이고, 다른 세대에 비해 뛰어난 문화적 창의성과 감수성을 갖춘 존재들로 자리매김하였다. 반면에 경제영역에서 20대는 무력하고 비참하기만 한 존재로 여겨진다. '배틀로열', '이태백', '취업 5종 세트', '평생 비정규직 세대' 등 젊은 세대에 관한 비유들은 이들의 암울하고 무력한 현실을 그대로 드러낸다. 사회적 안전망의 바깥으로 내동댕이쳐진 이들의 현실이 우리의 미래라면 대한민국의 미래도 결코 밝지 않을 것이다.

문화적 활동이 경제활동에 비해 잔여적이고 부차적이라는 맑스의 도식으로 이러한 간극을 설명하는 것은 문화산업이 자본주의에 새로운 활력을 제공하는 '문화의 시대'에 걸맞지 않다. 오히려 정보재화와 지적 재산(*Intellectual property*)의 고부가가치를 특징으로 하는 신경제의 등장은 문화생산과 소비의 경험이 풍부한 젊은 세대에게 경제적으로도 낙관적인 미래를 제시해주는 것으로 귀결되어야 자연스럽다. 특히 미국을 비롯한 주요 선진국에서는 개인의 창의성이 개인뿐만 아니라 공동체와 국가의 경제적 부에 상당한 기여를 한다는 경험적 증거들도 많다. 개인의 창의성은 문화생산 및 수용의 경험과 불가분의 관계를 가진다고 했을 때 이른바 문화세대라고 불리는 우리 젊은 세대의 암울한 경제현실은 더욱 실망스럽다.

그렇다면 우리 젊은 세대의 문화현실과 경제현실 간의 간극은 어떻게 설명할 수 있을까? 또한 사회적 · 정책적 차원에서 이러한 간극을 메울 수 있는 방안은 없는 것일까?

정보경제와 문화적 창의성

정보통신기술의 급속한 발전과 국가간의 정치, 경제, 문화적 경계를 허물어뜨린 지구화는 우리가 경제적 삶을 영위하는 방식에 많은 변화를 가져왔다. 이러한 변화는 소품종 대량생산에 기반을 둔 제조업 중심의 산업자본주의가 점차 다품종 소량생산을 특징으로 하는 정보 및 서비스 산업 중심의 정보경제[1]로 이동하고 있다고 묘사할 수 있다. 미국을 비롯한 선진국 경제에서 전통산업인 농업, 제조업 등의

1) 정보경제(*information economy*): 경제적 생산과 소비활동의 주요한 부분을 정보재화의 생산, 유통, 소비가 차지하는 경제 형태를 지칭하는 것으로서 서비스산업을 포함.

구성비는 꾸준히 감소한 데 반해 정보산업과 서비스 산업의 비중은 빠르게 증가하고 있다. 정보통신기술이 사회경제적 인프라로서의 보조적 역할을 넘어서 그 자체가 고부가가치를 생산해내게 됨에 따라 한국을 비롯한 개발도상국들 역시 이러한 산업구조로의 전환에 적극적으로 나서고 있다.

정보경제로의 전환은 우리가 알고 있는 문화의 개념과 역할에도 새로운 의미를 부여하고 있다. 오랫동안 문화는 고전음악, 미술, 무용 등의 예술(*arts*)처럼 소수의 계층만이 이해하고 누릴 수 있는 것으로 여겨지거나, 전통(*tradition*)처럼 전 세대에 형성되어 후대로 계승된 의례나 관습 같은 것으로 이해되었다. 문화를 이렇게 이해한다면 문화는 모든 사람들이 향유하는 보편적인 어떤 것이기보다는 높은 교육수준이나 부를 소유한 소수의 사람들만이 누릴 수 있는 특권적인 것이 된다. 아니면 사람들의 관심 밖에 놓인 채 박물관이나 유적지에서나 만날 수 있는 고색창연하고 구태의연한 문화재 정도로 한정되는 것이다. 영화, 방송 등 대중매체의 눈부신 발전은 저급하여 인간의 품위를 떨어뜨린다는 비아냥거림에도 불구하고 대중문화의 확산을 통해 문화적 평등을 실현하는 데 큰 공헌을 했다. 그리고 이 과정에서 자본주의적 생산과 소비를 보편화시키면서 문화산업의 대규모 성장을 낳았다. 꿈의 공장이라는 미국의 할리우드 스튜디오부터 최근의 인터넷에 이르기까지 문화의 산업화는 지난 100년의 인간 문화사를 규정짓는 특징이었다.

이 같은 문화의 경제적 중요성은 정보통신기술의 발전과 함께 더욱 커지게 된다. 디지털기술의 발전으로 인한 다매체 · 다채널 시대의 도래는 대중매체의 기술적 한계(주파수의 부족, 생산 및 분배 능력의 한계 등)나 과도한 정치화(권언 유착, 선전선동, 조작 등) 같은 문제들을 해결해주었다. 또한 저렴해진 문화생산수단의 보급과 케이블, 위성, 인터넷, DMB, IPTV 등 새로운 플랫폼들의 등장은 문화산업의 질적 · 양적 성장의 토대를 제공해주었다. 인터넷으로 대표되는 네트워크 미디어의 확산으로 인해 문화산업의 시장은 한 국가의 영토를 넘어 전 세계로 확대되었고, 시장 내에서의 경쟁도 과거와는 비교할 수 없을 만큼 치열해졌다. 교보문고와 미국의 '반즈 앤 노블'(Barnes & Noble)이, 그리고 외국의 음반판매점과 국내의 음반판매점이 서로 경쟁하게 되리라고 누가 상상이나 했겠는가?

정보경제로의 전환과 문화산업의 성장은 최근 들어 창의성(*creativity*)에 대한 새로운 관심을 불러일으켰다. 물론 창의성에 대한 논의가 과거에 전혀 존재하지 않았던 것은 아니다. 다만 최근의 창의성에 대한 관심은 정보경제에서 문화산업이 차지하는 중요성과 맞물리면서 창의성을 국가 혹은 공동체 경제발전의 핵심적 요소로 간주하고 있다는 점에서 차이를 보인다. 과거에는 창의성이 특정 개인이나 집단의 예술적, 추상적 소양이라는 관점에서 다루어졌다면, 최근의 논의는 창의성의 경제적 가치에 초점이 맞춰지고 있는 것이다. 창의성은 새로운 아이디어를 통해 경제적 가치를 창출하는 것과 밀접하게 연관되며, 이러한 경제구조를 창의경제(*creative economy*)라고 부를 수 있다.[2)] 창의성이라는 것이 소수의 예술가와 문화 활동가에게만 허용된 것이 아니라 모든 사람들이 가지는 일반적 속성이기 때문에, 창의적 사고를 통해 모든 사람들이 경제적 기여를 할 수 있게 된다.

플로리다는 창의성 역시 자본의 한 형태로 볼 수 있다면서 이를 창의자본(*creative capital*)이라고 지칭하였다.[3)] 이러한 능력을 갖춘 개인이나 집단을 창의계급(*creative class*)이라고 부를 수 있는데, 이들은 신경제의 경제성장을 추동하는 핵심적 존재들이다. 창의계급은 의미 있는 새로운 양식을 창조하는 일에 종사하고 있다는 점이 특징이다. 이들의 출현은 궁핍으로부터의 해방에 기인하는데, 이는 생존의 문제에서 자기표현의 문제로 가치중심의 이동이 일어났음을 의미한다. 창의계급은 개체성과 자기표현을 중시하며, 실력주의를 신봉하고 어려운 일에 도전하며 자극을 선호한다. 특히 중요한 것은 이들이 다양성과 개방의 적극적인 지지자라는 점이다. 이들이 주로 종사하는 직업군에는 과학, 공학, 디자인, 교육, 미술, 음악, 엔터테인먼트 종사자, 하이테크 분야, 금융서비스, 법, 건강관리, 사업경영 분야 등이 있다.

창의성이 경제성장의 원동력이라는 인식이 확산되면서 창의산업

2) 창의경제(*creative economy*): 토지나 화폐자본이 아닌 개인의 아이디어가 경제활동의 가장 중요한 투입과 산출이 되는 경제구조.

3) 창의자본(*creative capital*): 새로운 아이디어, 기술, 비즈니스 모델, 문화형태(콘텐츠, 소프트웨어, 디자인 작품 등)와 새로운 산업을 창조해내는 인간의 내재적 능력.

(*creative industry*)에 대한 관심 역시 커지게 되었다.[4)] 일반적으로 창의산업에는 광고, 건축, 출판, 예술과 고미술, 컴퓨터게임, 공예, 디자인, 패션, 비디오, 영화와 사진, 음악, 영상 및 공연예술, 라디오와 TV, 그리고 소프트웨어 같은 분야들이 포함된다. 창의적 아이디어를 통해 부를 창출하는 사람들이 전체 노동력에서 차지하는 비율과 이들의 경제적 기여는 선진국을 중심으로 눈에 띄게 증가하고 있다. 예를 들면, 2004년 영국 전체 부가가치 총합(GVA: *Gross Value Added*)의 7.3%를 창의성에 기반한 산업이 차지하였다. 특히 1997년부터 2004년까지 연 5%의 GVA 성장률을 보였는데, 이는 영국 전체산업의 평균 성장률인 3%에 비해 높은 수치이다. 미국의 경우에는 2007년 전체 노동력 중에서 창의성을 발휘하여 경제적 부를 창출하는 직종에 종사하는 사람의 비율이 30%에 달했고, 이들이 창출하는 부는 47%에 달했다.

〈그림 3-1〉 창의성의 아이콘으로 각광받는 애플(Apple)사의 CEO 스티브 잡스

4) 창의산업(*creative industry*): 개인의 창의성, 기술, 능력에 근거를 두고 지적자산의 창출과 활용을 통해 부와 고용을 창출할 잠재성을 지닌 산업영역.

창의성과 문화의 뗄 수 없는 관계를 고려해 본다면, 문화는 결국 새로운 정보경제의 핵심이 된다는 것을 알 수 있다. 정보경제에서 한 개인, 기업, 집단, 지역 그리고 국가의 경쟁력은 얼마나 창의적으로 문화상품을 만들어내고 시장에서 경제적 가치를 창출해낼 수 있느냐에 의해 결정된다는 것이다. 특히 새로운 경제가 자원이나 기계의 물리적 생산력보다는 사회구성원의 문화적 창조성에 의존하기 때문에 이들의 창의성을 계발하고 그 산출물의 경제적 부가가치를 높이는 것이 매우 중요하다. 우리나라의 경우 문화관광부가 발간한 〈창의한국: 21세기 새로운 문화의 비전〉과 〈문화강국 C-KOREA 2010〉 등에서 창의성의 경제적 가치를 인식하고 문화산업의 경쟁력을 높이기 위한 비전과 전략을 제시하였다. 한국은 1990년대 후반부터 동아시아 지역을 중심으로 이른바 한류붐을 일으키면서 문화산업에서의 국제경쟁력을 상당부분 인정받았으며, 세계최고의 초고속 인터넷 보급률을 기록하는 등 창의경제의 탄탄한 기초를 과시하고 있다. 그렇다면 창의성에 기반을 둔 정보경제로의 전환이라는 사회구조적 변화는 우리의 젊은 세대와 그들의 경제적, 문화적 삶과 어떤 관련이 있을까?

단군 이래 최고의 문화세대?

나는 1988년 경상북도 문경이라는 작은 소도시에서 태어났고, 거기서 초등학교부터 고등학교까지 다녔다. 서울과는 좀 떨어진 지방에서 태어나고 자랐음에도 나는 안 해 본 사교육이 없을 정도다. 삼남매 중에 둘째로 태어난 나는 엄마의 실험대상이었다.

내가 유치원부터 받았던 사교육들을 열거해보자면 피아노와 미술은 기본이고, 서예, 성악, 단소, 영어학습지, 수학학습지, 영수학원 여기까지는 초등학교 때이다. 중학교에선 독서토론, 재즈 피아노, 그룹과외, 영어학습지, 원어민 회화 그리고 고등학교에 와서 그룹과외, 학습지, 인터넷 강의로 이어진다. 이런 사교육을 우리집에서 나만 받은 것도 아니고 이 중의 절반은 우리 언니도 받았고, 아직 10대인 내 남동생은 더 많은 사교육을 받고 있다.

흔히들 서울 경기나 대도시가 아닌 지역의 교육수준이 떨어진다고 이야기한다. 하지만 난 이 말에 동의하지 않는다. 왜냐하면 우리도 대도시 아이들에게 밀리지 않기 위해 정말 열심히 공부하기 때문이다. 이런 10대의 모습이 나의 모습만은 아니라고 생각한다. 대도시든 다른 작은 중소도시의 10대이든 대한민국에 사는 10대라면 모두 겪는 당연한 일이고 일상이니깐….

(광운대 2학년 여학생)

이 절의 소제목에 사용된 '단군 이래 최고의 문화세대'라는 표현은 우리 20대의 문화적 역량이 이전의 젊은 세대들은 물론이고 현재의 기성세대들과 비교해서도 월등히 뛰어남을 드러내기 위한 것이다. 즉, 우리의 젊은 세대가 이전 세대에 비해 훨씬 우월한 인적 자본과 문화자본을 갖추고 있다는 것이다. 그래서 어쩌면 열악한 경제현실이 더 처연하게 느껴지는지도 모른다. 일상적인 관찰에서뿐만 아니라 각종 문화통계를 보더라도 20대가 다른 세대에 비해 문화수용의 경험이 풍부하고 훨씬 뛰어난 문화적 감수성을 가졌다는 사실은 분명하다.

현재의 젊은 세대가 이른바 '단군 이래 최고의 문화세대'라고 불릴 정도로 남다른 문화수용의 경험과 역량을 갖추게 된 데에는 1990년대 이후 한국사회를 둘러싼 거시적인 사회변화의 영향이 크다. 먼저, 문민정부 이후 꾸준히 지속된 정치적 민주화 과정은 한국사회의 과도한 이념적 대립과 경직된 문화를 완화하는 데 큰 기여를 했다. 창의적 사고가 서로 다른 가치관과 생각을 가진 사람들에 대한 이해와 관용의 토대에서 촉발된다는 점을 고려하면 오랜 권위주의체제의 종식은 한국 사회의 문화적 토대를 새롭게 구축하는 중요한 계기가 되었다고 하겠다. 권위주의체제하에서의 젊은 세대의 문화를 특징짓던 저항주의와 집단주의는 시대적 필요에도 불구하고, 문화적 다양성과 상대주의를 억압하는 결과를 낳았다. 그러나 한국사회의 민주화는 젊은 세대의 탈이념주의와 개인화 경향을 가속화시켰고, 자유주의적 사고는 개인의 권리와 자유의 보장을 그 어떤 정치적 이슈보다 중요한 것으로 생각하게 만들었다. 동시에 동성애자 등의 다양한 하위문화가 활성화되는 계기도 되었다. 한국 정치사에서 가장 진보적이고 저항적이었던 대학에서 정치적 이슈보다는 등록금 문제라든가 복지개선 등의 공약을 내건 비운동권 후보가 선거에서 승리하고 선거유세에 대중문화에서 차용한 퍼포먼스를 하는 경우가 눈에 띄게 증가한 것도 이러한 변화의 결과라고 할 수 있다.

1997년 외환위기로 어려움을 겪기도 했지만 그 이전까지 꾸준히 지속된 경제성장과 핵가족 시대에 자녀의 교육과 양육에 '올인'하는 사회적 분위기는 젊은 세대가 유례없이 풍요로운 문화생활을 할 수 있는 배경이 되었다. 자녀의 사교육을 위해서는 가사 도우미일도 마다않는 한국 부모의 열의 덕분에 대부분의 젊은 세대들은 어학연수나 영어과외는 물론이고 피아노, 미술, 체육 등의 예체능 교육을 받는 호사를 누렸다. 특히 중고등 학교에서의 수행평가제도와 중산층에까지 확산된 조기유학 열풍은 예체능 교육을 좋은 대학에 가기 위한 필수조건으로 만들었다. 이렇게 볼 때 방학이면 예술의 전당이나 지자체가 경쟁적으로 지은 문화회관의 음악회 및 전시회 등에 초중고 학생들이 몰려드는 현상을 문화예술의 대중화 정책이 성공한 결과라고 자화자찬 하는 것은 낯 뜨거운 일이다. 그럼에도 불구하고 고전음악, 미술 등의 예술 장르가 대중문화와는 달리 소비를 위해 일정정도의 교육과 체계적인 훈련이 필요하다는 점을 고려해 볼 때, 젊은 세대의 문화수준이 이전세대에 비해 무척 세련되고 고급스러워진 것은 부인할 수 없다.

정치경제적 변화 못지않게 젊은 세대의 문화역량에 영향을 미친 요인들로는 정보통신기술의 발전에 따른 매체환경의 변화와 지구화 현상을 들 수 있다. 디지털 기술이 가능케 한 융합 현상은 젊은 세대의 문화 환경을 혁명적으로 바꾸어놓았다. 집안 거실에 놓여 있던 네 채널의 TV와 특별한 날을 기념하기 위해 찾아가던 영화관이 이전 세대를 특징짓는 대표적 매체였던 데 반해, 젊은 세대는 기존 매체들뿐만 아니라 유무선 인터넷부터 시작해서 '테이크아웃(*take-out*) TV'라 불리는 모바일 텔레비전에 이르기까지 그야말로 편재(*ubiquitous*)하는 매체환경 속에 살고 있다. 다매체 환경하에서 성장한 젊은 세대는 대중문화 생산과 소비의 핵심적 수단인 각종 미디어를 자유자재로 그리고 창의적으로 사용할 줄 아는 세대이다.

지리적 공간의 압축과 이로 인한 지구문화의 형성은 젊은 세대의 문화의식을 이전세대의 민족주의적이고 국수주의적인 의식과 구별되게 하는 변화의 동인이었다. 이전 세대의 외국문화 수용은 제한적이거나 법의 테두리 밖에서 은밀하게 이루어졌다. 이에 반해 젊은 세대의 문화는 그 자체가 지구적이다. 필자처럼 음악을 좋아하는 386세대는 수입이나 방송이 금지된 외국음악을 듣기 위해 세운상가와 청계천에서 이른바 '빽판'을 구매하거나 소공동 지하상가의 일본음반 수입상점을 드나든 경험이 한두 번씩은 있다. 외국의 TV 프로그램 방영은 쿼터제를 통해 양과 편성시간대 등이 엄격히 제한되었고, 영화 역시 스크린 쿼터제에 의해 상영에 제한을 받았다. 특히 권위주의 체제하에서는 지배세력도 민족주의를 중요한 통치이념으로 내세웠고, 이에 저항하는 진보세력 역시 민중문화 같은 전통문화형식에는 상당히 우호적이었던 데 반해 외국의 대중문화에 대해서는 제국주의 문화라고 비판하면서 배격하곤 하였다. 이러한 환경에서 문화수용 역시 이념 지향적이고 편향적으로 나타날 수밖에 없었다.

그러나 젊은 세대는 외국문화에 대해 긍정적이고 때로는 열광적인 태도를 보이기까지 한다. CSI 같은 미드(미국 드라마)나 일드(일본 드라마) 마니아들처럼 우리의 대중문화보다 외국의 대중문화를 더 선호하는 경우도 흔하다. 특히 어려서부터 영어교육을 받고 외국여행 등 다양한 국제화 경험을 한 젊은 세대에게 지구문화의 공용어인 영어는 국어만큼 친숙한 언어이다. 영어에 대한 두려움이 없고 외국문화에 대해 개방적인 태도를 보이는 젊은 세대에게 인터넷 등의 미디어는 세계와 소통하는 채널이 된다. 그 채널을 통해 다른 생각, 가치관, 견해, 문화를 접하고 배우면서 이들은 지리적 공간과 시간의 차이를 넘어 지구의식을 형성하게 되는 것이다. 따라서 경계 없는 세계를 사는 젊은 세대에게 문화를 지역문화와 외국문화로 나누는 것은 의미 없는 것이 된다. 이러한 점에서 젊은 세대에게 문화는 본질적으로 혼종(*hybrid*)의 특성을 갖는 것이 된다.[5)]

'단군 이래 최고의 문화세대'라는 표현에 걸맞게 20대는 문화 생산

---

5) 혼종화(*hybridity*): 지구화시대의 문화는 외국의 문화와 지역의 문화가 복잡하게 섞여진(*mixed*) 형태를 띤다. 혼종화라는 개념은 이를 가리키는 용어이다.

과 소비의 영역에서 기성세대와는 확연히 다른 특성과 자질을 보여준다. 특히 20세기 이래로 대중문화의 주류 위치를 굳건히 해온 미디어 영역에서 젊은 세대가 보이는 창의성과 재능은 주목할 만하다. 블로그나 UCC (*User Created Content*)는 그 대표적인 사례이다. 이는 전통적인 대중매체가 갖지 못한 쌍방향성을 특징으로 하는 뉴미디어가 등장하면서 수용자의 참여와 이용이 문화생산과 소비에서 중요한 위치를 차지하게 된 것에 기인한다. 젊은 세대의 문화양식이나 미디어 소비형태들 중 사회적 관심을 끈 특징으로는 다음과 같은 것들이 있다.

첫째, 젊은 세대는 기술변화에 뛰어난 적응력을 보이며 과거의 수동적인 미디어 소비자의 입장에서 벗어나 생산자이자 소비자의 역할을 한다. 어려서부터 컴퓨터를 비롯한 다양한 디지털 기기에 둘러싸인 환경에서 자랐기 때문에 새로운 기술이나 혁신에 대한 호기심이 매우 강하다. 당연히 문화생산과 소비의 하드웨어와 소프트웨어 모두를 능수능란하게 사용한다. 능동적 사용자(*active user*) 혹은 프로슈머(*prosumer*)는 이러한 특징을 상징하는 대표적 용어들이다.[6] 소셜 네트워크 서비스(*social network service*)인 싸이월드, 다음과 네이버 등의 인터넷 포털, 판도라 TV나 유튜브 같은 UCC 사이트에서의 활동이나 PMPInside를 비롯한 디지털 기기 이용자 사이트에서의 활동 등이 대

6) 프로슈머(*prosumer*): 생산자(*producer*)와 소비자(*consumer*)를 조합해 만든 합성어로서, 기성세대의 수동적 문화적 특성과 대비되는 젊은 세대의 문화적 특징을 설명하는 용어.

〈그림 3-2〉 국내 대표 1인 방송 사이트인 아프리카TV의 촛불시위 생중계 개인방송

표적 사례들로 언급된다.7) 1년 전 한국사회를 들끓게 했던 광우병 쇠고기 반대 촛불집회에서는 핸드폰, 비디오 캠코더, 화상카메라, 노트북 등을 이용해 시위상황을 생중계하는 젊은 시민저널리스트들의 활동이 두드러졌다. 최소한의 장비와 지식만 갖추면 신문이나 방송 등의 거대매체가 독점해 온 저널리스트의 역할을 누구나 수행할 수 있는 1인 미디어 시대가 온 것이다. 이는 눈부신 정보통신기술의 발전과 젊은 세대의 탁월한 미디어 리터러시(*media literacy*)가 만들어낸 변화

7) 소셜 네트워크 서비스(*social network service*): 공통의 관심사를 갖는 사람들을 위해 온라인상에서 네트워크를 구축하고 유지하도록 해주는 서비스 .

라고 할 수 있다.[8)]

둘째, 다양한 문화교육과 대중문화 소비경험으로 인해 월등한 문화적 자원을 지닌 젊은 세대는 문화를 즐김과 놀이의 대상으로 삼을 줄 아는 최초의 세대이다. 이들은 이전 세대의 문화적 엄숙주의를 이해하지 못하며 '재미없고 지루한 것은 죄악'이라고 믿는 세대이다. 데모도 놀이처럼 하고, 놀고 즐기기 위해서라면 힘든 저임금 '알바'의 고통도 감내한다.

셋째, 젊은 세대는 감성적 소비와 합리적 소비라는 다소 모순적인 소비행태를 보이는 세대이다. 이들은 상품의 사용가치보다는 그것이 상징하는 기호나 외재적 아우라에 더 의미를 둔다. 특히 이러한 경향은 젊은 세대를 마케팅의 주 타깃으로 삼는 디지털 상품이나 패션상품에서 두드러지게 나타난다. 상품의 기능적 특성보다 디자인이나 분위기에 더 끌리는 세대이다. 그래서 이들은 '지름신'의 유혹에서 자유롭지 못한 세대이다. 이와 동시에 젊은 세대는 매우 합리적인 소비행태를 보이는 존재이기도 하다. 이들은 '에누리' 같은 가격비교 사이트에서의 검색을 상품 구매시 반드시 거쳐야 하는 필수과정이라고 생각한다. 또한 젊은 세대는 기업에서 제공하는 정보보다 그 상품을 실제로 구매한 사용자의 이용후기를 더 신뢰하기 때문에 인터넷 커뮤니티

8) 미디어 리터러시(*media literacy*): 의사소통의 수단인 미디어의 속성을 알고, 미디어가 전달하는 내용을 분석 · 이해하며, 나아가 자신의 의사를 표현하기 위해 미디어를 사용할 수 있는 능력.

에서 제품의 장단점에 대해서 사전에 철저히 연구한다. 이러한 의미에서 젊은 세대는 인터넷이라는 정보의 바다를 통해 생산자보다 상품에 대해 더 많은 정보를 갖게 된 '권능(*empowered*)의 소비자'이다.

마지막으로, 젊은 세대는 열린 정서를 특징으로 하는 세대이다. 개똥녀의 사례처럼 때때로 집단주의의 광기를 보이기도 하지만, 개인주의와 자유를 중시하며 네트워크 세대답게 참여, 공유와 개방을 신봉하는 존재들이다. 이들의 열린 정서는 개인 홈피나 블로그같이 사적이고 내밀한 공간마저도 불특정 다수에게 공개할 정도로 파격적이다. 동영상/사진 올리기와 블로그에 글쓰기, 펌질과 스크랩, 그리고 댓글과 트랙백(*trackback*) 등의 장치를 통해 끊임없이 익명의 다수와 소통하는 젊은 세대는 폐쇄적이고 강한 유대를 선호하는 이전 세대와는 확연히 구분된다.9) 이들의 열린 정서는 보수적 상대주의로 귀결되기도 하지만, 인터넷 불법복제나 정보의 무한 공유를 통해 사적 소유권과 정보/지식의 독점 같은 지배적 가치에 도전하는 전복적 특성을 보이기도 한다.

'최고'라는 가치함축적 수식어를 사용하는 것이 적절한지는 논란의 여지가 있으나 어쨌든 20대가 현 기성세대를 포함해 과거의 어떤 세대들보다 풍부하고 다양한 문화생산 및 수용의 경험을 가진 것은 분

9) 트랙백(*trackback*): 트랙백은 댓글(*reply*) 기능의 확장판으로서 댓글이 해당 게시판에 독자가 게시물을 읽고 난 뒤 답변이나 감상문을 적는 기능이라면, 트랙백은 이보다 좀더 개선된 기능으로 다른 곳에 댓글을 남기는 기능.

명하다. 또한 문화의 공공성을 강조하고 창의성에 대한 시장주의적 해석을 비판하는 문화정치학의 시각에서 벗어나서 보면, 20대는 우리 역사상 가장 뛰어난 문화자본과 창의성을 갖춘 세대라고 할 수 있다. 그리고 이러한 역량이 젊은 세대를 자본주의 문화영역, 특히 미디어 시장에서 상당한 권력을 누리게끔 해주었다. 젊은 세대는 특정 미디어 상품의 성패를 좌지우지하고 있을 뿐만 아니라, 다양한 방식을 통해 미디어 상품의 생산과 소비과정에 영향력을 행사하고 있다. 문화 변화의 속도가 점점 빨라지고 문화의 생산과 소비가 기술에 의존하는 경향이 심화됨에 따라 문화영역에서 젊은 세대와 다른 세대들 간의 격차 역시 더욱 심화되고 있는 실정이다. 그렇다면 문화적 창의성이 경제발전의 핵심자원이자 동력이라는 관점에서 볼 때, 우리 젊은 세대의 경제현실과 미래는 낙관적인가? 적어도 현실은 그렇게 밝아 보이지 않는다. 우리의 젊은 세대는 이른바 '88만원 세대'라고 불리면서 높은 실업률과 고용불안에 시달리고 있으며, 각종 통계지표와 예측에 따르면 불안한 경제현실은 쉽게 개선될 것 같지 않아 보인다. 그렇다면 젊은 세대의 문화적 역량과 창의성은 현재의 암울한 경제현실을 극복하는 도구가 될 수 없는 것인가? 창의성에 기반한 정보경제는 우리의 20대에게 과연 희망의 미래를 제시하는가?

창의세대의 가능성?… 그 현실과 돌파구

우리의 젊은 세대 앞에 놓인 경제 현실은 참으로 암울하고 희망이 없어 보이기까지 한다. 정부통계를 보면 2000년 이후로 20대의 미취업률은 꾸준히 높아졌고, 그나마 취업자들 중에서도 비정규직 비중이 증가했다. 개인에게 직업은 자신과 가족을 부양할 수 있는 경제적 토대를 제공해 줄 뿐만 아니라 자아실현의 수단이 된다. 따라서 대학을 졸업한 20대의 과반수가 일자리를 얻지 못하는 현실은 심각한 사회불안을 야기할 가능성이 있을 뿐 아니라 개인에게도 매우 절망스러운 일이 아닐 수 없다. 특히 젊은 세대의 취업이 신규 노동력의 안정적인 공급과 전체 노동시장의 구조적 균형에 기여한다는 점에서 20대의 높은 실업률은 우리 경제의 건강성에도 상당한 악영향을 미친다. 개인의 창의성이 경제발전의 핵심 자원인 정보경제의 도래에도 불구하고 뛰어난 문화자본과 창의성을 지닌 20대가 노동시장에서 선택받지 못하는 현상은 신경제에 친화적인 산업구조로 전환해야 하는 우리 경제의 입장에서도 시급히 해결해야 할 정책문제이다.

1990년대 말부터 정부가 지속적으로 추진한 문화산업 성장정책 및 고용확대 정책, 그리고 우리 경제의 신성장 동력산업 중 핵심을 차지하고 있는 정보통신분야에서의 집중적인 투자 및 고용창출에도 불구하고 20대의 실업률이 개선되지 않는 것은 당혹스러운 일이라고 하겠다.

2000년대 들어 한국경제의 성장이 지속적으로 둔화된 데 비해 창의산업 분야의 매출액 증가와 고용확대는 두드러졌다. 창의산업 범주에 속하는 10개 분야(출판, 만화, 음악, 광고, 게임, 영화, 애니메이션, 방송, 광고, 캐릭터, 디지털 교육 및 정보)의 매출액 역시 전년 대비 7.8% 증가해 전체 경제성장률 4.2%보다 훨씬 높은 증가 추세를 보였다.[10] 고용 역시 1999년부터 2003년까지 우리나라 창의산업 고용자 수 연평균 변화율은 8.4%로서 전체 산업의 고용 성장률인 3.3%를 훨씬 능가하는 고용성장세를 보였다.[11] 수출 역시 방송, 영화, 애니메이션, 게임 등의 주도로 2003년부터 2005년까지 연 40%의 증가세를 보였다. 국민의 정부 이래 집중적으로 이루어진 투자와 재정지원 역시 창의산업의 인적, 물적 인프라를 확대함으로써 개별 산업과 상품의 경쟁력을 높이는 데 기여하였다.

플로리다는 2007년 저서에서 미국을 포함한 주요 국가들의 창의성을 지수화하고자 시도하였다. 국가별 창의성 지수와 경제발전 간의 연관성을 실증적으로 밝혀내는 것은 매우 어려운 일이기 때문에 우리나라의 창의성지수와 순위를 통해 우리나라의 국가적 창의성이 다른 국가들에 비해서 어느 정도의 경쟁력을 지녔는지를 참고해 보는 정도면 될 것 같다. 우리나라의 창의성지수는 전체 45개 국가 중 16위로

10) 문화관광부, 2007, 《2006 문화산업백서》, 24쪽.

11) 구문모, 2005, "서울시 창조산업의 경제적 성과와 집적화에 대한 일고찰", 〈한국지역개발학회지〉 17(4), 204쪽.

서, 아시아에서는 전체 2위를 차지한 일본 다음이었다. 1위는 스웨덴이고 미국이 4위, 영국이 15위를 차지했다. 또한 우리나라의 경우 전체노동력에서 창의계급이 차지하는 비율은 약 8%로 전체 39개국 중 38위였으나, 창의계급의 연 증가율은 3.8% 정도로 아일랜드 다음으로 2위를 차지했다.

다양한 통계치들은 우리나라 창의산업이 제조업을 비롯한 다른 산업들에 비해 빠르게 성장하고 있으며, 고용의 규모도 동반하여 확대되고 있음을 보여준다. 그리고 이러한 추세는 앞으로도 지속되리라 판단된다. 이러한 판단은 국내외적으로 창의산업이 정보경제의 도래와 함께 질적 · 양적으로 성장을 계속할 것이라는 예측에 기인한다. 이와 함께 플로리다의 창의성 지수가 보여주듯이 창의산업이 발전할 수 있는 질적 기반이 나름 갖춰져 있다는 것도 이러한 예측을 가능케 한다. 그렇다면 이러한 판단과 20대의 문화현실과 경제현실이 보이는 간극이라는 문제를 어떻게 연관시킬 수 있을까?

가장 손쉬운 방법은 현재 우리나라 창의산업의 수준과 규모가 실업 및 고용불안이라는 20대의 경제현실을 해소하기에 충분한 것은 아니기 때문이라고 결론짓는 것이다. 이러한 결론은 사실에 근거하고 있다는 점에서 비판을 제기하기 어렵게 하지만, 20대의 입장에서 보면 다소 허탈하고 공허한 것일 수 있다. 앞으로 얼마의 시간이 지날지 모르지만 창의산업이 국내외 경제 구조에서 지배적 위치를 차지하게 될 때까지 기다리라고 할 수 만은 없기 때문이다. 반면에 눈부신 성장세에도 불구하고 창의산업의 고용비중이 10%에도 미치지 못하는 현실에서 창의산업을 통해 20대의 경제현실에 대한 만병통치약 같은 처방을 찾는 것은 가능하지도 바람직하지도 않다.

이러한 딜레마에 대한 현실적 대안은 뛰어난 문화생산과 수용의 경험을 지닌 젊은 세대가 자신의 창의성을 발현하는 데 걸림돌이 되는 현실조건이 무엇인지를 밝혀내고 이에 대한 해결책을 모색해 보는 것이다. 이는 현재 진행중인 창의산업의 성장을 통해 20대의 경제적 어려움을 해소하는 것이 쉽지 않은 원인을 찾아내는 것일 뿐 아니라, 창의성의 발현을 통한 경제발전이라는 미래의 목표를 성취할 수 있는 토대를 구축하기 위한 방안을 모색하는 것이 된다.

문화생산의 맥락에서 가장 중요한 문제는 현재의 문화 생산구조가 20대의 자유로운 참여와 창의성 발현을 제약하는 것이다. 현재 창의산업, 특히 통신 및 미디어 관련 산업은 전 지구적 차원에서 독점화와 다각화가 빠르게 진행되는 분야이다. OSMU (*One-Source Multi-Use*)는 모든 미디어 기업의 가장 중요한 시장목표가 되고 있으며, 이를 위해 제작과 유통을 포함한 공급사슬의 전 단계에서 수직적 · 수평적 통합이 가속화되고 있다.[12] 이에 따라 소수의 글로벌미디어 기업에 의한 전 세계 시장지배가 강화되고 있으며, 작은 규모의 기업이나 로컬 기업의 시장경쟁력은 갈수록 약화되고 있다. 위험도가 매우 큰 투기

12) OSMU(*One–Source Multi–Use*): 하나의 콘텐츠를 생산해 이를 다양한 매체나 분야에서 활용함으로써 고부가가치를 창출해내는 전략.

성 산업의 특성 때문에 자본이 없는 기업일수록 시장에서의 전략은 매우 보수적이고 안정지향적이 된다. 따라서 시장에서 이미 성공한 포맷과 내용을 모방하거나 적은 비용의 투자로 거대기업과의 경쟁 자체를 회피하는 방법을 택하게 된다. 그리고 이는 필연적으로 글로벌 기업과 로컬 기업, 그리고 지역의 대기업과 중소기업 간에 양극화를 초래하게 된다.

이 같은 경향은 창의적이고 혁신적인 상품에 대한 수요와 개발동기 자체를 위축시키게 됨으로써 창의적인 아이디어(그리고 아이디어의 개발자)의 생산영역 진입을 제약하게 된다. 또한 국내외 시장에서 소수 거대기업에 의한 시장지배는 대다수 중소기업의 생산기반을 취약하게 만듦으로써 창의적 아이디어의 시장 자체를 축소시키는 결과를 낳는다. 그리고 많은 경우 중소규모의 기업은 거대기업의 하청기업으로 전락하거나 새로운 창의적 아이디어로 승부하기보다는 거대기업의 성공한 아이디어를 모방하는 쉬운 길을 택하게 된다.

이러한 경향은 결국 대다수 로컬 기업이나 영세 중소기업의 글로벌 및 국내 대기업에 대한 종속을 초래하게 된다. 휴대폰 산업에서 우리나라 기업들이 퀄컴에 기술로열티를 지불하는 경우나, 최근 미디어 콘텐츠 산업에서 새로운 이슈로 부상하는 포맷(*Format*) 종속 등은 대표적인 사례들이라고 할 수 있다.[13] 사실 원천기술이나 지적재산권

13) 포맷(*format*): 최근 들어 단일한 프로그램이 아니라 특정 콘텐츠의 형식이나 장르 등이 미디어 콘텐츠 산업에서 부가가치를 창출하는 분야로 각광받고

의 확보를 통한 이윤의 창출은 창의산업의 가장 중요한 목표라고 할 수 있다. 디지털 융합은 원천기술이나 지적 재산권의 경제적 부가가치를 증대시켰고, 이는 창의성의 경제적 파급효과를 더욱 크게 만들고 있다. 그러나 국내외 대기업에 의한 원천기술과 지적 재산권의 독점은 그것의 활용을 제약하게 됨으로써 중소기업들이 새로운 기술이나 콘텐츠 등을 개발하는 것을 어렵게 한다.

또 하나의 문제는 현재 통신 및 미디어 시장에서 비교적 진입장벽이 낮다고 여겨지는 산업부문의 경우 대부분 경제적으로 취약한 시장구소를 특징으로 한다는 점이다. 이는 20대들이 이들 산업에 취업하기는 쉬워도 적절한 경제적 보상을 얻기가 어렵다는 것을 의미한다. 예를 들면 영상 프로덕션 같은 콘텐츠 제작산업이나 UCC 같은 인터넷 기업의 경우 과도한 경쟁으로 인해 노동강도에 비해 임금수준이 너무 낮다거나 수익모델이 부재해 자체적으로 생존하기가 어려운 경우가 많다. 대부분의 인터넷 벤처기업들이 방문자나 회원 수를 불려 이름을 얻은 후 기존 미디어 기업 등에 돈을 받고 회사를 넘기는 것은 바로 이러한 어려움 때문이다.

문화소비 측면에서의 문제점은 크게 두 가지를 들 수 있다. 하나는 20대의 문화소비가 지나치게 미디어 중심적이며 오락(*entertainment*)

있다. 게임쇼로서 여러 나라에서 유사한 버전으로 만들어진 〈*Who Wants to Be a Millionaire*〉나 〈*American Idol*〉 등이 대표적인 포맷 수출의 사례들이다.

중심적이라는 것이다. 문화소비는 창의성의 자양분이라고 할 수 있으며 다양한 문화소비와 경험은 새롭고 혁신적인 아이디어의 원천이 된다. 연극, 문학, 미술 등의 다양한 예술형태와 장르 등의 소비는 창의성의 깊이와 범위를 확대해준다. 게임, 영화, 애니메이션, TV 프로그램 등 창의산업에서 만들어내는 상품의 유형은 다양하지만 창의적 아이디어가 핵심이라는 점에서는 동일하다. 이러한 창의적 아이디어가 다양한 문화경험과 소비에서 길러진 능력에 의존한다는 것은 두말할 나위가 없다. 대중매체에서 주로 제공되는 오락물은 기본적으로 문화적 차이를 최소화하여 가능한 한 많은 수의 소비자가 즐길 수 있도록 만들어진다. 20대의 오락물 중심의 문화소비가 다양한 문화경험을 통해 창의성을 길러주는 데 별로 효율적이지 못한 것은 이 때문이다. 이러한 소비 형태는 20대의 지배적인 문화소비 수단이 미디어이고, 자본주의 미디어는 공통자원의 효율적 활용과 비용편익을 중시하게 되어 다수의 소비자가 보편적으로 즐길 수 있는 상품을 집중적으로 생산하기 때문에 생겨난다. 결국 20대의 다양한 문화 수용과 경험은 자유롭고 주체적이라기보다는 미디어에 의해 주어진 선택들 속에서 행해지는 '포획된 문화소비'라고 할 수 있다. 케이블, 위성, DMB, Wibro 등 다양한 플랫폼의 등장과 시장경쟁의 확대로 소비자의 주목(*attention*)에 대한 미디어 간 경쟁이 심화되면서, 젊은 세대의 미디어 의존도와 오락물 선호도는 더욱 심화되었다. 다매체 다채널 환경이 분화되고 전문화된 미디어 소비를 가능케 할 것이라는 예측과 달리,

20대는 다양한 미디어와 채널을 통해 유사한 장르와 내용의 오락물을 반복적으로 소비하고 있다.

20대의 문화소비와 관련해서 제기되는 또 하나의 이슈는 지적 재산권의 침해를 낳는 불법복제와 공유이다. 해마다 급증하는 불법복제와 공유는 창의산업 종사자들의 지적 재산권 창출동기와 의욕을 약화시켜 창의산업의 토대를 취약하게 만든다. 또한 이는 규모의 경제와 OSMU의 실현이라는 미디어 기업의 전략에 차질을 빚게 함으로써 전체 시장이 위축되는 결과를 초래하고 나아가 20대의 고용시장에도 매우 부정적인 영향을 미치게 된다. 네트워크 시대에 아이디어의 공유와 개방이 갖는 긍정적인 측면에도 불구하고, 창의성에 대한 경제적 보상이 법 · 제도적으로 보장되어야 하는 것은 바로 이 때문이다. 실제로 한국의 불법복제 시장규모는 2007년 말에 4조 3천억에 달했으며, 이로 인해 콘텐츠 산업은 지난 7년간 20조 8천억의 매출손실과 16만 6천 명의 고용손실을 기록했다고 한다.[14] 작은 이익을 바라고 무심코 한 행동이 나중에 자신에게 큰 경제적 손실을 입힐 가능성을 생각해본다면 불법복제와 공유에 대한 젊은 세대의 인식이 조금은 바뀌지 않을까 한다.

젊은 세대의 창의성 발현을 제약하고 문화현실과 경제현실 간의 간극을 심화시키는 조건들은 고용 측면에서도 찾아볼 수 있다. 고용조

14) 중앙선데이, 2008.4.26.

건 및 방식은 20대의 취업과 직업안정성에 결정적인 영향을 미친다는 점에서 특히 중요하다. 창의산업의 고용은 여타 산업과 다른 특징이 있다. 정규직의 비중이 높은 제조업과는 달리 창의산업 종사자의 상당수는 비정규직이거나 프로젝트를 위해 고용된 계약직인 경우가 많다. 영화나 애니메이션 분야의 경우는 정규직 비율이 30% 내외일 정도로 낮다. 이는 창의산업 생산과정의 특성을 반영한 것이라는 점에서 불가피한 측면이 있다. 상품의 홍보와 마케팅을 제외하고 기획부터 제작, 유통에 이르는 생산과정에서 상당수 인력은 상시적으로 필요한 인력이 아니기 때문이다. 창의성을 바탕으로 하는 직종 종사자들이 프리랜서 형태의 자유로운 고용조건을 선호하는 것도 또 다른 이유이다. 그럼에도 불구하고 비정규직이나 계약직 형태의 고용은 직업안정성을 해칠 뿐 아니라 여러 가지 문제를 파생시킨다. 정규직이 누릴 수 있는 각종 복지혜택으로부터 제외된다든가, 직종 간 임금격차가 심하게 나타나는 등의 문제가 바로 그것이다. 이직이 많은 것도 장기적으로 보면 직업만족도나 안정성을 저하시키는 원인이 된다. 창의산업 중 특히 미디어/문화관련 분야의 경우 채용이 인적 네트워크를 통해 비공식적으로 이루어지는 것도 문제라고 할 수 있다. 채용과정이 투명하지 않을 뿐 아니라 구직 희망자들 모두에게 지원의 기회가 공평하게 주어지지 않기 때문이다. 면식이나 학연 등의 인적 네트워크를 통한 고용은 계약당사자들 간의 고용계약과정에도 영향을 미쳐 피고용자가 정당한 대우나 보상을 받지 못하거나 열악한 노동조건을 강요당하는 경우가 생기기도 한다.

중소규모의 기업체에서 나타나는 비공식적 채용관행 못지않게 지상파 방송이나 대기업에서 여전히 학력 중심으로 채용이 이루어지는 것도 시정되어야 할 관행이다. 사실 개인의 창의성이라는 것이 학벌과는 크게 연관성이 없기 때문이다. 오히려 한국의 교육제도를 고려해 보면 공부만 열심히 해 명문대학에 간 학생들보다 여행, 동아리 활동, 아르바이트 등 학업 이외의 다른 경험들을 한 학생들이 더 창의적일 가능성이 높다. 실제로 기업에서 주관하는 아이디어 공모전의 결과를 보면 명문대 학생들보다 비명문대 학생들의 실적이 훨씬 뛰어난 경우가 많다. 게다가 대부분 명문대학의 커리큘럼이 기획이나 제작 등 창의성을 훈련하는 실습과목보다는 이론중심으로 이루어져 있는 데 반해 비명문대의 경우 실습과목의 비중이 높아 보다 체계적이고 균형적인 교육을 받을 수 있다. 이런 점들을 고려해 볼 때, 출신 학교와 영어나 논술 등으로 직원을 뽑는 방식은 창의산업의 특성상 결코 적절하지 않다. 창의성이 뛰어난 학생이 단지 영어나 논술 등의 능력이 떨어진다는 이유로 지상파 방송이나 대기업의 하청을 받는 중소기업에 취업해 단순작업에 매달리거나 저임금과 중노동에 시달리는 것은 창의산업의 발전에도 바람직하지 않다고 하겠다.

고용과 관련된 또 하나의 문제는 기업체들의 서울집중으로 인해 나타나는 지역 간 고용 불균형 현상이다. 우리나라에서 인적·물적 자원과 부의 수도권 집중은 어제 오늘의 문제는 아니다. 이는 창의산업에서도 예외가 아니다. 2003년 전체 산업에서 서울시가 차지하는 고용비중이 25.7%인 데 반해, 창의산업의 경우에는 66.4%나 되며, 특히 첨단산업인 정보통신 소프트웨어의 경우는 서울의 고용비중이 80%에 달한다.[15] 대부분의 국가에서 창의산업은 다양한 인재풀, 발전된 기술, 자유로운 문화 환경 등의 조건들이 갖춰진 대도시를 중심으로 발전한다는 것을 고려하면, 창의산업의 서울집중 역시 불가피한 것일 수도 있다. 그럼에도 불구하고 지역에 있는 창의적인 인재의 활용이나 지역 간 균형발전의 필요성을 간과해서는 안 될 것이다.

마지막으로 20대의 창의성을 길러주는 데 효율적이지 못한 교육과정의 문제도 지적할 필요가 있다. 창의산업은 효율적인 산학연계를 필요로 하기 때문에, 대학은 산업과 기업의 수요를 충족시키는 교과과정을 개발하고 이를 통해 창의적인 인재를 길러낼 책임이 있다. 그러나 현재의 대학교육 시스템과 교과과정은 이러한 책임에 부응하기에는 여러 가지 문제를 안고 있다. 무엇보다도 교과과정이 지나치게 이론 중심적이고 실무교육을 위한 인적, 물적 인프라가 취약하다. 공학이나 디자인 또는 예술 분야가 아닌 인문사회계의 경우 이러한 문제는 더욱 두드러진다. 물론 이론교육이 불필요하다는 주장은 아니다. 창의성은 단순히 테크닉이나 기술만을 습득함으로써 길러지지는 않는다. 오히려 이론 교육은 창의성의 기본 토대를 구축하는 데 반드

15) 구문모, 2005, "서울시 창조산업의 경제적 성과와 집적화에 대한 일고찰", 〈한국지역개발학회지〉 17(4), pp.209~212.

시 필요한 것이라고 할 수 있다. 문제는 이론과 실습 간 균형적인 교육이 이루어지지 않는 데 있다. 가장 큰 원인은 교육을 담당하는 교수진의 대부분이 이론전공인 경우가 많아 실습교육이 시간강사 등의 비전임 교수들에 의해 주로 이루어지는 데 있다. 현직에 있거나 실무경험이 많은 외부강사진을 활용하는 것은 긍정적이고 오히려 장려할 일이지만, 비전임 교수가 담보하기 어려운 교과과정의 연속성이나 강의시간 외의 밀착지도, 그리고 취업전담지도 등은 시급히 해결되어야 할 과제이다.

또한 융합을 특징으로 하는 창의산업의 발전경향과 달리 우리나라의 대학교육은 여전히 학제 간 장벽이 높아 기술 및 시장의 변화를 반영한 교과과정을 제공하기가 어렵다. 예를 들면, 창의적인 게임개발자에게는 디지털 스토리텔링, 컴퓨터 프로그래밍, 모션 그래픽, 플랫폼인 미디어의 기술적 특성, 게임 사용자의 사회문화적 특수성, 시장분석을 위한 경제학적 지식과 마케팅 및 홍보에 대한 포괄적인 지식이 요구된다. 창의적인 인재양성을 위해서 실험적이고 융합적인 교과과정이 필요한 것은 창의산업이 이처럼 복합적 지식과 기능을 갖춘 인재를 요구하기 때문이다. 학과 이기주의와 행정편의주의는 융합교과과정의 도입 같은 혁신적인 시도를 어렵게 하는 요인들이다. 이와 함께 실습기자재의 노후화나 지나치게 많은 수강정원 등의 문제 역시 제대로 된 실습교육을 어렵게 만드는 고질적인 원인들이다. 대학이 필요한 교육프로그램을 제공하는 데 성공적이지 못하기 때문에 젊은 세대의 창의성 교육은 개인의 노력이나 사교육 시장에 맡겨지게 된다. 창의산업 분야에 진출하고자 하는 20대가 개인비용으로 각종 자격증 학원과 아카데미에 등록하는 현실은 경제적으로 어려운 젊은 세대에게 또 다른 무거운 짐을 지우는 일이다.

덧붙이는 말

창의성이 개인, 공동체 및 국가 경제발전의 핵심자원이 되는 정보경제의 도래는 암울한 경제현실에 놓인 우리의 20대에게 탈출의 통로가 될 수 있는가? 탁월한 문화적 능력과 자본을 지닌 젊은 세대 앞에 놓인 현실의 장벽들은 단기간의 투자나 정책적 대응을 통해 해결될 수 있는 녹록한 것들이 아님에 분명하다. 특히 과거와 같은 규제일변도의 문화정책이나 문화의 특성을 고려하지 않은 산업정책으로는 앞에서 지적한 문제들을 효율적으로 다루기가 어렵다. 따라서 문화와 경제가 융합하는 정보경제시대에 걸맞은 문화 거버넌스 시스템이 절실히 필요하다. 정부, 민간기업, 시민단체, 개별 창의산업 종사자 등 다양한 이해당사자들이 참여하는 문화 거버넌스 시스템은 각 이해당사자의 능력과 역할에 맞는 기능을 통해 창의산업의 발전을 위한 가장 적절한 정책, 지원, 규제 시스템을 만들어내는 것을 목표로 한다. 특히 시장과 민간기업의 역할은 더욱 확대되어야 한다.

문화에 대한 신자유주의적 접근이라는 이유로 많은 비판적 학자들은 창의성과 창의산업에 대한 논의를 비판한다. 문화를 경제논리로만 접근할 경우 빈부격차에 따른 문화적 양극화가 심화되고 자본에 의한 생활세계의 지배가 초래될 것이라는 이들의 주장은 한편으로는 설득력이 있다고 하겠다. 시장논리로만 다룰 수 없는 문화의 공공적 측면이 분명히 존재하기 때문이다. 그러나 이것이 문화에 대한 시장주의적 접근을 거부할 이유는 안 된다. 이미 우리의 문화적 삶의 대부분은 시장을 통해 생산되는 상품에 의해 매개되고 있고, 자본주의적 대중문화 상품은 우리의 문화적 정체성을 구성하는 데 가장 강력한 힘을 발휘하고 있는 것이 현실이다. 특히 우리의 젊은 세대는 시장의 역할에 대해 기성세대에 비해 훨씬 긍정적인 인식을 보이고 있다. 여러 가지 어려움과 문제들에도 불구하고 희망적인 것은 다양한 통계지표가 드러내듯이 우리의 창의산업이 의미 있는 성장세를 기록하고 있고, 그 토대인 인적, 기술적, 문화적 조건 역시 빠르게 개선되고 있다는 점이다. 우리나라가 창의계급의 증가 속도가 가장 빠른 국가 중 하나라는 플로리다의 분석은 이러한 의미에서 특히 고무적이다.

참고문헌

구문모, 2005, "서울시 창조산업의 경제적 성과와 집적화에 대한 일고찰", 〈한국지역개발학회지〉 17(4), pp.197~224.

문화관광부, 2007, 《2006 문화산업백서》, 문화관광부.

Florida, R., 2007, *The Flight of the Creative Class*, Collins.

• 나의 20대 초상 • **문상현**

정치와 문화의 불편한 동거시대

오랜만에 만난 대학동기가 취중에 이런 우스갯소리를 한 적이 있다. 우리의 대학시절은 하루하루가 롤러코스터 같았다고. 그랬던 것 같다. 지금은 누구에게도 사랑받지 못하는 처량한 신세가 되었지만 386세대의 20대는 그야말로 "파란만장 미스 김"의 삶 그 자체였다.

내가 대학에 입학한 해는 군사정권에 맞선 민주화 투쟁이 정점에 다다르고, 북한 바로알기운동으로 대한민국의 마지막 금기가 깨지기 시작하던 시기였다. 일주일에 서너 번씩은 교문과 거리에서 화염병과 최루탄이 난무하는 가운데 시위를 벌였고, 강의실과 도서관보다는 선배의 자취방과 술집에서 보낸 시간이 더 많았다. 대학교수가 하기엔 민망한 얘기지만, 누구의 말처럼 내가 알아야 할 모든 것은 강의실 바깥에서 배웠다.

백골단이라 불리던 무술경관에게 닭장차 안에서 흠씬 두들겨 맞은 얘기, 가두시위 후 도망치다 사창가로 뛰어들어 윤락녀에게 물(만) 얻어 마신 로맨틱(?)한 얘기, 시위도중 잡혀 유치장에서 반찬이라고는 달랑 연근뿌리 3쪽밖에 없는 식사를 게걸스럽게 먹어댄 얘기 등 대한민국 남자의 군대무용담처럼 386세대의 시위 무용담은 아직도 술자리에서 빠지지 않는 안줏거리다. 민주투사 아니면 방관자 …. 20대 대학생에겐 두 가지의 정치적 선택밖에 없던 그런 시대였다. 사명감에 가슴 벅찼지만 20대 청년의 삶은 대학생으로서 누릴 수 있는 현재와 미래의 모든 특권을 하루아침에 잃을 수 있다는 불안감에 무척이나 아슬아슬하고 조마조마한 것이었다.

'88 꿈나무'…. 내가 대학에 입학했을 때 선배들이 우리 학번에게 붙여준 별명이었다. 1988년은 서울에서 스포츠를 통한 세계 화합과 지구촌 축제를 내세운 올림픽이 열린 해였다. 한국전쟁의 기억만이 남아있던 외국에 한국의 이미지를 새롭게 각인시키는 데 기여한 서울올림픽은 문화개방정책과 함께 대중문화 확산에 적잖은 역할을 했다. 이는 1990년대 들어 서태지와 오렌지족 등으로 상징되는 신세대문화의 등장으로 이어지고, 자본주의 소비문화는 젊은 세대를 중심으로 빠르게 확산되었다. 대학과 노동현장에서 탈춤, 사물놀이 등 전통문화를 기반으로 한 민중문화로 자본주의 대중문화의 확산에 맞서보았지만, 이미 한국사회는 대중문화의 시대로 접어들고 있었다.

그럼에도 시위현장과 뒤이은 술자리에선 여전히 〈임을 위한 행진곡〉과 〈반전반핵가〉가 대세였고, 대중의 마음을 사로잡았던 〈담다디〉, 〈희망사항〉과 〈난 알아요〉는 자취방의 TV와 귀에 낀 워크맨에서나 대접을 받았다. 대중문화는 민중의 탈정치화와 소비주의를 조장한다는 이유로 비판과 경원의 대상이었다. 그나마 통일이나 제도교육의 폐해 같은 사회이슈를 노래에 담아내고 음반에 대한 검열에 앞장서 싸우던 서태지 정도가 의식 있는 가수로 대접받았을 뿐이었다. 요즘 대학축제의 흥행을 좌우하는 연예인의 대학공연은 상상도 못할 일이었고, 패션이나 외국문화에 대한 관심 역시 대학생스럽지 못함을 드러내는 것으로 여겨졌다. 정치와 이념의 과잉 속에서 문화는 그저 "나쁜 놈, 이상한 놈, 하찮은 놈"이었던 것이다.

난 어려서부터 대중문화 마니아였다. 특히 대중음악은 틀에 박힌 제도교육의 일상에서 나의 숨통을 틔워 준 유일한 안식처였고, 지금도 따분한 학자의 삶에 활력소가 되는 소중한 취미다. 나는 중학교 입학식 날 일일 TV 시청시간 조사에서 가장 긴 시간대에 손을 들어 함께 한 어머니를 당황하게 만들었고, 공부에만 매진해도 시원찮을 고3과 재수시절에도 주말엔 텔레비전을 보느라 거의 책을 손에 잡지 않던 아이였다. 중고등학교 시절엔 일주일 용돈의 대부분을 레코드판 사는 데 써버리고, 새벽까지 라디오에 귀를 기울이며 팝송을 듣느라 잠을 설치기 일쑤였다. 〈월간팝송〉이라는 팝송전문 잡지와 당시 음악깨나 듣는다는 아이들 사이에 선풍적으로 인기를 끌었던 DJ 성시완의 〈음악이 흐르는 밤에〉는 (지금과 비교하면 한없이 여유로운 것처럼 느껴지지만) 나의 10대 시절을 윤택하게 만들어준 유일한 친구였다. 옷이나 멋부리는 데도 관심이 많았고 미국과 일본의 대중문화에 관한 지식도 남달랐다.

당연히 대학에 가서도 이러한 성향은 별반 달라지지 않았는데, 때로는 그 덕을 보기도 했다. 불온문서를 갖고도 검문에서 데모 안하게 생겼다는 이유로 무사통과되기도 했고, 공부만 아는 범생이가 선배 꾐에 빠져서 시위에 참석한 것 같다는 이유로 유치장에서 제일 먼저 나오기도 했다. 그럼에도 선배들은 그게 좀 거슬렸나보다. 운동 좀 할 것 같은 후배 녀석의 하고 다니는 모양새나 취미가 별로 '투사'스럽지 않았기 때문이었을 것이다. 은근하게 혹은 노골적으로 행해지는 선배들의 교화시도는 그다지 성공적이지 못했지만, 나로서는 대학시절 내내 적잖은 스트레스가 되었다. 사실 나 역시도 선배들이 원하는 대로, 아니 내 차가운 이성이 명령하는 대로 내 스스로를 바꿔보려고 노력해보지 않은 것이 아니었다. 서울대에서도 가장 투쟁적이라는 사회대에서 나름 얼치기 운동권 흉내를 내던 나였기 때문에 외양이나 문화적 취향으로 인해 선배나 동료들의 눈 밖에 나기를 원하진 않았다.

되돌아보면 대학시절 내내 내 안에서는 정치와 이념이라는 차가운 이성과 문화라는 뜨거운 감성이 불편하게 동거를 하고 있었다는 생각이 든다. 그로부터 20년의 시간이 흐른 지금, 정치적으로 문화적으로 한국사회는 너무 달라졌다. 정치에 대한 냉소와 무관심이 더 이상 화제도 되지 않는 문화과잉의 시대에 정치와 문화의 불편한 동거는 더 이상 내 안에 존재하지 않는다.

대학에서 학생들을 가르친 지 이제 만 6년이 되어간다. 스스로 얘기하기 민망하지만, 난 학생들로부터 제법 말이 통하고 덜 권위적인 교수라는 평을 듣는다. 지금도 난 싸이홈피를 통해 우리 학생들과 격의 없는 소통과 친밀한 교제를 나누고 있다. 요샌 힘들지만 이전에는 1촌인 학생들과 오프라인 번개모임을 하기도 했다. 내 입장에서 생각해보면, 젊은 세대와 소통하고 그들의 감정과 생각을 세밀하게 들여다 볼 수 있게 하는 것은 견고한 논리나 풍부한 지식은 아닌 것 같다. 그보다는 젊은 학생들과 정서적 공감대를 형성하여 그들 스스로 마음의 문을 열도록 한 것이 그런 과분한 평을 받게 한 듯싶다. 정서적 공감대가 문화적 감수성과 소통을 통해서만 가능하다는 것은 두말할 필요가 없을 것이다. 지금으로부터 또 20년의 시간이 흐른 후, 아마도 난 여전히 학교에서 새로운 젊은 세대를 가르치고 있을 것이다. 과연 그 때도 내가 말이 통하고 권위적이지 않은 교수로 남아있을까?

20대, 문화소비를 장악하다 · · · · · · ·

4장

문화소비의 세대격차 문화자본론으로 풀어보기

최샛별*

세종문화회관에서 겪은 일

2년 전쯤이었을까. 세종문화회관에서 하는 산울림의 공연을 보러 갔었다. 이른바 7080세대[1]를 대표했던 밴드라서 중장년층이 많을 것이라고 짐작했는데, 오히려 20~30대의 청중이 더 많았다. 내가 앉은 자리 앞줄에도 20대 초중반 여성들이 나란히 앉아, 아니 공연 내내 일어서서 음악에 맞춰 몸을 흔들고 팔을 높이 들어 젓고 노래를 따라 부르며 온몸으로 감상하고 있었다. 댄스리듬이라고 아무 때나 일어서는 것은 아닌 듯했다. 어느 순간, 예를 들어 음악이 어느 특정한 페시지에 이르면 스프링처럼 자리에서 튀어 일어섰고, 그때는 어김없이 공연장 안의 모든 젊은이들도 함께 괴성을 지르며 일어섰다. 그들은 언제 일

* 이화여대 사회학과.

1) 70~80년대에 대학을 다닌 세대.

어서서 리듬에 몸을 맡기고 언제 앉아서 분위기를 음미하는지를 알고 있는 것 같았다. 이런 젊은이들에 둘러싸여 있던 동행과 나는 젊은이들이 모두 일어설 때 함께 주뼛주뼛 일어서서 어색하게 몸을 흔드는 척하다가, 눈치를 봐서 슬쩍 자리에 앉곤 했다. 공연이 무르익어가며 대다수 청중들의 서 있는 시간이 앉아 있는 시간보다 더 길어졌을 때 옆줄 어디선가 "좀 점잖게 앉아서들 들어! 다른 사람들에게 방해되잖아!"라는 고함에 가까운 50대 여성의 목소리가 들려왔다.

아마 그곳에 온 중장년층은 '그룹사운드' 산울림의 음악을 '감상하러' 왔을지 모른다. 경쾌하면서도 발라드풍이 짙은 산울림의 음악을 들으며 조용히 자신들의 청춘시절을 회상해보고 싶었을지도 모른다. 게다가 공연 공간이 세종문화회관이 아닌가? 예술의 전당이 지어지기 전까지, 즉 산울림이 전성기를 구가하던 당시에 세종문화회관은 대한민국 고급문화의 총본산이었고, 고급문화 공연 이외에는 국경일 기념식이나 열리던 엄숙한 장소였다. 이미자, 패티김, 조용필과 같은 당대 최고의 대중가수들이 세종문화회관에서 공연했다는 것을 자랑으로 여겼던 그런 공간이었다. 따라서 중장년층의 기억 속에 세종문화회관은 여전히 정숙을 유지해야 하는 고급문화 공간으로 남아 있을 가능성이 크다. 더구나 입장권 값은 음가의 소절 하나, 비트 하나를 놓치기가 아까울 만큼 비쌌다. 적어도 그들 세대에게는 대중문화를 관람하기 위해 기꺼이 치를 수 있는 수준의 가격이 아니었다. 가끔 장단 맞춰 박수나 치며 분위기를 살리는 정도에서, 가능하면 조용히 산울림의 음악을 감상하려고 했던 것이 고함의 주인공을 비롯한 중장년 청중 다수의 기대가 아니었을까?

이런 기대를 새파랗게 어린, '공연 에티켓'도 모르는 젊은이들이 여지없이 깨버렸다. 이들은 그룹사운드[2]라는 영어사전에도 없는 촌스러운 단어를 쓰지 않았다. 세종문화회관이라는 엄숙한 고급문화 공간도 흥이 넘치는 파티의 공간으로 변용시켜 버렸다. 춤을 추고, 목청 높여 따라 부르고, 괴성을 질렀다. 공연장 안은 형광을 발하는 각종 도구들로 현란했다. 비싼 입장료는 감상을 위해 지불한 것이 아니라 함께 놀기 위해 지불한 듯 보였다. 7080세대는 자신들 세대의 음악을 즐기러 왔다가 오히려 이방인이 되어버렸다. 자신들의 음악으로부터 스스로가 소외된 꼴이다.

문화 주소비자로서의 20대

문화, 특히 공연문화 소비에 세대격차가 발생하고 있다. 공연문화를 소비하는 방식에만 차이가 나는 것이 아니라 소비의 절대량에서도

2) 그룹사운드는 일본에서 들어온 말이다. 비틀즈 열풍으로 1960년대 후반 일본에 일렉트릭 기타, 베이스, 드럼 등을 연주하며 노래하는 밴드들이 유행했는데, 이들을 〈週刊明星〉이라는 연예잡지가 총괄하여 '그룹사운드'라고 부르기 시작했고, 한국에서도 이 단어가 쓰이게 되었다(http://ja.wikipedia.org).

격차가 벌어졌다. 한마디로 20~30대가 문화소비를 주도하고 있고 연령이 높아질수록 문화의 중심에서 멀어지는 형국이다. 대중문화 공연장에서만 그런 것이 아니다. 이른바 고급문화 공연인 클래식 음악 연주회장에 가도 젊은 관객의 존재가 두드러지게 보인다. 미국이나 유럽, 또는 일본의 영화관, 연극 극장, 클래식 음악 연주회장에 가본 이들은 20~30대가 공연문화 소비를 주도한다는 것이 얼마나 독특한 현상인지 이해하게 될 것이다.

필자가 유학했던 대학교에는 예일 레퍼토리 씨어터라는 꽤 괜찮은 연극 극장이 있다. 학생들의 작품을 공연하는 극장이 아니라, 전문배우와 스태프들이 작품을 만들어내는 프로페셔널 극장이다. 한 시즌에 6편의 작품을 각각 3주씩 공연하며, 학생 시즌티켓을 사면 원래 티켓 가격의 5분의 1 정도인 작품당 10달러 미만으로 그 시즌의 모든 작품을 볼 수 있었다. 극장이 학교 한가운데 있고 학생에게 대폭 할인을 해주는 데도 불구하고, 연극을 보러 가보면 젊은 관객은 그리 많지 않고, 이 작은 도시에 노인인구가 이렇게 많았나 하는 생각이 들 정도로 노인들이 관객의 주를 이루었다. 클래식 음악 연주나 오페라를 보러 가도 사정은 마찬가지다. 작은 도시든, 뉴욕처럼 큰 도시든, 음악 연주회 청중의 평균 연령은 매우 높아 보인다. 영화는 장르에 따라 관람객의 연령층이 다양할 수 있겠지만, 조조할인 시간이나 평일 낮 관람객은 역시 노인이 다수이다.

반면 한국의 공연장은 젊은이들로 가득하다. 영화관은 시간에 상관없이 젊은이들로 북적인다. 중년들이 있다면 자녀를 데리고 온 학부모일 가능성이 높고, 중장년이 많이 본 영화는 뉴스에 나올 정도다. 대학로에 있는 연극 소극장들은 거리 이름처럼 대학생이 아니면 들어가기 쑥스러운 생각이 들 정도다. 공연별로 연령별, 성별 예매자 정보를 확인할 수 있는 티켓링크 등 인터넷 예매사이트에 들어가 보면, 대부분의 인기 뮤지컬, 연극은 20대가 예매자의 70% 안팎을 차지하고 있고 그 나머지는 대부분이 30대이다.[3] 이 통계는 인터넷 접근성이 높아 인터넷으로 예매를 하는 젊은 층의 비율이 실제보다 과장되는 경향이 있기도 하고, 또 인터넷 예매순위를 높이기 위해 특정 연극, 뮤지컬을 제작자 측에서 대량 예매하기도 하는 등 통계 자체의 신뢰성을 떨어뜨리는 요인이 많은 것이 사실이다. 그럼에도 불구하고, 예매사이트에서 제공하는 예매자 정보의 큰 그림은 뒤에서 살펴볼 한국문화관광 정책연구원 자료와 대체로 일치한다는 점에서 아무런 의미가 없다고 보기는 힘들 듯하다. 이에 비해 클래식 음악 연주회장은 영화나 연극보다 연령대가 좀더 다양해 보인다. 청중의 무게중심은 20대보다는 30대와 40대로 이동한 듯 보이지만, 여전히 노인층은 눈에 잘 띄지 않는다.

3) 성별로는 여성이 예매자의 70% 안팎을 차지한다(http://www.ticketlink.co.kr).

통계자료로 보는 문화향수에서의 20대 편중 경향

〈그림 4-1〉과 〈그림 4-2〉는 한국문화관광 정책연구원이 2006년 15세 이상 남녀 3천 명을 대상으로 조사한 문화향수실태조사 중 연령대별 문화예술공연 또는 행사 관람자비율을 제시한 것이다.[4] 문화예술공연 및 행사로는 클래식/오페라, 연극/뮤지컬, 전통예술공연, 대중가요/연예/쇼, 문학행사, 미술전시회, 영화가 조사되었다.

이 그림을 살펴보면 필자의 경험에 바탕한 문화향수에서의 20, 30대의 편향성은 통계자료를 통해서도 뒷받침되고 있음을 알 수 있다. 전통예술공연을 제외한 모든 공연 및 행사에서 젊은 세대, 그 중에서도 특별히 20대가 독보적인 소비자 군이다. 공연 및 행사의 세대별 관람자 자료를 각각 좀더 상세히 살펴보자.

클래식 음악 연주회나 오페라 공연 관람에 관한 조사결과 중에서 15세에서 19세 사이의 10대가 가장 큰 향유층이라는 점이 흥미롭다. 조사대상 10대의 6.4%가 클래식 음악 공연을 본 경험이 있고, 20대와 30대, 40대가 각각 4.5%, 4.1%, 3.9%로 그 뒤를 잇고 있다. 방학마다

4) 한국문화관광 정책연구원은 1988년부터 3년 주기로 문화향수실태조사를 실시하고 있다. 2003년까지는 15세 이상 남녀 2천 명을 표본으로 삼아 조사하다가 더 정확한 조사를 위해 2006년부터는 표본크기를 3천 명으로 늘렸으며, 관객 조사항목은 2000년 조사부터 삽입되었다. 사실상 문화와 관련된 통계들은 2000년 이후에야 조금씩 축적되기 시작했다고 해도 과언이 아니기 때문에 흔한 자료는 아니다.

<그림 4-1> 연령대별 문화예술공연 또는 행사 관람자 비율

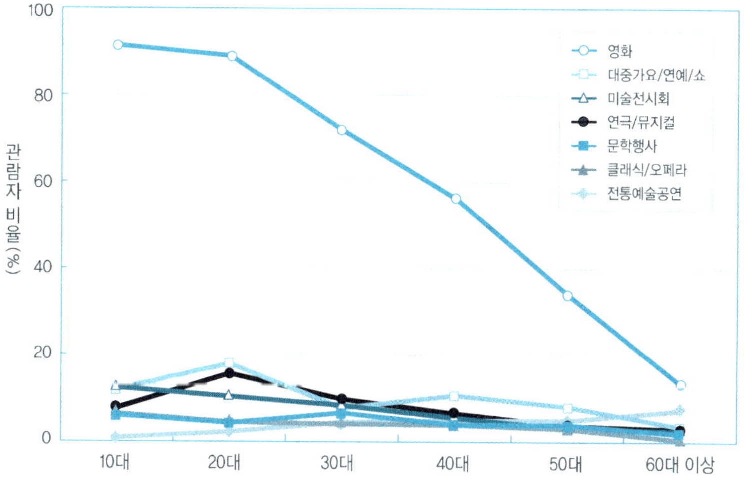

<그림 4-2> 앞 그림 아랫부분 확대(관람자 비율 0~20%, 영화 제외)

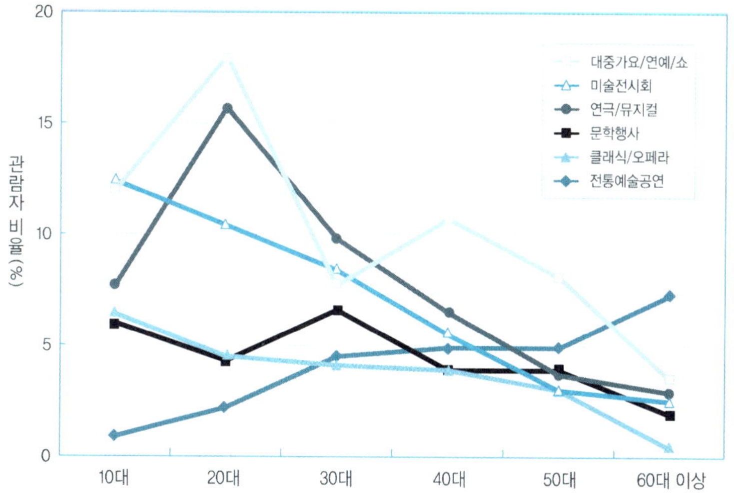

방학숙제용 청소년 음악회가 자주 열린다는 점을 감안하면 10대의 클래식 음악 공연향유 비율이 높은 것이 놀라운 일이 아니다. 10대를 제외한다면 20대가 가장 높은 관람자 비율을 보이고 있고, 특히 관람경험자의 1인당 평균 관람횟수는 2006년의 경우 3.77회로 다른 연령집단에 비해 매우 높은 수치를 보인다. 40대가 30대 못지않게 클래식 음악 공연장을 찾는다는 것도 특기할 만한 점이다. 60대 이상의 노년층은 거의 공연장을 찾지 않았다. 성별로 봤을 때는 여성이 남성보다 클래식 음악 공연 관람을 더 많이 하고 있는 것으로 나타났다.

이 통계 외에도 부산지역의 클래식 음악 콘서트 관람티켓 구매결정요인을 분석한 연구(권기대 외, 2005) 역시 10대와 20대가 클래식 음악 공연의 주된 향유층이라는 점을 보여준다. 콘서트홀 이용에 대한 이 연구에 따르면, 이용자의 59.3%가 중학생에서 대학생에 이르는 학생층이었고, 평균 연령이 26.9세로 나타났다.

연극과 뮤지컬은 클래식 음악보다는 대중적이지만 관람경험자 비율이 10% 전후로 그리 높은 편은 아니다. 연극과 뮤지컬의 관람은 단연 20대와 여성이 주도한다. 20대의 15.7%가 연극이나 뮤지컬을 관람한 경험이 있고, 그 뒤를 30대가 9.8%로 잇는다. 20대와 30대는 평균 관람횟수도 2회 이상으로 다른 연령층보다 월등히 높다. 50대와 60대는 가장 낮은 관람자 비율과 평균 관람횟수를 나타냈다. 성별 관람자 비율을 보면 여성의 약 10%, 남성의 약 7%가 2006년에 연극, 뮤지컬을 관람한 경험을 가지고 있다.

국악이나 민속놀이 등 전통예술 관람은 조사항목 중 유일하게 노년층의 참여가 젊은 층보다 활발한 분야였다. 관람경험자 비율은 연령과 비례하며 증가해서 10대는 0.9%, 60대 이상은 7.3%가 공연 관람을 한 경험이 있는 것으로 나타났다. 특이한 점은 다른 공연예술 분야와는 달리 소득이 증가할수록 관람경험자 비율이 감소한다는 점이다.

가장 대중적이고 보편적인 예술향유 형태인 영화관람의 경우, 조사대상자의 약 60%가 영화를 보았으며, 관람경험자 1인당 평균 6.6편의 영화를 보았다. 특히 10대와 20대의 90%, 즉 이 연령대의 대부분이 1년에 적어도 1편의 영화를 관람했으며, 20대의 경우 관람 경험자 1인당 평균 10.6편을 본 것으로 나타났다. 30대도 약 72%가 영화를 본 적이 있으나, 40대부터는 관람자 비율이 급격히 감소해, 60대는 응답자의 13%만이 영화관람 경험이 있다고 대답하였다. 20대는 대중가요·연예 공연에서도 가장 중요한 소비자층이었다. 2006년에 20대의 18%가 이 분야의 공연장에 간 적이 있고, 10대는 12%가 공연장에 간 경험이 있다.

시화전, 도서전시회, 작가와의 대화 등과 같은 문학행사, 그리고 사진, 서예, 건축, 디자인을 포함한 미술전시회는 공연예술은 아니지만 예술향유의 주요 형태이므로 분석에 포함시켰다. 문학행사와 미술전시회 모두 10대들의 참여가 두드러진다. 클래식 음악과 마찬가지로 교육 커리큘럼의 일부로 참여한 것으로 추정된다. 이들을 제외하면 역시 20대와 30대가 참여자의 주축을 이룬다. 문학행사의 경우 30대의 참여가 다른 연령대에 비해 가장 높았고, 다음이 20대, 그리고 40대와 50대의 참여도 20대와 비슷하게 이루어졌다. 미술전시회는 20대와 30대 순으로 관람경험자 비율이 높았다. 두 분야 다 남성보다는 여성의 참여가 더 많은 것으로 나타났다.

공연장에 가는 이유[5)]를 보면 문화 향유자, 문화자본 소유자로서의 20대의 모습이 좀더 확실해진다. 지난 1년 사이에 공연장에 가 본 경험이 있는 응답자 중 20대 응답자의 50% 이상이 문학행사, 미술전시회, 클래식 음악 공연, 연극 공연, 전통예술 공연에 "자신의 교양을 쌓기 위해" 가며, 이 비율은 다른 연령대보다 높다. 영화, 대중가요, 연예쇼 등의 공연에도 20대는 대체로 다른 연령대보다 더 높은 비율로 '교양'을 쌓기 위해 간다고 응답했다. 30대와 40대는 교양을 쌓기 위해 간다는 응답과 "자녀 교육을 위해" 간다는 응답이 혼재한다. 50대 이상의 응답 중에는 "무료초대권이 있어서" 혹은 "무료공연이기 때문에" 간다는 응답이 다른 연령대에 비해 상대적으로 높았다. 10대가 공연장에 가는 이유로는 "주변 사람이 같이 가자고 해서" 간다는 이유가 자신의 교양을 위해 간다는 이유와 함께 가장 많았다.

이상의 분석결과를 종합해보면 10대가 가장 큰 문화 향유층인 것처럼 보이지만 이들을 능동적인 문화소비자라고 보기는 어렵다. 앞의 〈그림 4-1〉과 〈그림 4-2〉에서도 알 수 있듯이 10대들의 관람률 역시

5) 한국문화관광정책연구원의 같은 자료의 2000년 통계이다. 공연장에 가는 이유가 크게 변하지 않았을 것이라는 가정 하에 2000년 통계를 인용한다.

전반적으로 높긴 하지만, 클래식 음악이라든지, 미술 전시회, 문학 행사 등 교육 커리큘럼의 일부로 추정되는 분야의 참여가 두드러지기 때문이다. 그렇다면 20대와 30대가 고급문화, 대중문화의 구별 없이 문화소비를 이끌고 있으며, 특히 20대의 비중이 훨씬 크다고 결론내릴 수 있겠다. 60대 이상 노년층은 전통예술 공연을 제외한 모든 분야에서 소외되어 있는 것으로 나타났다.

20대는 다른 연령대보다 자기 자신을 위해 공연을 즐기는 경향이 더 강하고, 또한 공연장에서 가장 많은 좌석을 차지하는 연령대이기도 하다. 공연을 즐길 줄 안다는 것은 문화자본의 한 형태이므로, 20대는 다른 세대에 비해 공연향유라는 문화자본을 더 많이 보유하고 있다고 할 수 있겠다.

88만원 세대의 문화자본

맥락상 대충 눈치챘을 수도 있겠지만, 젊은 세대가 많이 보유했다는 문화자본이란 정확히 무엇일까 하는 궁금증이 들 것이다. 문화자본이라는 개념은 현대 사회과학계 전반에 걸쳐 가장 많은 영향력을 미친 학자 중 한 사람으로 평가되는 프랑스의 사회학자 피에르 부르디외(Pierre Bourdieu, 1930~2002)의 대표적인 개념이다. '문화재생산' 또는 '문화자본' 개념으로 특징지어지는 부르디외의 이론이 한국사회에 소개된 것은 1990년대 초이다. 그리고 지금 현재, 학문의 장에서는 더 이상 부르디외의 이론에 대한 개괄적인 논의나 '아비투스', '장', '문화자본', '사회자본'과 같은 그의 주요 개념들은, 어떤 부연설명이 필요 없을 정도로 사회과학계 전반에 통용되는 상식적 지식으로 자리 잡았다. 특히 그의 가장 영향력 있는 저서들인 《교육, 사회, 그리고 문화에서의 재생산》(1977)과 《구별짓기: 문화와 취향의 사회학》(1984) 등은 그의 날카롭고도 신선한 주장들을 만나게 해주는 좋은 저서들이다. 그럼에도 불구하고, 이 학자가 유명해진 이유 중 하나가 문체가 하도 길고 복잡해 해석의 여지가 많아 똑똑한 후학들이 연구를 많이 해서 그렇다는 것이 중론이고, 필자도 이에 동의하는 바, 읽어보라고 강력하게 추천하기는 부담스럽다.[6)]

사회과학계에서 상식으로 통하게 되었다는 문화자본의 개념에 대한 설명으로 다시 돌아가자. 먼저 사회과학에 조금이라도 관심이 있는 사람이라면 '자본'(*capital*) 개념, 그리고 이와 연관되어 있는 '계급'(*class*) 개념을 어렴풋하게나마 알고 있을 것이다. 여기서의 자본은 경제적인 것, 쉽게 말하자면 돈과 연결되는 개념이다. 부르디외는 자

6) 보다 심도 있는 이론적 설명과 한국 사회에서의 적합성과 적용성에 관해서는 최샛별, 2006, "한국사회에 문화자본은 존재하는가", 〈문화와 사회〉 창간호, pp.129~165; 최샛별, 2002a, "상류계층 공고화에서의 상류계층 여성과 문화자본: 한국의 서양고전음악 전공여성 사례", 〈한국사회학〉 36(1), pp.113~144; 최샛별, 2002b, "한국사회에서의 문화자본의 체화과정에 관한 연구", 〈가족과 문화〉 14(3), pp.113~144를 참조하시오.

본을 우리가 일반적으로 생각하는 '경제자본'(*economic capital*), 고급문화 등을 즐길 수 있는 '취향'(*taste*) 등을 의미하는 '문화자본'(*cultural capital*) 그리고 사회적인 연줄 등을 의미하는 '사회자본'(*social capital*) 이렇게 세 가지로 의미를 확대 구분하였다. 그의 주장을 아주 단순화시켜 애기하자면 계급구조의 근본은 인간들이 자기 자신을 남들과 차별화(*distinction*) 하고자 하는 본성이다. 그리고 이러한 차별화의 자원이 되는 것이 위의 세 가지 자본이며, 이들 중에서도 특히 문화자본은 비가시적이고 사회로부터 정당성을 쉽게 확보할 수 있다는 점에서 계급구조를 재생산하는 데 가장 강력한 자원이다.

부모로부터 많은 재산을 물려받아, 말 그대로 집세와 이자를 받아먹고 사는 사람들을 우리는 '팔자 좋은 사람'이라고 부드럽게 말하기는 하지만, 그들이 사회적으로 인정을 받을 수 있는가는 매우 다른 문제이다. 그러나 우리가 집안 또는 부모로부터 물려받는 것이 단순히 재산만은 아니라는 것이 그의 주장의 핵심이다. 예를 들어, 어린 시절 집안에 고급전축이 있어 항상 클래식 음악이 흘러나오고 또한 유명한 화가의 진품들이 걸려 있는 그러한 집안에서 자란 사람과, 이런 분야의 지식이라고는 교과서에 나온 것이 전부인 사람과는 성장하여 같은 사회적 지위에 있다고 할지라도 취미라든지 성향에서 많은 차이가 있을 것이다. 이뿐만 아니라 이러한 차이는 좋아하는 음악에서, 가구를 사는 장소, 그리고 식탁을 차리는 방식, 먹고 마시는 것에 이르기까지 광범위하게 나타난다는 것이다. 우리가 아무 생각 없이 듣는 음악, 아무 생각 없이 하는 행동 하나하나가 우리가 속한 계급의 반영이라는 점은 약간은 섬뜩할 수 있는 일이다. 그리고 문제는 이러한 계급의 반영인 취향에 대해 사회가 어떤 평가를 내린다는 점이다.

다시 말해 미술작품 또는 클래식 음악을 '안다는 것' 그리고 즐긴다는 것은 문화자본론의 시각에서 봤을 때는 단순히 이러한 문화에 노출될 기회가 많은 집단의 출신의 몸에 배어 있는 '취향'이거나 이 집단에 대한 동경을 가진 사람들의 노력의 결과이다. 그럼에도 불구하고 우리는 이런 것을 즐기는 사람에게 멋있다든지 또는 수준이 있다든지 하는 어떤 경탄을 보냄과 동시에 뭔가 나와는 다른 집단에 있는 듯한 느낌을 가질 수 있다. 또한 이러한 논리의 순서가 뒤바뀌어 그런 취향을 가진 사람들이야말로 상류계층의 구성원이 될 자격이 있다는, 그들이 우리와는 다르다는 것을 자연스럽게 받아들이게 하는 정당화의 좋은 기제가 될 수 있다는 것이다.

취향이 다르다는 것은 사실 수준이 다르다는 것의 완곡한 표현일 수 있으며, 수준이 다르다는 것은 이미 어떠한 가치판단을 함의하는 말이다. 또한 나와 저 사람과의 금을 긋는 가장 확실한 것이며 로또에 당첨되어도 하루아침에 바꿀 수 없는 확실한 경계이다. 나아가 이러한 차이에서 오는 이질감이라든지 동질감은 한 집단 또는 한 계급 안의 사람들을 무의식중에 묶어주며 또한 집단 또는 계급 밖에 있는 사람들에 대한 배타적인 감정으로 나타날 수 있다. 따라서 이러한 취향의 차이는 사회의 계급구조를 가장 효율적으로 재생산하는 메커니즘임에도 불구하고 우리는 이를 의식조차 하지 못하고 있음을 문화자본론은 지적하고자 하는 것이다.

어쨌든 단순화시켜 말하자면 문화자본이란 취향 등에서 고급스러운 것을 즐길 수 있는 능력이라고 할 수 있다. 이 시각에서 바라보면, 아무리 윗세대가 20대는 경박하고 겉모습만 번지르르하다고 비판하더라도, 적어도 공연문화 향유 면에서는 20대가 훨씬 더 고상하고 풍부한 문화자본을 가지고 있다. 심지어 클래식이나 오페라 공연도 20대들이 40대 이상보다 훨씬 더 많이 관람한다. 공연뿐만 아니라 다른 분야에서도 20대의 문화수준은 월등히 높다. 그런데 문화자본이 풍부하다는 것은 적어도 위세 있는 계층적 시그널이어야 할 텐데, 그들에게 직업이 없단다.

> 우리는 단군 이래 가장 많이 공부하고, 제일 똑똑하고, 외국어에도 능통하고, 첨단전자제품도 레고블록 만지듯 다루는 세대야, 안 그래? 거의 모두 대학을 나왔고 토익 점수는 세계 최고 수준이고 자막 없이도 할리우드 액션영화 정도는 볼 수 있고, 타이핑도 분당 300타는 우습고 평균 신장도 크지. 악기 하나쯤은 다룰 줄 알고, 맞아, 너도 피아노 치지 않아? 독서량도 우리 위 세대와 비하면 엄청나게 많아. 우리 부모 세대에는 저 중에서 단 하나만 잘해도, 아니 비슷하게 하기만 해도 평생을 먹고 살 수 있었어, 그런데 왜 지금 우리는 다 놀고 있는 거야? 왜 모두 실업자인거야? 도대체 우리가 뭘 잘못한 거지?
>
> (김영하, 2007: 193)

소설 《퀴즈쇼》에서 주인공의 친구는 위와 같이 20대의 실업상황에 대해 질문을 던지고 있다. "도대체 우리가 뭘 잘못한 거지?"라는 절망적인 물음에 우석훈 · 박권일(2007)은 잘못은 세대간 경쟁으로 인해 윗세대가 아랫세대를 착취해야 하는 사회경제적 구조 때문이라고 더욱 절망적인 대답을 제시한다. 고도 경제성장의 혜택을 받은 마지막 세대인 386세대가 자신들의 생존을 위해 현재의 20대 세대를 착취해야 하는 상황이므로 20대의 대부분은 비정규직의 길을 걸을 수밖에 없다는 것이 이들의 진단이다. 그들은 이 상황을 "모두 잡아먹히는 건 시간문제"인 '개미지옥'에 비유한다(우석훈 · 박권일, 2007: 318). 이는 한국만의 현상이 아니다. 비슷한 시기에 일본에서 출판된 사회학자 하시모토 겐지(橋本健二, 2007)의 《新しい階級社会 新しい階級闘争》(새로운 계급사회, 새로운 계급투쟁)에서도 젊은이들이 비정규직 일자리를 가질 수밖에 없는 사회경제적 구조를 비판하며 일본사회를 빈부격차가 심화되어가는 사회, 즉 '격차사회'라고 진단한다.

그러나 이들의 분석에는 구조만 있을 뿐 행위자는 없다. '88만원 세대' 또는 격차사회를 만들어낸 구조, 20대들이 진입하게 될 구조에 대해서는 상세히 설명을 하지만 정작 20대들 자신에 대한 이야기는 없는 것이다. 《88만원 세대》의 저자들이 50여 명의 기자, PD, 작가, 사회과학자들에게 20대의 정의를 부탁한 결과는 "잘 모르겠지만 이전 세대와는 다르다"였다(우석훈 · 박권일, 2007: 93). 88만원 세대[7]라는 개념도 20대 취업의 대부분이 비정규직일 것이라는 (가정에 기초한) 사회

구조적 특징을 담고 있는 개념이지, 20대들의 특징을 표현한 개념은 아니다. 즉, 20대에 대해 잘 모르면서, 또는 20대의 특징에 대한 논의는 생략한 채, 철저하게 '386세대'의 눈으로만 (하시모토의 경우 '전공투 세대'의 눈으로만) 20대를 바라보고 있는 것이다. 20대를 이해하지 못하다 보니 대안도 "앙팡테리블이 되어야 한다"든지 "정책과 구조가 바뀌어야 한다" 등 추상적이고 막연해진다.

김영하의 소설 속에서의 20대 묘사는 오히려 사회과학적(또는 사회과학을 가장한) 묘사보다 더 현실적인 부분이 있다. 고도경제성장의 수혜자를 부모로 둔 현재의 20대는 어느 세대보다도 풍부한 인적 자본(*human capital*)[8]과 문화자본(*cultural capital*)을 가지고 있다. 그 자본을 투자할 시장상황이 문제인 것은 큰 제약이지만, 어쨌든 그들이 소유하고 있는 인적, 문화적 자본은 앞선 세대에 비해 비교할 수 없이 풍부하다. 다시 소설 《퀴즈쇼》로 돌아가서 주인공의 맞장구를 들어보자.

> 사실 어른들은 우리 세대가 책도 안 읽고 무능하며 컴퓨터 게임만 한다는 식의 이미지를 갖고 있지만 그건 완전 착각이다. 정작 책도 안 읽고 무능하고 외국어도 못하면서 이렇다 할 취미도 없는 사람들은 그날 면접장에 앉아서 나를 내려다보던 면접관들이지 우리가 아니다. 우리는

7) 현재의 20대가 노동시장에 비정규직으로 진입했을 때의 기대임금이 월 88만 원이라는 의미로 우석훈과 박권일은 20대를 '88만원 세대'로 정의했다.

8) 교육, 훈련 등을 통해 형성된 능력과 자질. 선천적인 자질도 포함함.

> 1980년대에 태어나 컬러TV와 프로야구를 벗 삼아 자랐고 풍요의 90년대에 학교를 다녔다. 대학생 때는 어학연수나 배낭여행을 다녀왔고 2002년 월드컵에 우리나라가 4강까지 올라가는 걸 목격했다. 우리는 외국인에게 주눅 들어 보지 않은, 다른 나라 광고판에서 우리나라 배우의 얼굴을 볼 수 있는 첫 세대다. 역사상 그 어느 세대보다도 다양한 교육을 받았고 문화적으로 세련되었고 타고난 코즈모폴리턴으로 자라났다.… 예전이라면 전문사진사나 찍을 법한 사진도 우리는 몇십만 원짜리 카메라로 척척 찍고 과거엔 방송국에서나 하던 동영상의 촬영과 편집도 간단하게 해치울 수 있다. 이전 세대에 비하자면 거의 슈퍼맨이라 할 수 있다. 우리는 후진국에서 태어나 개발도상국의 젊은이로 자랐고 선진국에서 대학을 다녔다. 그런데 지금 우리에겐 직업이 없다. 이게 말이 돼?
>
> (김영하, 2007: 193~194)

주인공의 주장처럼 현재의 20대들은 윗세대와 정말로 다른 것일까? 그들이 윗세대보다 훨씬 더 풍부한 문화자본을 가지고 있다면, 이것이 그들의 미래에 대해 갖는 함의는 무엇인가?

문화자본의 역설

문화적으로 세련되고, 유능하며 코즈모폴리턴적인 20대에게 도대체 왜 일자리가 없는 것인가? 사실은 일자리가 없는 것이 아니라 '바람직한' 일자리가 없는 것이다. 여기에서 바람직한 일자리란 정규직을 가리킨다. 《88만원 세대》는 신자유주의와 세계화의 영향 아래 한국의 사회경제적 구조가 변함으로써 정규직은 사라져가고 젊은이들은 대부분 비정규직으로 유입될 수밖에 없다고 주장한다. 이 주장의 이면에는 '좋았던 옛날'(*good old days*) — 정규직에 평생고용이 보장된 직장 — 에 대한 그리움이 남아있는 듯이 보인다.

그러나 고용시장 구조의 변화를 살펴보면 정규직 고용은 예전이나 현재나 전체 근로자의 35% 안팎을 차지하고 있음을 알 수 있다. 〈표 4-1〉에서, 상시근로자 중 상용근로자가 정규직에 해당하고, 임시근로자와 일용근로자가 비정규직에 해당한다. 상용근로자와 임시근로자가 구분되지 않은 1982년과 1987년 통계는 비임금근로자가 전체 근로자의 절반 정도를 차지했음을 보여준다. 비정규직 통계가 가용한 1992년부터 보면, 2002년까지 비정규직 비율이 꾸준히 늘어 33.2%를 차지했다가 2007년 통계에서는 31.4%로 오히려 줄어들었음을 볼 수 있다. 반면 정규직인 상용근로자의 비율은 1992년의 35.5%에서 2007년에는 36.5%로 증가했다. 비임금근로자는 꾸준히 감소해서 2007년에는 전체 근로자의 32.1%를 차지한다.[9)]

---

9) 물론, 상용근로자가 1990년까지는 평생고용을 의미하는 경향이 강했지만 현재는 계약기간 1년 이상의 장기고용을 의미한다는 점이 다르기는 하다. 그러나 《88만원 세대》의 저자들이 언급한 '비정규직 인구 800만'(우석훈 · 박권일, 2007: 21)이 〈표 4-1〉의 임시근로자와 일용근로자를 더한 수치와 거의 들어맞는 것을 감안하면, 저자들의 정규직 개념도 〈표 4-1〉의 정규직 개념과 동일한 것이라고 여겨도 무방할 것이다.

〈표 4-1〉 종사상 지위별 취업자

(단위: 천 명)

	1982		1987		1992		1997		2002		2007	
	N	%	N	%	N	%	N	%	N	%	N	%
전 체	15,004	100	16,951	100	19,430	100	21,547	100	22,534	100	23,750	100
비임금근로자	8,188		7,638		7,421		8,024		8,182		7,624	
▪자영업주	5,161		5,196		5,319		6,027		6,290		6,145	
고용주	659	4.4	983	5.8	1,390	7.2	1,652	7.7	1,634	7.3	1,568	6.6
자영자	4,502	30.0	4,213	24.9	3,929	20.2	4,375	20.3	4,656	20.7	4,576	19.3
▪무급가족종사자	3,027	20.2	2,442	14.4	2,102	10.8	1,997	9.3	1,891	8.4	1,479	6.2
임금근로자	6,816		9,313		12,009		13,523		14,352		16,127	
▪상시근로자	5,576	37.1	7,737	45.6	10,[illegible]88		11,536		11,800		13,928	
상용근로자					6,900	35.5	7,246	33.6	6,860	30.4	8,674	36.5
임시근로자					3,288	16.9	4,289	19.9	4,940	21.9	5,254	22.1
▪일용근로자	1,240	8.3	1,576	9.3	1,821	9.4	1,988	9.2	2,552	11.3	2,199	9.3

출처: 통계청 사회통계국 고용통계과(http://www.kosis.kr).

그렇다면 15년 전에 비해 정규직 일자리가 크게 줄어든 것은 아닌데 왜 20대들은 윗세대보다 정규직 직장 구하기가 더 힘들어졌을까? 쉽게 떠오르는 대답은 대졸 구직자의 공급과잉이다. 15년 전에는 대학 졸업자라면 지금보다는 상대적으로 쉽게 들어갈 수 있었던 정규직 직장의 입사경쟁이, 대학교육이 보편화됨에 따라 대졸자들 사이에서 치열해졌다고 볼 수 있는 것이다.

〈표 4-2〉를 보면, 1980년에는 고등학교 졸업생의 27.2%인 13만여 명의 학생이 대학에 입학했고, 1990년에는 고등학교 졸업생의 33.2%인 25만여 명이 대학에 진학했는데, 2006년에는 고등학교 졸업생의 무려 82.1%인 47만여 명이 대학에 진학했다. 같은 해에 대학에 진학한 재수생까지 더하면 2006년의 대학 입학자 수는 596,249명으로 고등학교 졸업자 수를 초과해, 100% 이상의 대학 진학률을 보이게 된다. 참고로, 1970년의 대학 진학자 수는 3만 9천여 명이었다. 코호트 개념을 적용해본다면, 1974년에 초등학교를 졸업한 학생들의 13.7%가 1980년에 대학에 입학했고, 1984년에 초등학교를 졸업한 학생 중 25.7%가 1990년에 대학에 진학했다. 이에 비해 2000년에 596,249명이 초등학교를 졸업했는데, 이들이 대학에 진학한 해인 2006년에 이르면 이들의 75.8%가 대학에 들어가게 된다. 1990년과 2006년 사이에 대학 진학자 수는 2배에 가까운 폭발적인 증가를 한 것이다. 이는 한국에서는 대학교육이 초등교육만큼이나 보편화되었음을 의미한다. 반면에 〈표 4-1〉에서 보듯이, 상용근로자, 즉 정규직 근로자 수는

1992년의 690만에서 2007년의 867만으로 26%의 증가에 그쳤다. 이는 비슷한 기간의 대학진학자 증가속도의 4분의 1에 불과하다. 따라서 정규직에 대한 경쟁률은 더욱 치열해지게 된다. 경쟁에서 탈락해 대량으로 비정규직으로 밀려난 대졸자들의 불만이 15년 전의 고졸자 비정규직의 불만보다 클 것이라는 것은 굳이 설명을 필요로 하지 않는다. 누가 비정규직에 취업하기 위해 대학에 갔겠는가? 대학교육에

〈표 4-2〉 학교별 진학자 수(1980~2006)

(진학률: %)

학교 등급		초등	중등	고등
1980	졸업	874,329	741,618	467,388
	진학	837,204	626,520	127,326
	진학률	95.8	84.5	27.2
1990	졸업	763,694	835,699	761,922
	진학	761,989	799,549	252,831
	진학률	99.8	95.7	33.2
2006	졸업	691,774	616,936	568,055
	진학	691,657	611,496	466,248
	진학률	100.0	99.1	82.1

6년 전 초등학교 졸업자 수 / 대학 진학자 수		
1980	1990	2006
13.7	25.7	75.8

출처: 교육과학기술부(http://www.kosis.kr).

대한 열성이 불만이 가득한, 그러면서도 윗세대보다 문화적으로 세련된 비정규직 근로자들을 대량으로 만들어냈다는 것은 참으로 한국적인 아이러니다.

또 다른 이유로는 20대에 대한 부모세대의 과도한 기대를 생각해볼 수 있다. 경제성장으로 인해 부를 축적할 수 있었던 신중간 계급은 자녀들에게 더 많이 투자하게 되고, 이와 더불어 그들의 평등주의적인 성향은 자신들의 자녀 모두가 최상의 직업을 갖도록 기대하고 동기화했다.[10] 이러한 과도한 기대는 소설 《퀴즈쇼》에 잘 표현돼 있다.

> 너무 지나친 기대에 대한 일종의 피로가 있는 것 같아. 어려서부터 너무 많은 기대를 받아왔잖아. 부모, 선생, 광고, 정치인 심지어 서태지까지 우리한테 '네 멋대로 하라'고, 원하는 걸 가지라고, 그렇게 부추겼잖아. 피아노 조금만 잘 치면 음악하라고 하고, 글 좀 잘 쓰면 작가되라고 하고, 영어 좀 잘하면 외교관되라고 하고… 언제나 온 세상이 회전목마처럼 돌아가면서 끊임없이 물었던 것 같아. 네가 원하는 게 뭐냐고, 뭐든 하나만 잘하면 된다고. 그런데 그 '하나'를 잘하는 게 어디 쉬운 일이야? 결국 사람들을 자꾸 실망시키고, 그러다보니 언젠가부터 아무것도 원하지 않는 사람들이 돼버린 것 같아.
>
> (김영하, 2007: 256)

부모들의 기대는 자녀에 대한 투자의 형태로 가시화되고, 자녀들은

10) 한국인의 평등주의적 성향에 대해서는 송호근, 《한국의 평등주의, 그 마음의 습관》(2006, 삼성경제연구소)을 참고할 것.

부모세대가 가져보지 못한 문화자본을 축적하게 된다. 부르디외는 문화자본이 공식 교육체계가 아닌 상류계급의 가정 내에서 전수, 습득, 축적되는 것에 주목하였다. 한국의 20대들이 소유한 문화자본은 부모세대로부터 물려받았다기보다는 물리적 자본을 먼저 축적한 중산층 이상이 자신들에게 결핍된 문화자본을 그들의 자녀를 통해 습득, 축적하려 했다는 점에서 부르디외의 프랑스 사례와는 다르다. 부모세대에서 자식세대로 문화자본이 전이되는 구미와는 달리 한국에서는 자식세대의 문화자본이 부모세대보다 더 많아지는 현상이 발생한다. 이 맥락에서 각종 공연장을 장악한 20대의 모습이 이해될 수 있다. 한국의 20대는 이전의 어느 세대보다도 막강한 문화자본과 인적 자본으로 무장하고 '남부끄럽지 않은' 직장에 취직하기 위해 취업경쟁 속으로 행군해 간다. 그런데 그 남부끄럽지 않은 일자리 수의 증가속도가 능력 있는 20대의 증가속도를 따라잡지 못한 것이 문제다. 다른 말로 표현하면 20대가 가진 높은 수준의 문화자본과 그 문화자본에 상응하는 일자리 사이에 일종의 인지불일치가 생긴 것이다. 이 경쟁에서 진 젊은이들은 "도대체 우리가 뭘 잘못한 거지?"라고 물으며 세상을 원망한다.

그러나 문화자본과 일자리 사이의 인지불일치가 절망의 근거인 것만은 아니다. 사회학자 송호근은 20대와 30대의 문화를 '유동성 문화'로 정의하면서, 그들의 창의성을 부각시킨다(2003: 72~75). 그들은 자신의 꿈을 실현시키기 위해 조직의 틀에 얽매이지 않고, 일탈하는 것도 마다하지 않는다. 그들은 7080의 잔치에 와서 그곳을 자신들의 놀이터로 만들어버리고 신나게 즐긴다. 윗세대가 이해할 수 없는 그들을 윗세대의 눈으로 측은해 할 필요도 없다. 심심풀이 삼아 해킹을 하던 해커가 컴퓨터 보안전문가가 되고, 힙합을 사랑하는 청년들이 세계적인 비보이가 되어 새로운 가치를 창출해내며, 창조적인 발상과 아이템으로 인터넷몰의 성공신화를 만들어가는 젊은 사업가가 되는 것 등은 문화자본이 풍부한 젊은이들이기에 가능한 일들이다. 그 어느 세대보다도 풍부한 문화자본을 소유하고, 문화를 즐길 줄 아는 그들이 크고 작은 창조적 이탈을 통해, 그들의 부모가 바람직하다고 생각한 일자리가 아닌 자신들이 가치를 두는 그런 일자리들을 만들어낼 것을 기대해본다.

그러나 이들에게 자신들만의 새로운 일자리를 만들어내라고 전적으로 맡겨버리는 것은 가혹하다. 아직은 그들을 이끌어주고 조언해주며 짐도 어느 정도는 함께 지어 줄 존재가 필요하다. 20대가 거대한 빈곤층으로 전락해 버린다면 40대 이상 세대의 미래도 어두워지지 않겠는가? 그들이 몰락하면 장래에 누가 소비를 담당해서 이 거대한 자본주의 경제를 유지할 수 있겠는가? 20대를 위해 윗세대가 약간 양보를 하는 것은 자신들의 미래를 위해 보험을 들어두는 것과 같다. 통계에 따르면, 한국은 2007년도 근로자 1인당 평균 노동시간이 2,261시간으로, 경제협력개발기구(OECD) 회원국 중 유일하게 2,000시간을 넘기며 1인당 평균 노동시간이 가장 긴 나라로 기록되었다.[11] 그런데 노동생산성은 2006년 기준으로 미국의 41%에 불과했고, OECD 평균치에도 54%밖에 미치지 못했다.[12] 이는 OECD 회원국 중 꼴찌에서 4번째라 한다. 한국의 근로자들은 일은 오래하지만 투자한 시간에 비해서 아웃풋이 현저하게 적은 것이다.

이를 해결하기 위한 논리적이고 합리적인 방안이 없는 것은 아니다. 생산성이 낮은 기성세대 근로자들이 젊은이들에게 일할 시간을 나누어주는 것이 그것이다. 즉, 1인당 평균 노동시간을 낮추고, 그 대신 고용을 늘리는 것이다. 당장의 임금하락 또는 기대에 못 미칠 임금상승률을 우려한 기존 근로자들의 강한 반발이 있겠지만, 그들 자신들의 미래의 고용안정을 위해서도 이보다 더 합리적인 선택은 별로 없어 보인다. 경험이 없고 믿을 수 없는 젊은 세대가 대거 유입되는 것이 못미덥다고? 전문성도 없고, 끈기도 없고, 경박하기만 하다고? 그런 걱정은 하지 않아도 좋다. 인적 자본뿐만 아니라 문화적인 면에서도 이들이 기성세대보다 뛰어나고 세련되었다는 것은 이미 앞에서 이야기한 바와 같다. 대량생산-대량소비의 산업화단계를 거쳐 정보화단계에 들어선 우리나라에서 이들의 문화자본과 그 안에 배태된 창조성이야말로 생산성 향상을 위해 꼭 필요한 것이다. 더 이상 산업사회의 논리로 경제를, 그리고 20대를 보아서는 안 된다.

프랑스의 경우, '68혁명 세대'는 이전 세대와 다른 풍부한 문화자본을 소유하고 사회의 전반적인 영역에 심대한 영향을 끼쳤다. 《88만원

11) 연합뉴스, 2008.7.21(http://www.yonhapnews.co.kr).

12) 연합뉴스, 2008.8.10(http://news.naver.com).

세대》의 저자들이 지적하듯이 이들은 난해한 실존주의 철학책인 사르트르의 《존재와 무》를 상징으로 공유한 세대였다(우석훈 · 박권일, 2007: 160). 1968년의 학생혁명은 그들이 추구했던 정치적 이상, 즉 기존 질서의 억압과 소외와 금기로부터의 해방을 즉각적으로 실현하는 데는 실패했으나, 이후로 문화적 영역에서 지속적인 영향을 미치며 그 흔적을 각인했다는 점에서는 성공했다고 볼 수 있다. 이 세대의 문화적 역량은 영화(안영현 · 김지혜, 2004), 미술(안영현 · 김지혜, 2005), 음악(장인종, 2004) 등의 분야에서 실험과 변화를 주도했고, 혁신적인 창작활동을 통해 문화 및 예술계에 활력을 불어넣었다. 또한 혁신적이고 해방지향적인 문화에 토대를 둔 이 세대의 구성원들이 정치, 사회, 언론, 문화, 학술 등 각계에 진출함으로써 현대 프랑스의 문화적 지형을 형성하는 데 중추를 담당하게 되었다.

한국의 현재의 20대들은 프랑스의 68혁명 세대에 비해 탈정치적이라는 차이점이 있지만, 그 어느 세대보다도 풍부한 문화자본을 소유하고 있다. 이들이 기성세대의 우려와 불신을 불식시키고 역동적인 미래한국의 중추가 되어가는 과정을 지켜볼 것이다. 그리고 '88만원 세대' 같은 암울하고 패배주의적인 이름이 아닌 전향적이고 자신감 넘치는 이름을 이 세대에 붙여줄 수 있기를 기대한다.

참고문헌

권기대 · 정락채 · 신용희, 2005, "콘서트 관람티켓 구매결정요인과 관람객의 라이프스타일 분석: 부산지역을 대상으로", 〈마케팅관리연구〉 10(2), pp.141~157.

김영하, 2007, 《퀴즈쇼》, 문학동네.

송호근, 2007, 《한국의 평등주의, 그 마음의 습관》, 삼성경제연구소.

______, 2003, 《한국, 무슨 일이 일어나고 있나: 세대, 그 갈등과 조화의 미학》, 삼성경제연구소.

안영현 · 김지혜, 2004, "프랑스 68운동과 영화예술의 변화: 투쟁영화의 부상", 〈프랑스 문화예술 연구〉 6(1), pp.223~243.

______, 2005, "프랑스 68운동과 미술의 변화: 미술의 대중화와 저항미술의 부상", 〈프랑스 문화예술 연구〉 7(1), pp.1~23.

우석훈 · 박권일, 2007, 《88만원 세대: 절망의 시대에 쓰는 희망의 경제학》, 레디앙.

장인종, 2004, "이 땅의 음악을 생각하면서: 68혁명을 통해 본 음악과 정치 - 참여를 넘어선 음악의 정치화", 〈음악학〉 11, pp.189~209.

최샛별, 2002a, "상류계층 공고화에서의 상류계층 여성과 문화자본: 한국의 서양고전음악 전공여성 사례", 〈한국사회학〉 36(1), pp.113~144.

______, 2002b, "한국 사회에서의 문화자본의 체화 과정에 관한 연구", 〈가족과 문화〉 14(3), pp.113~144.

______, 2006, "한국사회에 문화자본은 존재하는가", 〈문화와 사회〉 창간호, pp.129~165.

Bourdieu, Pierre, 1977, "Cultural Reproduction and Social Reproduction", in *Power and Ideology in Education*, edited by Karabel and Halsey, pp.487~511, Oxford University Press.

______, 1984, *Distinction: A Social Critique of the Judgement of Taste*, Cambridge, MA: Harvard University Press.

橋本健二(하시모토 켄지), 2007, 《新しい階級社会 新しい階級闘争: [格差]ですまされない現実》, 東京: 光文社.

• 나의 20대 초상 • **최샛별**

나의 유학기

나는 1970년생 89학번이다. 한창 386세대라는 용어가 유행했던 1990년대, 우리 학번은 잠시 고민했다. 우린 386일까 아닐까? '3'은 1990년대 당시 30대의 앞글자를, '8'은 1980년대에 대학에 다닌 1980년대 학번을, '6'은 1960년대에 태어났다는 것을 의미한다는 386이라는 용어는 80년대의 마지막 끝자락에 대학을 다녔고 출생연도의 앞에는 7자를 걸고 태어난 우리 학번의 '샌드위치 세대' 또는 '낀 세대'의 특성을 보여주는 것 같아 씁쓸했다. 그렇지만 나의 20대의 초상이라는 이 글을 쓰면서는 어쩌면 나의 이야기가 지금의 20대를 살고 있는 젊은 세대에게는 조금 더 비슷한 삶으로 다가설 수 있지 않을까 하는 바람을 가져본다면 착각일까?

내가 대학에 들어간 것이 1989년이었고 박사학위를 취득한 것이 1999년 12월이었으니 나의 20대는 오롯이 대학이라는 울타리 안에서 보냈다고 하는 것이 옳으리라. 또 지금 내가 교수라는 직업을 가지고 있으니 나의 20대는 나의 직업을 갖기 위한 준비기간이었고, 지금 나의 모습을 가장 많이 형성시켰던 시기이기도 했다. 특히 그 기간의 6년 반, 준비기간까지 합하면 근 8년이라는, 내 생애로 봤을 때도 결코 짧지 않은 기간을 차지하고 있는 유학시절은 나 자신에게는 무척 큰 의미를 갖는 기간이다. 또 많은 학생들이 필자에게 상담을 할 때 가장 궁금해 하는 것이 유학준비와 그 시기라는 점에 힘입어 나의 20대의 초상을 나의 유학기로 대신해 본다.

1

유학을 가야겠다고 결심한 것은 대학교 3학년 겨울방학을 앞두고였다. 이화여대 부속유치원에서부터 부속고등학교까지 계속해서 이화여대의 근처에서 맴돌던 나에게 이화여대에서의 대학생활은 새롭기는커녕 너무나도 익숙해서 약간은 지겹기까지 했다. 게다가 남녀공학 그것도 그 당시에 흔치 않던 합반에다 남녀가 짝이기까지 한 이대부속고등학교를 졸업한 나는 여고를 졸업한 친구들을 가슴 설레게 하는 미팅이나 소개팅에도, 남자친구나 연애얘기에도 심드렁하기만 했다. 대학 내에서 학생운동이 차지하고 있던 위상도 흔들리기 시작하던 시기. 나에게 대학교 1학년 시절은 고등학교시절보다도 재미없어진, 그저 그런 생활의 연속이었다.

그러나 2학년부터 본격적으로 시작된 사회학 전공수업은 이런 나의 생활에 새로운 활력을 불어넣는 신나고 재미있는 것이었다. 어려운 책과 강의를 이해해가면서 느끼는 묘한 성취감, 여러 이론들을 내

생활에 적용시켜 나가는 묘미, '아 참 재미있다. 사회학이란 이런 것이구나,' 갑자기 대학생활이 다르게 느껴지기 시작했다. 또 이즈음에 많은 선배들이 외국에서 갓 들어와 시간강사를 시작하시면서 우리들과 많은 접촉을 할 수 있는 기회가 생겼다. 나의 눈에는 강단에 서서 가르치시고 우리들에게 이것저것 참고문헌을 알려주시는 선생님들이 너무도 멋지게 보였다. 내 생활을 바꿔놓은 학문, 사회학을 하기 위해서 유학을 가야겠다는 결심을 굳혔다.

그러나 유학을 결심만 한다고 갈 수는 없는 것! 가장 큰 걸림돌은 영어였다. 고등학교 때 나의 별명은 '명사 최'. 영어문법책의 첫 장인 명사만 보고 있다고 해서 붙여진 별명이었다. 그다지 반항적이지도 않았던 내가 왜 그렇게 영어에 대해서는 '우리나라에 대해서도 알 것이 이렇게 많은데 왜 내가 이렇게 남의 나라 언어까지 고생하면서 외워야 하나' 하는 묘한 반항심을 가지고 있었는지는 나도 모르겠다. 어쨌든 그러던 내게 좋아하는 사회학을 해야 하기 때문이라는, 영어를 공부해야 하는 너무나도 확실하고 명확한 이유가 생겼던 것이다. 그때부터 영어와의 전쟁은 시작되었다. 3학년 겨울방학 첫날, 가장 쉬운 영어문법책을 가지고 도서관에 나타났을 때, 한 선배가 나에게 던진 "너 다 늦게 고등학생 과외 시작했니?"라는 질문은 날 참 슬프게 했다.

이렇게 비웃음을 받으며 시작한 영어공부였지만 근 1년 동안 시간을 쪼개가면서 단어를 외우고 정말 열심히 했다. 단시간에 GRE 시험 준비를 하기 위해 침대 곁은 물론 화장실에까지 단어들을 빼곡히 쓴

메모지들을 수시로 바꾸어 가면서 꿈에서까지 단어를 외웠다. 그래도 끝도 없었던 단어! 단어! 그런데도 아침 일찍 학교도서관에 책을 짊어지고 올라갈 때 가슴 벅차게 상쾌했던 새벽공기, 지정석처럼 늘 앉았던 도서관자리, 그 자리에서 내다보면 철마다 늘 다르게 아름답던 이화의 교정, 공부하는 것이 지겨울 만하면 들어와서 커피를 마시자고 나를 부르던 친구들, 우르르 몰려나가 도서관 앞에서 도시락 시켜 나눠먹던 기억까지… . 힘들었다는 생각보다는 아름답고 좋은 느낌만 기억나는 것을 보면 정말 이젠 많은 시간이 흘러 추억이 되었나 보다.

유학의 가장 큰 걸림돌 같았던 TOEFL, GRE 점수는 정말 열심히 한 보람이 있었던 건지 아니면 유학 갈 운이었는지 어쨌든 첫 번째 시험에서 다 원하는 점수가 나와 주었다. 그러나 생각지도 않던 난관이 있었으니 부모님의 반대였다. 특히 아버지께서 내가 유학가는 것에 대해 영 탐탁하게 생각하지 않으셨다. 아버님의 경우 아주 능력 있고 똑똑한 친구분이 끝내 미국대학에서 박사학위를 못하신 것을 보셨기 때문에 혼기를 놓쳐가면서 공부를 계속하러 미국으로 가겠다는 딸이 몹시도 불안하셨던지 "결혼해서 남편이랑 같이 가라"고 하셨다.

그러나 유학 가자고 없는 남자친구 만드는 것이 유학가는 것보다 더 어렵겠다고 판단한 나는 자식 이기는 부모 없다는 말에 확신을 가지고 아버지 모르게 나의 계획에 착수했다. 정말 어디선가 막연하게 주워들은 정보, 유학 가서 1년만 버티면 그 다음에는 장학금을 받을 기회가 많아 돈 걱정할 필요는 없다는 말을 굳건히 믿고서 말이다. 어린 시절부터 모아놨던 돈에 대학교 시절 4년 동안 받은 장학금, 생활 보조비를 모아두어 그 당시에 한 1년 정도는 미국에서 혼자 버틸 수 있는 비자금이 마련되어 있었다. '부모님이 반대하셔도 난 가고 말리라.' 그러다보니 돈이 드는 유학원은 생각도 못해보고, 영어시험공부도 학원 다닐 시간이 없어 혼자해서 귀동냥으로 들은 것도 없고, 정말 달랑 유학관련 책자 하나 사가지고 혼자 이리 뛰고 저리 뛰고 그렇게 유학준비에 매진했다. 무지가 용감하다는 말대로 몰랐기 때문에 난 정말 자신만만했다.

그때까지 시험에 실패라는 것을 해 본 적이 없는 나는 유학을 못 갈 수 있다는 생각은 해보지도 않은 채 유학책자에 나와 있는 미국의 대학랭킹 10위에 들어있는 대학에다가만 원서를 넣었다. 인터넷이 발달한 지금 보면 우습지만, 불과(?) 15년 전 그때만 해도 미국대학에 원서를 요청하고 받는 과정만도 근 2달 정도가 걸렸다. 지금은 원서도 인터넷으로 다운받고 하루면 원하는 외국대학 입학관리하는 담당자와 이메일로 연락이 가능하니 현대의 테크놀로지 발달은 정말 경이롭다. 어쨌든 12월 중순쯤 원서를 보내놓고 모든 학교에서 입학허가서가 다 오면 어딜 가나 하는 즐거운 착각과 상상을 하며 신나게 놀았다.

그 후 실제적인 유학생활을 준비하기 위해 거금을 투자하여 영어회화 학원을 다니면서 같은 처지에 있는 사람들을 많이 알게 됐다. 그때부터 나의 즐거운 착각들을 깨는 많은 정보를 들을 수가 있었다. 모든 점수가 다 좋아도 명문대학 입학허가서는 다 안 올 수도 있다느니, 그래서 좀 순위가 낮은 대학에도 원서를 넣어두어야 한다느니, 외국인 학생들은 잘 안 뽑을 수 있다느니 등. 그런 얘기를 들을수록 불안한 마음이 드는 것은 어쩔 수 없었지만 그래도 난 믿음이 있었다. '이만한 성적이면, 다 올 거야.' 정말 내 믿음 때문인지 같이 회화 배우고 있는 학생들에게는 전부 불합격통지서가 오는데 나한테만 아무런 소식이 없는 것이었다. 나는 더욱 희망에 부풀어 갔다. 그러다가 드디어 예일에서 합격통지서가 왔고 난 이제 오기 시작하는구나 하고 회심의 미소를 지었다. 그리고 어머니께 자랑스럽게 얘기했다.

"엄마 이제 합격통지서가 오기 시작하고 있어요."

그러자 어머니께서 장롱 속에서 편지꾸러미를 내어 주셨다.

"네가 1년 동안 너무 열심히 했는데 불합격 통지서를 먼저 받으면 속상할까봐 내가 감춰뒀었다. 아버지도 반대하시는데 괜히 맘고생만 심하게 할까봐서… 다 안 돼서 안 갔으면 했는데. 어쨌든 이제 다시 한 번 아버지께 말씀드려 보렴."

원 세상에나! 어쨌든 사려 깊은 어머님 덕에 난 불합격 통지서를 쌓아가면서 하나도 안 오면 어떡하나 라는 처절한 고민은 하지 않아도 됐었으니 이 자리를 빌려 다시 한 번 어머니께 감사의 말씀을 올리고 싶다.

거울을 보면서 몇 번을 아버지께 비장한 얼굴을 하고 안 보내주셔도 가겠다는 말씀을 드리는 연습을 했다. 그리고 단단히 마음을 먹고 몇 학교에서 온 합격통지서를 아버지께 내밀었다. 그런데 합격통지서를 넘겨보시던 아버지의 얼굴이 환해지셨다.

"옛날에 내가 예일에 가본 적이 있었는데 정말 이런 곳에서 공부해 보고 싶다는 생각을 했었다. 혼자서 이만큼 준비할 수 있을 정도로 강하다면 잘할 수 있을 거다. 젊을 때 이런 곳에서 공부해 볼 수 있는 것은 정말 행운이다."

아 이렇게 쉽게 허락을 받다니. 정말 자식 이기시는 부모님은 없다.

2

미국으로 떠나는 날 정말 많은 친구들이 공항으로 나와 주었다. 그때까지만 해도 대학생들의 해외연수가 그다지 보편적이지 않았던 시절이었고, 게다가 다들 진로에 대해 고민하고 있을 때 일찍 뜻을 이루고 이름만 들어봤던 미국의 명문대학으로 떠나는 내가 친구들에게는 꽤나 자랑스럽고 또 자신들의 꿈들도 이루어질 것이라는 막연한 희망을 주었던 것 같다. 공항에서 우리들이 같이 찍었던 사진들을 모아 만든 사진첩과 편지 그리고 자신들의 육성을 녹음한 테이프를 전해 주면서 하도 큰소리로 펑펑 울어 뭇사람들의 시선들을 끌었던 그 친구들이 있어 떠나는 그 길이 외롭지 않았다. 함께 있기만 해도 든든했던 그 친구들 중에는 이미 교통사고로 유명을 달리한 친구도 있고, 지금은 만나도 다 너무 다른 길을 걷고 있어 공통의 화젯거리라곤 그 당시 추억과 마음뿐인 것을 보면 15년이라는 세월이 결코 짧지만은 않은 것 같다. 그렇지만 식구들과 친구들을 몇 번이나 돌아보며 공항 문을 들어설 때의 새로운 생활에 대한 설렘, 두려움, 나의 평탄하고 순탄하기만 했던 한국생활에 대한 미련과 섭섭함, 정말 뭐라고 설명할 수 없었던 복잡한 감정은 지금도 생생하기만 하다. 이런 복잡한 감정과 함께 내 유학생활은 시작되었다.

내가 미국에 갔던 1993년은 미국의 경제사정이 가장 나빴던 시기였다. 예일 주변은 홈리스(거지)들이 우글우글하고, 또 선배들은 전해에 예일 학생이 길거리에서 총을 맞아 죽었다느니 별 소리들을 다 해가며 밤에 나가 다니면 위험하다고 잔뜩 겁을 주었다. 실제로 밤중에 여기저기서 총소리 같은 소리가 들려 간담이 서늘해지곤 했다. 그리고 지금도 궁금한 것은 한 달에 서너 번씩은 들리던 그 소리들이 정말 총소리였을까 하는 점이다. 아니었다면 과연 무슨 소리였을까? 그렇지만 이렇게 주변이 지저분해도 예일의 건물들은 내게 이런 곳에서 공부를 할 수 있게 되다니 하는 뿌듯함을 안겨주는 데 손색이 없었다.

예일의 건물은 대부분이 돌로 만들어져 있는데, 돌 하나하나가 색깔이 다 다르고, 기둥이나 문 위에 새겨진 조각도 하나하나가 다 다른 모양을 하고 있다. 그래서 도서관들도 무슨 영화에서나 보던 외국의 성 같은 느낌이라고 해야 하나… 성의 서재에서 공부하고 있는 느낌이 난다. 실제로 이 건물들을 지을 때 모델이 되었던 것은 영국의 옥스퍼드나 케임브리지 대학으로 이들 대학의 역사와 전통을 외견상으로나마 그대로 재현하고 싶어 돌들을 바다에 담가서 색을 바래게 했다고 한다. 그런 노력의 결과일까? 유학생활을 하며 많은 유명한 대학에

가 볼 기회가 있었지만, 예일의 건물들은 정말 고풍스럽고 웅장하면서도 따뜻하고 아름답다.

그러나 날씨가 더워지면서 그 멋진 건물이 점점 다르게 보이기 시작했다. 너무 오래 전에 지은 건물이라 냉방시설이 없는 것은 물론이고 전기시설이 낙후되어 에어컨을 다는 것도 금지되어 있었다. 게다가 멋진 돌 건물은 하루 종일 여름의 햇살을 듬뿍 받아 뜨겁게 달구어져 한밤이 되면 난방효과를 극대화시켰고, 그야말로 건물 그 자체가 한증막이었다. 대부분의 외국 학생들은 그냥 기숙사의 풀밭에서 누워 자곤 했는데 나는 또 차마 그럴 수는 없었다. 시원한 곳이라고 도서관뿐. 그런데 그 도서관도 무정하게 10시면 폐관해버리는 것이었다. 유난히도 더위를 많이 타 친구들로부터 여름이면 에어컨을 껴안고 산다는 놀림을 받았던 나에게 그해 여름은 정말 잔인하게도 더웠다. 그래도 여름방학 동안 학교의 여러 시설의 사용방법도 배우고, 동서남북도 가리게 되고, 거기에서 공부하고 있는 유학생 선배들도 알게 돼서 도움도 받을 수 있게 되고, 나름대로 희망차고 즐겁게 여름방학을 보냈다.

학기가 시작되고 나서 나는 내가 준비가 안 된 상태라는 것을 깨달았다. 대부분의 동급생들은 이미 미국대학에서 석사학위를 받은 상태였고, 석사학위도 없고 외국에서 곧장 입학한 사람은 나 단 한사람이었다. 매주 세 과목을 듣는데 한 과목당 읽어오라는 양은 평균 300페이지에서 많은 경우에는 900페이지…. 한글로 읽어도 암담한 판국에 영어로 읽고 있으니 시간이 많이 걸리는 것은 물론이요, 글자가 눈으로 들어와 머릿속으로 들어오는 것이 아니라 그냥 어디론가 날아가버리는 것 같았다. 수업시간은 더 심각했다. 모든 수업이 토론식으로 진행되는데, 간신히 무슨 소린가 알아듣고 한마디 해보려고 하면 이미 다른 학생들이 말해버리고, 난 점점 얌전한 동양학생이 되어가고 있었다. 태어나서 정말 처음으로 내가 한심해 보이고 나 자신에 대해 갖고 있던 이미지까지도 마구 흔들렸다. 그래도 어찌하랴. 부모님의 반대에도 불구하고 시작했으니 어떻게 해서라도 끝까지 해내겠다는 오기로 밤새는 것을 정말 밥 먹듯이 하면서 버텨나갔다. 그러다 보니 매일 얼굴은 퉁퉁 부어 있고 눈은 벌겋게 충혈되어 있고 입술은 터져 늘 딱지가 앉아 있고, 정말 내가 거울을 봐도 이게 나인가 하는 생각이 들 정도였다. 그렇게 한 한 달쯤 지났을 때, 인간성 좋기로 이름난 웬들 벨(Wendell Bell) 교수가 나를 불렀다. 잔뜩 얼어서 찾아갔던 나에게 벨 교수는 정말 부드럽게 이렇게 충고해주었다.

"외국에서 공부하는 것이 정말 힘들지? 그렇지만 박사과정은 마라톤 같은 것이다. 처음부터 너무 무리하면 끝까지 완주할 수 없다. 샛별, 지금 넌 너무 많은 양을 해내려고 하는 것 같다. 내가 너에게 예언하지만 네가 너희 학년에서 가장 먼저 학위를 할 학생이다. 내가 보기에 확실하다. 그러니 너무 무리하지 말고 지금은 좀 쉬는 것이 좋을 것 같다."

듣는 순간 눈물이 핑 돌았다. 지금 생각해보면 내가 얼마나 딱해 보였으면 그랬을까 싶지만 그땐 정말 벨 선생의 말이 내게 많은 위안과 용기가 됐다.

그렇게 한 학기를 정말 요즘 말로 오버해서 공부를 하고 나니, 겨울 방학 내내 온몸이 너무 아파서 일어날 수도 없었다. 같이 있던 선배들이 정말 이것저것 신경을 써주었지만, 공부를 더하겠다고 남은 학교 기숙사에서 끙끙 앓으면서, 처음으로 타지에서 혼자 아프다는 것이 얼마나 서러운 것인지 알게 됐다. 게다가 그해 겨울은 미국에 불어닥친 몇십 년 만의 한파에다 폭설로 쌓인 차 위의 눈 때문에 차를 찾을 수가 없을 정도였다. 매일같이 퍼붓는 눈. 정말 나중에는 하얀 것만 봐도 짜증이 날 지경이었다. 기숙사 식사도 끊기고 학생들이 집으로 다 돌아간 크리스마스 연휴, 편의점에서 먹을 것을 챙겨 기숙사로 들어오던 길, 길은 미끄럽고 눈은 펑펑 내리고 아무도 없던 거리는 왜 그리도 슬퍼 보였던지. 과연 저 건물들이 내가 예일에 처음 왔을 때 가슴 뿌듯하게 바라봤던 그 건물들과 같은 것일까 하는 생각이 들었다. 한국에 있는 친구에게 전화가 왔기에 하소연차 눈 얘기를 했더니 친구의 말이 날 화나게 만들었다.

"어머, 너무 멋있다. 완전히 러브스토리에 나오는 한 장면이겠다."

친구에게는 하버드를 배경으로 찍은 그 영화의 한 장면에서 눈 위로 사랑하는 남녀가 장난을 치면서 뛰노는 장면이 생각이 났나 보다. 그러나 내게 그 눈은 정말 정말 지겹고 싫은 눈이었다. 아마 내가 러브스토리를 찍는다면 그 장면을 삭제해버릴지도 모른다는 생각까지 들었을 때 난 혼자 피식 웃었다. 확실히 인간은 자기의 입장에서 사물을 바라보고 해석한다.

아이들을 키워보면 애들은 한 번 아프고 나면 몰라보게 훌쩍 큰다. 나도 그렇게 힘들게 겨울방학을 보내고 나서는 이럭저럭 유학생활에 익숙해졌다.

3

초창기의 처절한 적응의 시기도 지나고, 바쁘게 휘몰아치던 교과과정도 끝나고, 또 미국생활을 어느 정도 즐겨가며 논문의 마지막 관문이라는 논문자격시험까지 끝내고 보니 벌써 4년이라는 시간이 흘러 있었다. 미국생활에 대한 신기함도 잦아들기 시작하면서 갑자기 유학생활에 대한 회의가 몰려들기 시작했다. 학부시절 날 너무도 행복하게 했던 사회학이었지만 남의 나라말로 책을 읽고 내 생각을 표현하려니 재미는 점점 반감돼갔다. 또 이즈음부터 같이 공부하던 외국친구들과 친했던 주변 유학생들이 학위를 포기하기도 하고 또 학위를 끝마치기도 하여 하나 둘씩 뉴헤이븐을 떠나기 시작했다. 물론 새로운 사람들이 오긴 했지만 몇 년씩 그것도 아주 아무것도 모르던 시절 눈물로 맺어진 전우들과 같을 수는 없는 것…. 매일매일 똑같은 일상의 반복…. 아 이렇게 내 젊은 날이 다 가버리나 하는 묘한 슬픔이 고개를 쳐들면서 불안해지기 시작했다. 오만가지 생각들이 머리를 어지럽혔다. 어쨌든 내가 선택한 길이니 마무리는 지어야겠다고 결론지었다.

그때부터 논문을 빨리 끝내야겠다는 강박관념에 사로잡혔다. 역시 추진력만 범상치 않았던 나의 능력이 발휘되기 시작하였다. 내가 쓸 논문의 양을 어림잡고 내가 끝내기로 생각한 날까지 남은 날짜로 나누어 하루에 그 양만큼을 써나가기 시작했다. 학위논문을 쓰는 과정은 정말 자신과의 싸움이다. 가끔씩 지도교수를 만나거나 조교근무를 하는 시간 외에는 컴퓨터 앞에 앉아 하루 종일 혼자 모니터만을 째려보고 있어야 했다. 마지막 1년 동안에는 지도교수도 보스턴으로 안식년을 가서 한 달에 두 번밖에 볼 수 없었고 논문장학금을 받아 조교일도 하지 않고, 그냥 논문만 썼다. 하루를 26시간씩으로 살아보기도 했다. 이렇게 되면 매일 일어나는 시간이 2시간씩 늦어져 2주쯤 지나면 다시 아침 7시에 일어나게 된다. 이런 규칙적인 불규칙한 생활을 하다 보니 괜히 신경이 날카로워져서 혼자 밥을 먹다 괜히 서러워 눈물을 뚝뚝 흘리며 울기도 하고…. 지금은 눈물 젖은 스파게티를 먹어보지 않은 자는 유학을 논하지 말라 등의 농담을 하며 그 당시를 얘기하곤 하지만 그 당시에는 참 힘들고 외로웠다. 스트레스 해소 겸 마음을 다스리기 위해 공부가 하기 싫을 때 취미로 만든 십자수 핸드폰 줄이 1백여 개가 되어 갈 때쯤 무사히 논문을 마칠 수 있었다.

유학기를 쓰다가 그때 생각이 나서 사진첩을 뒤적여 보았다. 그런데 재미있는 것은 다른 대학, 다른 지역에 가서 찍은 사진은 그래도 꽤 많은데, 정작 뉴헤이븐, 예일대학을 배경으로 한 사진은 초창기 사진 몇 장과 졸업식 사진밖에 없다는 것이다. 내가 6년 반을 보낸 곳에서 찍은 사진이 이렇게 없을 수가 있을까? 물론 내가 사진을 찍는 것을 유난히 싫어하는 이유도 있겠지만 그보다는 너무나 익숙한 그리고 늘 머물고 있는 나의 삶의 터전, 정말 우리 동네여서 사진을 찍을 필요를 못 느꼈던 것 같다. 한 선배가 자신이 유학시절을 보낸 곳이 자기 고향 같다는 말을 한 적이 있다. 한국은 건물이며 상점이며 너무 빨리 변해서 추억의 장소라고 생각되는 곳은 가보면 흔적조차 찾기 어려운데, 유학시절을 보낸 그 동네는 10년이 지나서 가보아도 그대로라서 그 장소가 자신의 그 시절을 그대로 품고 있는 것 같다는 것이다.

돌아보면 나의 인생에서 젊어서 가장 빛나고, 가장 씩씩했던 시기를 보낸 그곳. 지금도 눈을 감으면 아련하게 떠오르는 그 시절의 단상들…. 그 시절 그렇게도 외롭고 싫기만 했던, 혼자서 공부만 해야 했던 그 시간들이 이제는 아련하게 그립기만 하고, 다시는 내 손에 잡히지 않을 것처럼 느껴진다. 그동안 너무 바빠서 잊고 있었던 나의 그 시절을 다시 한 번 생각할 수 있었던 기회라 이 글을 쓰는 내내 행복했다. 그리고 마지막으로 다시 한 번 추진력만 비상했던 나의 볼품없는 유학기가 어느 누군가에게라도 좋은 길잡이가 될 수 있으면 얼마나 좋을까 하는 바람과 함께 이 글을 끝맺고자 한다.

여풍女風? 역풍逆風! 5장

김은경*

언제부터인가 우리는 뉴스나 신문 등 언론을 통해 우리 사회에 '여풍'(女風)이 불고 있다는 기사를 자주 보았다. 여성의 사회참여가 남성에 비해 아직 뒤져 있는 우리사회에 여성의 약진을 보도하는 내용이다. 그런데, 그 기사나 보도의 내용을 보면 뭔가 명쾌하지 않은 부분이 있다. 국가고시 등에 합격한 여성의 수를 말하는 것은 알겠는데, 정말 그 제한된 분야의 뉴스를 전하면서 사회전반의 현상인 듯 전달하는 것이 과연 사실일까 하는 의구심 때문이다. 또한, 정작 사회가 얘기하듯이 여성들의 약진이 두드러지고 있다면, 20, 30대 젊은 여성들은 사회진출에 아무 문제없는 것일까. 요즘 20대 여성의 고민은 무엇일까 생각해 보았다.

자신들이 원하는 일을 하고 능력을 인정받으면서 남성들에게는 위

* 한국여성정책연구원.

협적인 존재가 되지 않는 것, 다른 한편 패션, 성형, 다이어트 등 소비의 주체로서 유혹을 받으면서도 '적당히' 주체적인 여성으로 살아가는 것이 아닐까. 사회에서는 여성들의 약진이 이렇게 두드러지고 있다고 하는데, 실제에서는 왜 여성들이 자신의 능력을 그대로 발산하기 주저해야 하며, 왜 당당하게 소비하지 못하는 현실이 된 것일까. 요즘의 20대를 통칭하는 말은 '88만원 세대'라고 하지만, 20, 30대 여성을 부르는 표현에는 알파걸,[1] 된장녀[2]에 이은 신상녀[3] 같은 단어들이 있다. 바로 이 단어들은 모순된 사회가 젊은 여성들을 얼마나 왜곡된 시각으로 보고 있는지를 알려주는 단면이다. 알파걸이나 알파우먼은 슈퍼우먼 컴플랙스를 대변하고 있으며, 된장녀나 신상녀는 여성을 오로지 소비의 주체, 나아가 사치의 주역으로만 치부하고 있는 표현들이

1) 알파걸(α-*Girl*)이란 댄 킨들러 하버드대 아동심리학 교수가 2006년 《새로운 여자의 탄생: 알파걸》이라는 책에서 처음 사용하기 시작한 말로서, 어려서부터 부모의 관심과 전폭적인 지원 속에 학업, 운동, 리더십 등 모든 면에서 남성보다 훨씬 뛰어난 엘리트 여성으로 성장하고 있는 소녀들로서, 이전 세대와 근본적으로 다른 새로운 여성집단으로 규정한 용어이다.

2) 된장녀란 비싼 명품을 즐기는 여성들 중, 스스로의 능력으로 소비활동을 하지 않고 다른 사람(애인, 부모 등)에게 의존하는 여성들을 비하하는 속어이다. 그러나 이 본래의 개념에 머무르지 않고 그 의미가 계속 확대 재생산되어, 현재는 주로 남성들이 생각하는 모든 부정적인 여성상들을 통틀어 지칭하는 대명사가 되었다.

3) 신상녀란 신상품을 선호하는 여성을 의미하는 말로서, TV 프로그램에 등장한 여성연예인의 신상품을 선호하는 소비행태에 기인하며, 과거 명품만을 고집하던 '된장녀'와는 달리 비싼 물건이 아니더라도 새로운 것을 먼저 받아들여 유행을 선도한다는 의미가 있다.

다. 그렇다면 왜 사회가 가장 힘없는 젊은 여성들을 이처럼 혼란에 빠트리고 있는 것일까. 그리고 왜 젊은 여성들은 기성사회가 만들어놓은 허상 속에서 괴로워하는 것일까. 혹시, 이 같은 사회의 현상은 여성에 대한 보수사회의 '역풍'(逆風, *backlash*) 현상이 아닐까 하는 질문을 던진다.

이 글에서는 이 질문에 대한 해답의 실마리를 최근 언론에서 얘기하는 여풍(女風)현상에서 찾고자 한다. 이제 사회 곳곳에서 여성들이 약진하여 남성들을 압도하고 있다는 그 '여풍'현상 말이다. 그래서 과연 여풍현상의 실상이 무엇이며, 대중매체에서 얘기하는 것처럼 남녀평등이 다 이루어진 것인지, 남녀평등에서 더 나아가 여성이 더 살기 좋은 시대가 온 것인지 짚어보고자 한다.

젊은 여성에게 '취업은 필수, 결혼은 선택'이라는 것이 좌우명처럼 되고 있다. 여성들의 취업과 사회적 성공에 대한 욕구가 클수록 결혼은 상대적으로 늦어지게 되고, 또 자연스럽게 전통적 결혼에서 벗어난 자유로운 삶을 선택하게 되었다. 이런 의식은 비단 젊은 여성들만의 생각이 아니라, 젊은 여성들의 부모세대 역시 딸들이 좀더 자유롭고 사회적 굴레에 얽매이지 않으며 능력을 발휘하는 '알파걸'이 되기를 원한다. 또한 젊은 여성들은 가부장제가 완화된 가족분위기에서 아들과 딸에 대한 차별을 크게 경험하지 못하고 자라온 만큼, 기성세대 여성들이 자라온 환경과는 완전히 다른 경험을 갖고 있는 세대들인 것이다.

그렇다면, 우리 사회는 '알파걸'로 명명한 젊은 여성들을 받아들일 준비가 되어있는가. 여성이 취업하고 승진하고자 할 때, 그리고 우리 사회의 결혼이라는 보수적인 제도에서 벗어난 자유로운 길을 선택할 때, 우리사회가 얼마나 이들에게 우호적인가 말이다.

이 글에서는 여풍이나 알파걸이라는 말로 '여성들의 시대가 왔다'고 부추기는 우리사회에서 실제로 여성들의 사회참여가 얼마나 활발한지 살펴보면서 여풍의 진실을 조망해 보기로 한다. 다른 한편, 젊은 여성들을 소비의 주체로 규정하는 상황에서 된장녀 · 신상녀 같은 '○○녀'를 만들어내는 사회심리를 짚어보기로 한다. 그리고 이들 젊은 여성들의 남녀평등 의식, 여성운동 방식을 한 번 생각해보고자 한다.

우리 사회 알파걸 찾기?

여성 합격자라는 것만으로도 뉴스가 되었던 한국사회 고등고시의 경우 여성의 비중은 해마다 증가하고 있다. 2007년 외무고시 합격자 31명 중 여성은 21명(68%)으로 역대 최대, 행정고시 합격자 310명 가운데 여성비율 역시 역대 최대인 48.3%이다. 2006년 신규 여성판사 비율이 64%, 신규 여성검사 비율은 44%였다. 여성 사법고시 합격률은 1983년에 3.7%였는데 2005년에는 44%가 되었다. 법원의 고위직에도 첫 여성 헌법재판관과 대법관이 배출됐다.

이처럼 시험을 보는 분야에서 여성이 남성을 앞서는 현상은 10대로 내려갈수록 더 두드러지게 나타난다. 일부 외국어고등학교에서는 여자 신입생이 60%를 차지하는 가운데, 여학생들의 우월한 성적 때문에 아들을 둔 학부모들이 여학생과 내신경쟁을 피해 남자고등학교를 찾아 이사하는 일까지 벌어지고 있다. 또 학급은 물론 전교 회장들도 여학생이 차지하는 경우가 많아져서 회장은 남학생, 부회장은 여학생이라는 공식은 옛말이 되었다. 이처럼 학교 내에서와 시험을 보는 취업 영역에서 여학생들의 약진이 두드러지고 있는 것은 사실이다.

그러나 알파걸이 보편적인 여학생들을 대표한다고 말하기는 어렵다. 2030세대 여성들 중에는 자신들이 알파걸로 불리는 것을 꺼리며, 오히려 자신은 알파걸이 아니라고 자신 있게 말하는 사람도 많다. 운동과 학점관리를 잘하고 취업에 유리한 조건을 갖춰나가는 알파걸들이 실제로는 그리 많지 않기 때문이다. 그렇다면, 알파걸은 누구일까? 조금 더 찾아보기로 하자.

여성의 사회진출이 두각을 나타내는 분야가 공직분야였으므로, 공직분야가 아닌 대기업이나 중소기업 분야에 여성의 참여는 어떠한지 알아보았다. 2007년 현재 100인 이상 341개 기업체에 근무하는 정규직 여성 10명 중 9명은 사원급과 대리급 이하 직급에 집중돼 있었다(김종숙 외, 2007). 특히 승진 비율을 분석한 결과 여성 10명 중 1명(10.6%)이 차장으로 승진할 때 남성은 10명 중 2명(18.8%)이 차장급으로 승진했다. 직급이 높아질수록 남녀간 간극은 더 크게 벌어졌다. 조사기업의 절반이 부장급 이상 여성관리자를 두지 않고 있었으며, 4개 기업 중 3개 기업에는 이사급 이상 여성임원이 단 한 명도 없었다. 한국사회는 여전히 여성이 관리직으로 진출할 때 보이지 않는 '유리천장'(*glass ceiling*)이 존재하고 있음을 보여주는 결과다. 이처럼 젊은 여성들이 첫 직장으로 희망하는 대기업의 경우 여성임원은 극히 제한된 소수이다. 물론 임원세대는 현재의 2030세대에 비해 눈에 보이는 남녀차별의 장벽이 훨씬 높았고, 이들의 자라온 환경요인 때문에라도 성공한 여성의 숫자가 적을 수밖에 없지 않느냐고 반문하는 이들이 있다면, 다른 국가의 상황을 비교해서 설명해 보겠다.

여성의 경제활동 참가율을 좀더 포괄적으로 살펴보기 위해 OECD 국가와 비교해 보았다. OECD 기준으로 2005년 한국의 여성 경제활동 참가율은 54.5%(한국기준 50.1%)[4)]이며, 경제활동 참가율의 성별 차이에서도 한국은 23.7%로 OECD 국가 중 5번째로 높아, 남녀간 경제활동 차이가 큰 것을 알 수 있었다.

학력별로 보면, 중졸 이하 59.0%, 고졸 55.5%, 대졸 이상 59.1%(한국기준 60.3%)이며, 이는 OECD 평균이 각각 50.7%, 70.1%, 82.0%인 것과 비교할 때, 특히 대졸 이상 여성의 참가율이 크게 차이가 난다. 이는 2007년에도 크게 달라지지 않아, 대졸 남성이 88.2%인 데 반해 대졸 여성의 경제활동률은 62.4%에 그치고 있어, 우리사회는 대졸 이상

4) 한국기준 경제활동참가율은 15세 이상 인구 전체에 대한 비율이므로 OECD 국가 기준치와 차이 있음.

여성 고급인력에 대한 활용을 하지 못하고 있는 실정이다.

특히 여성의 경제활동은 출산·육아에 영향을 받아 20대에 취업이 되고 30대에 줄어드는 M자 형태를 나타내는 특징을 가지고 있다. 따라서 2007년을 기준으로 연령별 경제활동인구의 증감률을 살펴보았다.

연령별로 보면 25~29세를 제외하고 전년대비 30대 미만 여성의 경제활동은 감소한 반면, 40대 이상 여성 경제활동은 증가한 것으로 나타났다. 전년대비 여성 경제활동인구가 가장 많이 감소한 연령층은

〈그림 5-1〉 OECD 국가의 성별 경제활동참가율(2005)

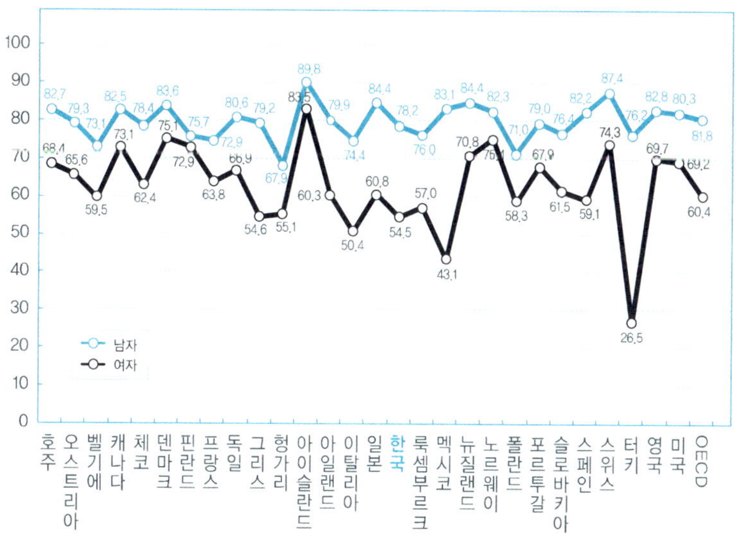

주(OECD국가기준): 경제활동 참가율 = (경제활동인구/15~64세 인구)×100.

출처 : 주재선, 2006. 7, [통계분석06-5] OECD국가의 여성고용, 한국여성개발원.

20～24세이고 출산과 육아 인구가 많은 30～34세의 감소가 다음으로 많았다. 특히 30대에서는 남성(28.5%)보다 여성(50.3%)의 임시 · 일용직 근로자 비중이 높았는데(동아일보, 2008.5. 19), 이는 30대에 결혼한 남성들이 주로 안정적 일자리를 가진 반면 여성들은 출산 후 가사와 병행할 수 있는 일자리를 찾기 때문인 것으로 해석된다. 여성의 취업에서 고소득 전문직 여성 취업의 소수 증가와 대비해 비정규직과 임신과 출산 후 하향취업 현상도 두드러져 여성 일자리 양극화 현상까지 나타나고 있다(여성신문, 2008.6.27).

한국 여성의 직업분포에서도 입법공무원 · 고위임직원 및 관리자 0.4%, 전문가 8.5%로 OECD 국가 중 가장 낮게 나타난 반면, 서비스 판매 37.2%, 농림어업 9.1%, 단순노무직 12.3% 등은 상대적으로 높게 나타나, 여성이 정치 · 사회적으로 목소리를 낼 수 있는 직종에는 거의 없는 것으로 나타났다.

이 같은 통계자료를 통해 우리는 알파걸을 쉽게 찾을 수 없었다. 결국 알파걸은 남성중심사회가 부추긴 과대포장이라는 것을 알게 되었다. 여성이 공직분야에 적극적으로 진출하는 이유는, 공정한 시험제도가 진입장벽을 낮춰주고, 실제 취업 후에도 공직분야가 성차별이 적은 분야이기 때문이다. 이는 우리나라뿐 아니라, 여성 국회의원 비율이 50%에 육박하는 스웨덴 등 북구유럽 국가들에서도 마찬가지로 일어나는 현상이다. 공직분야는 비교적 법의 통제가 가능한 분야인데, 남녀 고용평등, 출산 · 육아 휴직 등을 법으로 보장하기 때문에 여성들이 선호할 수밖에 없는 분야이다. 따라서 여성의 사회진출 욕구가 점차 증가하는 가운데, 많은 여성들이 일단 전문직이나 공직분야에 집중하게 되는 배경이 여기에 있다. 그런데도 국가고시 결과만을 두고 유난을 떠는 데는 남성중심사회가 느끼는 위기위식이라고밖에 볼 수 없다. 우리사회에서 일하는 여성은 여전히 소수이고, 그 소수가 위계적으로 말단에 위치하고 있는데도 불구하고 일부계층의 여성을 놓고 사회전체가 '여풍'이라고 하는 것은 보수진영의 역풍(*backlash*)인 것이다.

결국, 젊은 여성들은 5060세대와 마찬가지로 사회적 현실에서 소수만이 생존하게 되는 구조 속에 살고 있다. 이렇게 본다면, 엄마세대인 기성 페미니스트 세대 때와 별로 달라진 게 없는 사회다.

그런데, 요즘 젊은 여성들은 그동안 기성 여성운동이 요구해온 할당제 같은 제도를 원하지 않는다. 할당제를 통해 여성이든, 남성이든 진입할 경우 '능력'있는 사람이 배제될 것이기 때문이라는 게 이유다. 이처럼 능력이라는 단어로 차별이라는 단어와 거리두기를 하는 젊은 여성들의 주장은 자칫 가부장적 남성사회가 그동안 주장했던 능력중심 사회라는 어조와 일맥상통한다. 기성 페미니스트 세대는 여성이 역사적으로 경제활동을 하는 데 차별을 받았고, 따라서 남성과 동등한 위치에서 경쟁하기에는 불리하므로, 단순한 기회의 평등이 아니라, 결과의 평등을 위해서 한시적으로 할당제나 목표제가 필요하다고 주장했다. 이런 여성운동의 요구에 대해 보수적 남성중심사회는 '능력만 있다면' 여성이라 해도 차별받을 이유가 없다는 논리로 반대했다. 그러나 결국 여성에 대한 유리천장이 있음을 인정하고 할당제를 도입하게 되었는데, 도입된 분야도 정치나 공직분야 등으로 제한적이었다. 그러나 지금 2030세대들에게 할당제는 이미 구시대적인 것이며, 할당제가 아니라 자신들의 능력으로 떳떳하게 사회에 진출하기를 원하고 있다. 어차피 할당제는 한시적인 제도였지만, 지금처럼 사회구조가 달라지지 않은 상황에서 젊은 세대 여성들이 스스로 '능력'만을 주장하는 것이, 자신을 믿는 것인지, 사회를 믿는 것인지 조금 혼란스럽다.

왜냐하면, 앞서 살펴본 대로 사회가 얘기하는 것만큼 알파걸을 찾기가 쉽지 않았으며 사회는 평범한 젊은 여성을 알파걸이라 부르고, 보통의 젊은 여성들은 이른바 알파걸 대열에 끼지 못하는 자기 자신들을 주변인이라 생각하며 자신감을 갖지 못하고 있기 때문이다. 그리고 중요한 건 나 혼자만 자책하고 있는 것이 아니라, 같은 과 여자동기나 선배들도 사실 모두 이런 생각을 하고 있다는 점이다. 그런데, 왜 젊은 여성들은 능력만으로 차별을 극복할 수 있다고 생각하는 것일까. 우리사회에 차별이 사라졌다고 보는 것일까. 사회는 교묘하게 젊은 여성들을 부추기면서, 동시에 의기소침하게 만들고 있다. '여풍'이라는 바람에 여성은 없고, 남성들의 입김만 있기 때문이다.

소비하는 여성, 규제하는 사회

한편, 이처럼 '사회'가 젊은 여성들을 부추기고 있는 또 다른 영역은 소비이다. 몇 년 전부터 '된장녀'라는 말을 많이 했고, 요즘엔 '신상녀'가 뜨고 있다고 한다. 20대 여학생들에게 '된장녀라로 불린 적이 있느냐'고 물어보면, 대부분이 한 번도 그런 소리를 들어본 적이 없다고 대답한다. 그러면 '신상녀냐'는 질문에도 역시 묵묵부답이다. 초기 된장녀 논쟁 당시에는 자신의 소득을 상회하는 명품 선호성 여성들에게 국한되어 이 용어가 사용되었지만, 점차 여성이라는 이유로 보호받고 배려받아야 한다는 입장을 악용해 남성들에게 과도하게 의지하며 살려고 하는 지각없는 여성을 지칭하는 통칭명으로 용례가 확장되었다.

반면, 신상녀에는 다소 긍정적 의미가 있다고 한다. 된장녀의 경우 분수에 맞지 않게 과시적인 욕구로 명품을 구입한다는 부정적 이미지가 강했지만 신상녀는 자신이 번 소득으로 새 명품을 구입하거나 비싼 물건이 아니더라도 새로운 것을 먼저 받아들여 유행을 선도하는 역할을 함으로써 된장녀보다 합리적인 소비자라는 인식이 강하다는 것이다(한국일보, 2008.6.26).

된장녀처럼 명품소비를 무조건 배격하는 분위기도 문제지만 신상녀같이 명품소비를 실제보다 화려하게 포장하는 것 역시 바람직하지 않다. 결국 신상녀 열풍은 새로운 상품소비를 조장하는 마케팅 전략에 불과한 것이 아닌가. 20대의 취업이 여전히 어렵고, 고유가와 고물가로 전반적인 소비심리가 얼어붙고 있는 가운데, 이런 '신상녀'라는 말로 부추기는 것이 여성들의 소비를 조장하는 것 같아 씁쓸하다.

그 이유는 이처럼 'ㅇㅇ녀'라는 것이 성립하는 배경은 실제로 여자들이 원래 이기적이고 사치스럽기 때문이라는 인과관계가 성립하기 때문이 아니라, 여성에 대한 규제의 재생산이라는 성(性)정치의 의도가 숨어 있기 때문이다(언니네트워크 편집팀, 2006.9.8). 물론 여기서 나는 자신들의 소비수준을 상회하며 명품이나 신상품을 구입하는 여성들을 옹호하려는 것은 아니다. 다만, 남성들의 소비는 결코 소비 자체로 인식되지 않는 현실, 즉 남성의 소비는 생산을 위한 최소한의 휴식이나 권리로 받아들여지고, 여성의 소비는 잉여로 받아들여지는 현실에 대해 이야기하는 것이다. 사실, 명품소비에는 남녀구분이 없다. 명품을 소비하는 데 성별구분만으로 치부할 수 없는 우리사회 명품열풍이 있음에도 불구하고, 한국사회는 일관되게 여성들의 소비를 비난하고 있다. ㅇㅇ녀와 같은 신조어들을 만들어 내는 데는 '여자들이 벌면 얼마나 번다고', '생각 없이 소비하고 사치하는' 이라는 보수의 심리가 깔려있다. 여성의 경제활동이 과거와 다르게 증가하는 추세이고 경제활동과 소비는 맞물리는 현상임에도 불구하고 여성들의 소비활동 자체를 인정하려 하지 않는 것이다. 여성의 소비활동 이면에 있는 여성의 경제·사회활동 참여라는 현상을 무시한 채 여성을 소비의 주체로만 보는 것이다. 여성들의 경제활동을 인정하고 싶지 않아서인지도 모르겠다. 그리고 한국사회는 비겁하게도 이런 비난을 가장 힘없는 젊은 여성들에게 쏟아내고 있다. 이러한 현상 역시 남성중심사회의 보수성과 여성에 대한 적대감이 원초적으로 발산된 또 하나의 역풍(*backlash*)이다.

이처럼 한국사회는 한편으로는 '능력 있는 여성', 다른 한편으로는 '소비하는 여성'이라는 잣대로 여성을 재단하고 있다. 능력 있는 여성이라는 이미지의 이면에는 젊은 여성들이 달성할 수 없는 높은 기대치를 설정해 놓고 그 목표에 도달하지 못하는 대다수의 여성들을 좌절시키는 코드가 담겨 있고, 소비하는 여성의 이면에는 여성의 소득과 소비에 대한 사회적 규제의 의미가 담겨 있다. 남성과의 관계든, 사회와의 관계든, 20대 여성에게 주어진 사회적 기대와 바람은 모순 그 자체다.

가치관을 정립하는 시기, 사회와 어설프게 소통하는 20대에, 사회는 실제 현실을 반영하지 못하는 'ㅇㅇ녀/걸/우먼'을 만들어내고 여성들은 혼란스러워 한다. 하지만, 20대는 그래도 언젠가 30대 언저리에 알파걸이 되고 싶다는 꿈을 키워나간다. 지금은 비록 부족하지만 취업을 하고, 자신의 능력을 발휘하고 싶다는 것이다. 그런데 이런 20대 여성들에게 지금 당장 자신을 표현할 수 있는 가장 쉬운 방법이 소비를 통한 방법일 수 있다. 다시 말해서, 이들이 알파걸을 30대 이후에 달성 가능한 목표로 생각하고 있다면, 신상녀는 비교적 쉽게 접근할 수 있는 목표라는 것이다. 능력과 외모를 다 갖추기를 강요받는 사회에서 젊은 여성들에게 신상녀는 알파걸보다는 쉬운 미션이다. 그러나 여기에 '소비'만 하는 여성이라는 비난의 함정이 있다는 것을 아는 걸까.

요즘 젊은 여성들에게 가장 인기 있는 칙릿(*Chick-lit*)[5]으로 〈섹스 앤 더 시티〉(*Sex and the City*)[6]가 있다. 이들의 패션스타일이 젊은 여성들의 패션코드가 되었고, 이들의 연애스토리가 자신들의 스토리가 되었다. 이 드라마가 인기 있는 이유는 주인공들의 패션이나 명품소품뿐 아니라, 뉴욕이라는 대도시에서 자신의 일을 갖고 있는 이 커리어우먼들의, 당당하고 자신 있는 자아상을 젊은 여성들이 동경하게 되었기 때문이다. 어쩌면, 한국의 젊은 여성들에게 이 가상의 인물 4명은 그들의 언니이며 멘토인지도 모른다.

20대 여성들의 마음속에 이런 것이 있을지 모르겠다. 사회적으로 성공하고 싶고, 성공한다면, 부모세대에서 성공한 몇몇 여성들처럼 촌스럽고 투박해 보이는 외모가 아니라, 저런 언니들처럼 세련된 모습이고 싶다고 말이다. 그래서 여성잡지나 기웃거리던 8, 90년대와 다른, 이 시대에 옷은 이렇게 입고, 연애는 이렇게 해라라고 알려주는 〈섹스 앤 더 시티〉가 이들에게 고전이 될 수 있는 이유가 아닌가 한다.

---

5) 칙릿(*Chick-lit*)에서 chick은 젊은 여성, lit은 literature(문학)의 줄임말로 젊은 여성들을 상대로 한 문학작품을 의미한다.

6) 〈섹스 앤 더 시티〉(*Sex and the City*)는 미국 TV 드라마로, 뉴욕을 배경으로 사회적으로 성공한 30대 중반 싱글여성 4명의 사랑, 연애, 일, 우정에 대한 내용으로 시즌 6까지 방영되고 2008년에 영화로까지 제작되는 등 미국은 물론 전 세계적으로 인기를 얻었다.

그러나 이런 여자들의 속내를 알기나 하는 건지, 사회에서는 섹스 앤 더 시티의 여주인공처럼 구두를 사는 것이 취미이고, 화려한 옷을 입는 여자들을 동경하는 것으로, 그리고 그들의 자유로운 연애를 부러워하는 것으로만 여긴다. 드라마에서 그들의 소득을 밝힌 적은 없지만, 그들은 뉴욕에서 성공한 전문직 여성들이다. 한국의 2030 여성들이 단지 이들의 소비에만 집중하여 보는 것은 아니라는 말이다. 그러나 분명 2030 여성들이 모두 동일한 부류가 아닌 관계로, 드라마의 여주인공처럼 화려한 구두에만 열중하는 이들도 있을 것인데, 이들이 바로 함정에 빠진 여성들이라 할 수 있다.

된장녀? 신상녀? 알파걸? 원치 않는 이름을 붙인 것은 사회이고, 억울하게 비난받는 것은 20대 여성이다. 알파걸의 실상에는 20대 비정규직 여성과 30대 경력단절 여성만이 있었고, 이런 현실 속에 된장녀처럼 소비할 수 있는 간 큰 여성은 없으며, 요즘처럼 여성들을 알파걸이라 믿고 있는 사회에서 여성의 '의존'을 순순히 받아주는 남성들도 없다.

그래서인지 또 하나 아이러니한 것은 이처럼 'ㅇㅇ녀' 등 소비하는 젊은 여성들에 대해 비판하는 사회에는, 남성에게 의존하지는 않으면서, 여성 자신의 경제력으로 신상녀 같은 외모를 갖춘 여성을 선호하는 남성들이 있다는 점이다. 이른바 남자들에게 신세지지 않을 정도로 '적당히' 경제력이 있고, '적당히' 독립적이고, '적당히' 세련되고, '적당히' 순종적인 여성을 원하는 남자들이 등장한 것이다. 이른바 외모가 받쳐주는 여성을 선호하는 한국사회의 상업화 전략은 '피부관리는 20대 초반부터 해야 하고, 고치고 싶은 외모는 당당히 고치고, 몸은 44사이즈에 맞춰야 한다'고 20대 여성들을 흔들어 놓으면서, 다른 한편 그건 상업화 전략일 뿐이니 주체적인 자아를 가져야 한다는 소리를 한다. 그러나 알파걸이 아니라서 위축되고, 그래서 신상녀는 더더욱 되지 못하는 우리사회의 보통 여자들, 당장 졸업 후 취업을 걱정하며 연애는 어떻게 할지를 고민하는 이들이 20대의 모습이다. 자신이 원하는 일을 쉽게 구하지 못해 그 '적당함'조차 갖추기 힘든 것이 20대 여성이란 말이다.

그런데도 한쪽에서는 계속 '여풍'현상을 보편적 현상인 듯 얘기하고 있는데, 왜 그럴까. 이른바 시험을 보는 공직분야, 그것도 우리사회의 브레인이라 할 수 있는 고위 공직분야에 젊은 여성들이 증가하고 있는 데 대한 남성들의 위기의식이, 젊은 여성들 전체에 대한 역풍으로 돌아오는 것이다. 역풍은 평범한 젊은 여성들을 초라하게 만들고, 남성들에게는 분발하라는 일종의 메시지다.

기성사회의 역풍은 20대에서만 끝나는 것이 아니다. 30대에 접어든 이들에게 부과되는 골드미스,[7] 이른바 경제력을 갖춘, 즉 일을 가지고

7) '골드 미스'(*Gold Miss*)란 주로 결혼정보업체에서 통용되던 말로서, 30대 이상 40대 미만 미혼여성 중 학력이 높고 사회적·경제적 여유를 가지고 있는 계층을 의미하는 새로운 마케팅 용어이다. 이런 계층은 자기성취욕이 높으며 자신에 대한 투자를 많이 하는 등 경제적으로 구매력이 높은 층으로 최근 이들에 대한 마케팅적, 사회적 관심이 높아지고 있다. 결혼을 늦게

있는 30대 여성에 대한 부담 또한 막중하다. 요즘처럼 결혼연령이 늦춰지고 있는 때에, 30대 비혼(非婚)여성들은 자신의 의사와 관계없이 골드미스니, 실버미스니 하는 분류로 구분되며, '직장가진 여성'이 신붓감 1위가 될 정도로 결혼시장에서 여성의 경제력은 필수적이다.

그래서일까, 훨씬 윗세대에서 대학졸업 후 취업하지 않고 결혼준비를 한다고 할 때 쓰이던 '신부 수업중'이라는 표현은 요즘 사용되지 않을 뿐만 아니라, 실제 직업을 갖지 않은 여성은 능력 없는 여성이라는 인식이 있다. 그러나 결혼 후 맞벌이 가정에서 가사는 여전히 여성의 책임이다. 즉, 가정도 사회와 사정이 비슷하다. 여성에게 요구되는 기준은 남성과 똑같은 '경제력'이 되고 있지만, 가정은 여전히 성역할을 받아들이라고 말하고 있는 것이다.

한국사회의 영페미니즘

그렇다면, 이들 젊은 여성들에게 이런 숨겨진 사회의 코드를 읽어낼 수 있는 힘이 있는가. 여성주의 의식, 이른바 말하는 페미니스트 의식이 있는가.

하는 사회적 변화와 함께 직장에서의 성차별이 약해짐에 따라 독신생활을 즐기고 또한 자기계발에 많은 관심을 가지고 있는 것이 특징이다. 특히 쇼핑과 해외여행 등 감성적인 만족을 위한 소비행위를 한다.

1990년대 말, 2000년대에 들어오면서 기성세대의 운동방식과 차별화된 전략을 가지고 나타난 젊은 여성중심의 여성운동을 '영페미니즘'[8]이라 부르고 있다. 영페미니즘을 표방하는 영페미니스트는 온라인 커뮤니티 〈언니네〉(www.unninet.net)와 인터넷저널 〈일다〉(www.ildaro.com)를 공간으로 활용한다. 영페미니즘의 또 하나의 특징은 문화, 축제중심의 운동방식이다. 대학을 중심으로 시작한 지하철 성추행 퍼포먼스 등 게릴라식 퍼포먼스를 통해 주류 여성운동의 방식인 대규모 집회만이 능사가 아니라는 것을 보여주었다. 이들은 좀더 대중적이고 새로운 콘텐츠를 개발하고, 이미지화 하는 데 주력하였다. 이들의 문화축제방식은 기존 여성을 둘러싼 개념과 관습들을 풍자하면서 억압과 편견을 고발하려는 것이며, 여성이 피해자라는 식의 수동적 위치에서 벗어나 적극적 행위자로 변화를 꾀하려는 의지가 크다. 이들은 거대담론이 아닌, 일상의 정치를 지향하는데, 이는 '개인적인 것이 정치적'(MacKinnon, 1983: 656)이라는 페미니즘의 모토를 실천하고 있는 것이라고 볼 수 있다.

8) 영페미니스트/영페미니즘: 영페미니스트를 규정하고 논의가 처음 제기된 시기는 2000년 전후며, 당시에는 90년대에 대학을 다닌 20대 여성그룹을 논했지만, 세월이 흐르면서, 영페미니스트를 지칭하는 세대는 다시 2000년대에 대학을 다닌 20대 여성으로 세대가 이동하게 되었다. 따라서 우리 사회의 2030세대의 여성들, 자칭 여성주의를 생산하고 실천하고 있는 그룹 및 개인들을 영페미니스트라 부를 수 있을 것이며, 이런 측면에서 영페미니스트를 특정 연령대로 귀속시키기보다는, 기존 주류 여성운동과 대비되는 '새로운' 방식의 여성운동을 하는 소수집단을 지칭한다.

영페미니스트의 운동은 주로 온라인 커뮤니티를 통해 활성화되는데, 온라인의 쌍방향성, 익명성 등의 조건이 여성들의 자유로운 소통구조를 이끌어내는 환경을 제공한다(신희선, 2005: 258～259).

영페미니즘의 선두격이며 가장 활발한 공론의 장인 〈언니네〉는 2030 여성들의 각종 관심사를 공유하고 사회에 대해 목소리를 내는 그들만의 공간이 되었다. 또 이들은 페미니즘 캠프[9]를 통해 온라인의 한계를 극복하고 오프라인 모임도 운영하고 있다. 〈언니네〉는 2000년 이후 공식출범하면서 영페미니스트의 입장을 표명할 수 있는 '광장', 다양한 지식과 고민을 질문하고 답하는 '지식놀이터', 언니네 회원개인이 운영하는 블로그인 '자기만의 방', 〈언니네〉가 정한 특정 주제에 대한 토론, 편집팀이 바라보는 여성이슈에 대한 논평, 칼럼 등을 싣는 '채널넷', 개인회원들이 모여 만든 온라인상의 '커뮤니티' 등으로 구성되어 있으며, 최근에는 회원들의 글을 엮어 만든 《언니네 방 1, 2》를 출판하기도 하였다. 최근에는 젊은 여성들을 중심으로 공감을 얻고 있는 비혼축제를 개최했다. 독신도 미혼도 아닌 비(非)혼 말이다. 결혼은 선택이듯이, 결혼을 선택하지 않은 비혼에 대해 이들 젊은 여성들의 관심은 매우 뜨겁다. 〈언니네〉에는 이처럼 비혼과 생태공동체에 대한 운동차원의 모임도 시작되고 있다. '자기만의 방'에 올라

---

9) 언니네트워크의 페미니즘 캠프는 2004년 〈여름엔 역시 수박이지〉, 2005년 〈산중호girl〉, 2006년 〈언니는 캠프를 좋아해～〉, 2007년 〈사각턱과 군살의 자위 쇼〉, 2008년 〈뻔뻔(fun fun)한 탐구생활〉이라는 제목으로 열렸다.

온 '비혼여성 생태 공동체, 함께해요'(글쓴이: 라일락)라는 글에는 각각 비혼/여성/생태 · 귀농/소규모 공동체에 대한 그들의 정의와 함께, 귀농에 대해 관심 있는 사람들로 모임을 구성하고 있다.

〈일다〉는 2003년에 구성된 여성주의 인터넷저널로서 초기부터 여성학계 교수와 학자들을 기자단으로 운영하면서 〈일다〉에 실린 글들이 회자되는 등 관심을 받았다. '일다'는 뉴스구분을 '사회', '노동', '녹색정치', '국경너머', '소수자 시선', '매체비평', '문화' 등으로 구분하고, 사회부문에서는 평화/ 성차별/ 성폭력/ 성매매/ 정치 · 정책/ 가족 · 관계/ 의료 · 과학 등의 세부내용을 담고 있으며, 노동부문에서는 여성노동과 관련한 기사들, 녹색정치에서는 환경관련 기사들을 싣고 있으며, 국경너머 부문에서는 이주/아시아/세계 등의 세부내용, 소수자 시선에서는 십대/이반(동성애자)/장애 등의 내용을 다루고 있다. 〈일다〉의 기사가 돋보이는 이유는 각각의 항목에 대해 일다 기자단의 여성주의 시각으로 사회문제를 새롭게 조명한다는 점, 여성문제에 대한 접근이 기성 언론과 다르게 매우 구체적이며 적극적이라는 점이다.

예를 들어 2008년 가족관계등록부 제도가 시행된 이후 제기된 프라이버시권 침해문제에 여성단체들의 지적사항을 담아내고 있으며, 기획연재로 '아동성폭력, 안전하지 않은 사회'에서도 "절대 혼자서 견디게 하지 마십시오", "학교성폭력, 언제까지 묻어버릴 텐가", "아동성폭력 신고 막는 수사과정 2차 피해" 등의 제목으로 사실전달만이 아닌 피해/가해아동에 대한 정서적 접근의 기사를 통해 사회에 대한 호소력 있는 기사를 내보내고 있다. 또한 성폭력 가해자에 대한 전자팔찌 등에 대해 기성 언론이 부추기는 것과 달리, 〈일다〉에서는 "전자팔찌, GPS장착 등은 전시효과일 뿐", 스포츠계 성폭력과 관련해서는 "교육자에 의한 성폭력, 예방책이 없는 사회" 등 성범죄와 성폭력에 대한 사회구조적 성문화에 대한 사회고발을 담고 있다. 또한 소수자 시선에서는 성소수자나 장애뿐 아니라 우리사회 10대에 대한 관심을 두고 있다는 점이 신선하다. "사교육 열풍에 기름 끼얹는 새 정부 교육정책"에 대한 비판이나, "10대 아르바이트 근로감독 강화의 필요성"이나, "솔직한 성교육의 필요성", "촛불 든 10대들의 도덕성"에 이르기까지 우리사회 미래세대인 10대들을 둘러싼 사회문제를 시의 적절하게 싣고 있다.

영페미니스트들은 온라인 공간 이외에도 몇몇 대학(고려대, 서울대, 서울시립대, 연세대 등)을 중심으로 여성문화기획단을 구성하여 활동하였다. 월경 페스티벌을 주최하는 〈불턱〉,[10] 친환경 대안생리대 만들기 운동을 하는 〈피자매 연대〉, 페미니즘 웹진을 운영하는 〈여해 그

10) 불턱: 불턱의 사전적 의미는 제주도 해녀들이 작업이 끝난 후 옷을 갈아입으며 수다를 떠는 장소를 일컫는 제주도 방언이다. 여성문화기획 불턱은 페스티벌을 통해 월경 기간이 내 삶의 에너지가 가득 찬 기간임을 인정하자고 말을 건넴으로써(부제 'I love my powerful period') 월경을 여성만의 축복으로 여기고 긍정하는 계기를 만들고자 했으며, 4회 행사에서는 '넌 어떤 월경 하니?'라는 슬로건을 내세우면서 개인의 다양한 월경 이야기를 나누고 서로의 월경에 대한 질문을 던짐으로써 내 안의 월경의 의미를 찾아가는 시간을 갖고자 하였다.

림〉[11]의 '달나라 딸세포', 출판기획집단인 〈달과 입술〉, 그리고 사안별로 활동하는 오프라인 모임으로 〈운동사회 성폭력 뿌리 뽑기 100인 위원회〉나 〈여성해방연대〉가 있다. 불턱의 월경 페스티벌은 이후 대안생리대 만들기 운동과 연결되어 여성의 몸뿐 아니라 환경에 대한 2030세대들의 인식을 반영하고 있다. 여성들이 부끄럽게 생각했던 생리현상에 대해 공론의 장을 만들었다는 데 큰 의미가 있고, 비슷한 운동인 피자매 연대의 대안생리대 만들기 운동 역시 여성의 생리현상을 환경운동의 관점에서, 대안생리대 운동과 연계해 펼쳐나가고 있다는 점에서 젊은 여성들만이 가질 수 있는 고유한 발상의 전환을 엿볼 수 있는 운동이다. 그러나 한편, 여해 그림이나 불턱 등의 모임이 서울지역의 일부 대학을 중심으로 운영되고 있다는 점에서, 활동의 지속성을 한계로 지적할 수 있겠다. 일례로 월경 페스티벌은 2002년 이후 활동이 두드러지지 않고 있으며,[12] 웹진형식의 여해 그림 역시 온라인상

11) 여해그림: '딸들'의 목소리를 세상에 전하고 싶어 하는 젊은 페미니스트 모임으로서, '여해'는 여성해방, 바다, 해, 그로부터 파생될 수 있는 수많은 느낌들을, '그림'이라는 단어 역시 그려간다(만들어간다), 그리워한다(소망한다) 등을 연상시킬 수 있는 다의성과 모호성으로 인해 선택한 만큼, 하나의 의미를 붙이는 것이 아니라 네 글자가 담을 수 있는 만큼의 풍부한 의미와 이미지를 '열린' 상태로 가져가고자 하는 의도가 있다. 1996년 여름, 서울대 내의 여성자치단체들이 모여 결성한 '관악여성모임연대'(이하 여모)를 그 전신으로 하고 있으며, 여모는 사회보다 훨씬 더 진보적인 분위기를 가지고 있는 서울대도 '여성문제'에 관한 한 거의 불모지나 다름없다고 판단한 각 단대(공대, 사회대, 인문대, 자연대, 동아리 연합회)의 여성모임들이 서울대 안에서 '실질적인 여성의 목소리'를 내기 위해 만든 연대모임이다.

12) 제 1회(1999) '유혈낭자', 제 2회(2000) '달떠들떠', 제 3회(2001) '애기치 못

의 업데이트가 활발하지 않다. 또한 출판기획집단에서는《나는 페미니스트이다》(동녘)를 출간한 2000년 이후 후속작업이 없는 형편이다. 이에 비해 〈언니네〉나 〈일다〉는 현재까지 왕성한 활동을 하고 있다는 점에서 영페미니즘의 중추역할을 하고 있다고 볼 수 있다.

한편, 영페미니스트는 대학 내에서의 성폭력 반대, 대학 내 성희롱 언어사용 금지운동을 활발히 하고 있다. 최근에는, 대학 내 총여학생회를 중심으로 생리공결[13] 제도 도입이 가장 많은 관심대상이며, 또 다른 한편으로 총여학생회 존폐 논쟁도 진행중이다. 총여학생회는 대학 내 여대생의 인권보호와 처우개선에 앞장섰던 상징적 조직이었던 만큼, 대학 내 총여학생회가 사라지고 있다는 것은 대학 내 여성운동의 존폐와 긴밀한 관련이 있다.

영페미니스트들이 한국사회에 던져준 시사점은 기성 여성운동과 차별된 그들만의 새로운 방식으로 여성문제를 이야기했다는 것이다. 특히 20대 여성들의 〈언니네〉 등 온라인 커뮤니티를 통한 소통방식은 2030세대간 소통과 정보의 나눔, 동시에 다소 소극적이지만 2030세대의 주장을 담고 있다.

물론 기성 여성운동 내부에서도 이런 영페미니즘의 영향을 무시할

한 즐거움', 제 4회(2002) '경(慶)칠년들' 기획.

13) 경희대, 한양대, 연세대 등 총여학생회 단위에서 서명운동, 캠페인 등을 통해 생리공결 제도화를 비롯한 여학생 복지시설, 제도를 확대해오고 있다["'생리통 결석 = 출석' 대학은 교수재량에 맡기고 교수는 인정 않고"(국민일보 2008. 1.17)]

수 없었다. 기성 여성운동 단체들은 기존에 정부와 밀착하여 여성정책의 대안을 제시하던 행동전략에서, '생활밀착형 운동' 쪽으로 방향을 수정했다. 여성운동 활동가들의 공직분야 진입을 놓고 여성운동의 제도화 논쟁이 있었는데, 당시 이런 활동가들의 행태를 가장 맹렬히 비판했던 것이 바로 영페미니즘이었다. 어쨌든, 기성 여성운동단체에서는 지금의 상황을 위기가 아니라, 방향이 전환되는 시기로 간주하고, 여성의 사회권 확대나 풀뿌리 민주주의 등 보다 광범위한 사회이슈에 눈을 돌리고 있다.

한국의 여성운동은 서구 국가와 마찬가지로 초기에 평등한 사회참여를 주장했고, 점차 여성에 대한 폭력에 대해 관심을 갖고 활동하고 있다. 한국의 1980년대 말부터 90년대까지 남녀고용평등법의 지속적인 개정작업과, 90년대 후반 이후 현재까지 성폭력에 대한 여성운동의 요구가 이를 반영하고 있다. 한국의 여성운동은 여성문제를 법제화하는 데는 성공했지만, 이를 실제현실에 적용하는 데는 실패했다. 단기간에 이 두 가지를 성공시키기에는 한국사회의 가부장적 요소가 뿌리 깊었던 것이다. 남녀고용평등법이 제정된 1988년 이후 현재까지 여성의 경제활동 참여율은 단지 5%가 증가했을 뿐이며, 여성에 대한 폭력은 그 대상과 범위가 더욱 확대되고 있다. 그런 가운데, 여성운동의 영향력은 점차 줄어들고 있다.

여성운동의 방식이 영페미니즘의 등장과 함께 다양해졌음에도 불구하고 여성운동의 영향력이 점차 줄어들고 있다는 것은 왜일까 한 번 더 생각해 보았다. 〈언니네〉를 통해서 본 영페미니스트들은 분명 자신들의 언어와 방식으로 사회와 소통하고 있지만, 이들의 관심영역과 소통방식은 개인주의적인 인터넷 영역에 매몰되어 있다는 느낌이 든다. 여기서, 〈언니네〉에 올라온 글 가운데 많은 조회수와 함께 '지지'와 '공감'을 얻은 글들을 중심으로 이들의 고민과 관심사를 잠시 살펴보자. 이들의 소통방식은 이른바 '자기만의 방'[14)]에 갇혀있는 세대가 아닌가 할 정도로 드러냄이 없다. 그들만의 영역에서 고민하는 개인적인 문제와 사회적인 여성문제는 분명 시대를 반영하고 있는 성(*sexuality*)의 문제, 성정체성의 문제이지만 이런 문제들은 각기 개별화되고 사회화되지 못한 채 개인의 영역에 남겨지고 있다. 일례로 자기만의 방에 올라온 성 정체성에 대한 글을 보면, 우리사회의 성소수자에 대한 인권차별의 문제가 아닌 언니네 내부를 중심으로 한 성 소수자담론에 대한 생각을 담고 있다.

… 읽으면서 논쟁이 발전적 방향으로 나아가기를 진심으로 바랐지만, 몇몇 리플을 보면서 논쟁이 오히려 퇴보하는 것을 느꼈고, 타인에 대한 최소한의 예의조차 지키지 않는 분들을 보면서 절망스럽기도 합니다.

성 정체성이 선택이 되는 순간 우리들의 성 정체성은 일시적 현상으

14) 버지니아 울프의 대표적 에세이 제목이자, 영페미니스트의 대표적 온라인 커뮤니티인 '언니네'에서 운영중인 개인 블로그의 제목. 울프는 '여성과 픽션'의 의미에 대한 고찰을 시작으로 《자기만의 방》에서 제인 오스틴, 조지 엘리엇, 에밀리 브론테 등 여성 작가들의 작품을 고찰하고, 그들이 제한된 경험과 인습적 통제로 뒤틀린 작품을 쓸 수밖에 없었던 현실을 발견한다.

로 전락하게 되는 것 아닙니까? 성 정체성을 자각하지 못하다 깨달을 수는 있습니다. 그러나 '내 라이프스타일과 어울리는 것 같아서 나는 레즈비언하기로 했어, 바이하기로 했어, 헤테로가 제일 나은 것 같아.' 이런 말을 들어도 어색하지 않게 받아들이면서 타인의 자유를 그냥 인정하는 게 권장되는 바람직한 태도라고 생각하지는 않습니다.

정체성이 선택이라고 말씀하시는 분들이 자꾸 나타나고 있는데, 그 분들께 여쭈어보고 싶은 것이 있습니다. 성 정체성이 선택이라면 커밍아웃과 아웃팅의 문제는 어떻게 되는 건가요? '나 커밍아웃 했었지만 지금은 아니야.' 이런 말이 가능하게 되는 겁니까? '아웃팅 당했던 그 사람 그건 옛날에 잠깐이래 지금은 아니래. 그래서 그때는 힘들었지만 지금은 괜찮대, 하지만 몇 년 후엔 또 바뀔지도 모른대' 이런 말을 들으면 '응, 그렇구나' 라고 하면 되는 건가요? 그러면 커밍아웃은 아무런 의미가 없는 우스운 농담이 될 겁니다. 지금껏 많은 분들이 성 정체성이 선택이라는 전제에 대한 무수한 오류를 지적하셨는데, 받아들일 부분은 좀 받아들이셨으면 좋겠습니다. 언니네가 소통 가능한 공간이길 바랍니다. (달항아리, 2008.4.29)

성 정체성과 관련된 내용뿐 아니라, 성추행에 대한 경험의 공유에서도 이들의 소극적 태도는 마찬가지다. 최근 미국산 쇠고기 수입반대를 위한 촛불집회에 많은 여성들이 참여하고 있는데, 그 현장에서 겪은 성추행 경험을 다음과 같이 옮기고 있다.

시위장에서 어깨에 강아지를 올려놓은 아저씨를 보았다. 시위에 함께 참여중이던 아는 동생이, 그 강아지를 쓰다듬었고, 나도 예쁘게 생긴 강아지를 쓰다듬었다. 그때까지는 몰랐는데, 그 남성은 술에 취한 상태였고, 무슨 말을 하려고 하며, 내 팔뚝을 잡았다. 그런데, 잡는 방식마저 주무르는 방식이었다. 나는 불쾌함과 놀라움으로 몸을 뒤로 뺐고, 그 남자는, 그때서야, "아, 아, 만진 거는 미안하고~"라고 말했다. 그는 자신의 행동이 잘못된 것을 알면서도 나의 팔을 그따위 방식으로 만진 것이 분명했다. 또한, 그만큼 취해있지도 않았다는 뜻이 될 수도 있겠다. 그리고 취해있든 안 취해있든 그런 행동은 성추행이다. 여성들은, 대개의 여성들은, 취해있다고 해서 누구를 성추행하지도 않고, 만일 성추행했다 한들, 취해 있었음이 변명으로서 먹히지도 않을 것이다. 정말 불쾌했고, 상처를 받았다.

미국 쇠고기 전면수입 반대로부터 시작된 촛불시위가, 이제는 대운하와, 이명박 정부의 비민주성, 폭력/과잉 진압, 공기업 민영화 등의 많은 화두와 의제들로 확대/변화되고 있다. 나는 문제의식을 가지고 집회에 참여하며, 힘들고 지칠 때는 돗자리 하나 펴놓고 벌렁 눕기도 했었다. 그만큼 그 공간에 대한 신뢰와 자유로움에 대한 무의식적인 확신이었던 것 같다. 그러나 이런 일을 겪고 나니, 그 공간에, 여성의 권리와 안전을 지켜줄 어떤 협의회나 인력들이 필요하다는 생각이 들었다. (반월, 2008.6.29)

이 글에는 많은 답글이 달려 있다. "정말 공감합니다. 시위장의 남성적 분위기, 여성을 배려하지 않는 시위문화… 필요해서 나가긴 했지만… 늘 불편합니다. 협의회가 필요할 것 같아요!", "반월~님이 겪으신 일들은 우리 안에서 더 이상 일어나지 않게 조직적인 대책이 있어야 할 듯합니다. 그리고 집회현장에서만큼이라도 성별, 나이, 직업 등에 따른 차이를 존중하며, 할 수 있다면 서로 그 차이를 줄여보도록 노력하되, 그 차이로 차별을 하지 않았으면 합니다"와 같은 글들이었다.

물론 몇몇 글들만으로 영페미니스트를 판단할 수는 없다. 이들의 표현방식이 개인경험 중심이고 그래서 기성세대에게는 소극적으로 보일 수 있다는 점을 인정한다. 그럼에도 불구하고, 젊은 여성들은 더 소리내야 하고, 더 밖으로 드러내야 한다. 젊은 여성들의 존재뿐 아니라, '우리들이 무엇을 원한다'는 걸 사회가 분명히 듣고 느끼게 해야 한다. 그것이 축제와 퍼포먼스 방식이든, 거리시위든 간에, 이들의 목소리가 묻혀서는 안 된다.

최근 들어 여성들의 목소리가 확실하게 사회에 비춰진 것이 바로 미국산 쇠고기수입 반대를 위한 촛불집회다. 이 촛불집회에서 가장 주목을 받는 사람은 여성들이었다. 촛불을 든 어린 여중·고등학생은 '촛불소녀' 마스코트로 만들어졌고, 과천의 주부들은 미국산 쇠고기 거부 플래카드를 만들었으며, 촛불집회 현장에는 유모차 부대가 있었다. 이번 사건을 계기로 기성 여성운동과 영페미니즘 그리고 페미니즘에 관심 없던 젊은 여성들까지 모두 한 자리에 모이게 되었다. 온라인을 통해 의견을 주고받던 이들이 결국 거리로 나오게 된 것이다. 정치에 관심 없던 패션관련 2030 여성들의 인터넷 카페(소울드레서)나 유모차 부대가 중심인 인터넷 카페(Umon, Imsanbu 등)는 가장 주목받는 여성집단이 되었다. 실제로 집회현장에는 하이힐에 미니스커트를 입은 여성들과 유모차를 끌고나온 엄마들이 물대포에 맞서고 있었다.

이를 두고 요즘에는 '아마조네스 부대'(경향신문, 2008.7.8)니, '배운 여자'(인터넷카페 소울드레서)[15]니 하는 말들을 하고 있는 것 같다. 사실 정치와 거리가 먼 패션 동호회, 요리 동호회(82쿡닷컴), 인테리어 동호회(레몬테라스)가 이번 쇠고기문제로 정치토론의 활화산이 되었다. 촛불집회는 20~30대 젊은 여성들과 주부들을 '배운 여자'로 변화시켰으며, '너…배운 여자인가!'는 정치적 주체로 변신한 스스로에 대한 자신감이며, 동시에 그 좋은 학벌과 넉넉한 재산을 갖고도 '배워먹지 못한' 권력집단을 꼬집는 통쾌한 풍자다. 'ㅇㅇ녀' 시리즈의 하나라는 데 선뜻 유쾌하지는 않지만, 기존에 '여자'들은 상대적으로 정치문제에 관심 없고 배우지도 못한 축에 속했는데, 이 엄청난 국가적 문제를 놓고 여자들, 그것도 '배운 여자'들이 정치인을 향해 쓴소리를 외치고 있다는 것은 대단한 그림임에 분명하다.

다시 2030 젊은 여성들의 문제로 돌아와 보자. 가정 내 차별을 경험하지 못한 세대, 그래서 여성차별에 대한 인식이 부족한 2030 여성들은 가부장적 사회와의 괴리가 클 수밖에 없다. 그런데, 2030 여성들은 이러한 사회적 불평등 구조에 대해 알면서도 그러한 위험신호를 외면

15) 배운 여자: 고학력 여성을 가리키는 용어가 아니라, 자신의 지식과 지혜를 활용해 공공의 이익을 위해 실천하는 20~30대 여성들을 지칭하는 신조어다. 다음 카페의 패션 동호회 '소울드레서' 회원들은 "너… 배운 여자인가!"라는 문구가 쓰인 깃발을 들고 촛불집회에 참여했다. 경향신문과 한겨레에 미국산 쇠고기 수입반대광고를 낸 것도 '배운 여자'들이고, 조선 · 중앙 · 동아일보에 광고 낸 기업에 항의 전화를 건 것도 그녀들이다.

한 것일까. 그 이유는 의외로 단순하다. 대학을 졸업하고 사회와 맞부딪혀 본 경험이 있는 20대 후반, 30대 초반 여성들은 여성의 권익을 위해서는 페미니즘이 필요하다고 생각한다. 기득권에서 제외됐기 때문에 뒤처진, 여성의 처우를 개선하기 위해서는 페미니즘이 필요조건이라는 것이다. 하지만 정작 젊은 세대 여성들은 페미니스트로서 살고 싶은 마음은 없다고 말한다. 페미니즘하면 왠지 과격한 이미지가 먼저 떠오르고 실제로 가깝게 느껴지지 않는다고 솔직하게 털어놓는다(여성신문, 2006.10.20). 누군가 여성의 이익을 위해 나서주기를 바라지만, 그게 '나'는 아니라는 것이다. 페미니스트로 보일 경우, 투쟁, 과격의 이미지가 떠오르는데, 그건 남자들에게 곧 위협적인 존재가 된다는 것이다. 기존 남성중심 사회의 관행이 잘못되었고 바뀌기를 원하지만, '내'가 나서서 남성들에게 이른바 '찍히고' 싶지는 않은 것이다. 이런 젊은 세대 여성들의 딜레마는 직장 내 승진과 같은 문제에 부딪혔을 때 나타난다. 〈언니네〉에 올라온 글을 통해 엿보기로 한다.

> 우리 회사에는 두 가지 부류가 존재한다. 직원과 여직원. 직원은 남자고 여직원은 여자다. 우리 회사는 남자가 대리를 다는 것은 입사 후 3년, 여자는 5년이다(군가산점이 폐지된 이후 기업들은 대부분 군경력을 월급을 더 주는 것으로 바꾸고 승진기회는 똑같이 제공했지만 초보수적인 우리 회사는 말도 안 된다며 월급도 더 주고 호봉도 2호봉을 더 높게 줬기 때문에 이런 결과가 발생했다). 그러나 남자는 대리를 단 후 2년 만에 과장으로 진급하지만 여자는 그런 케이스가 없었다. 왜냐? 여자기

때문에. 우리 회사는 남녀 동등하게 인사평가를 하지 않는다. 남자는 남자끼리, 여자는 여자끼리. 자기네 식으로 말하자면 직원평가는 남자를 의미하고 여자는 여직원 평가다. 거기다 여자는 진급 배당도 더 적다. 그러다 보니 여자 대리 한 번 물먹는 것은 애교. 두 번 물먹는 것은 당연한 것. 세 번 물먹으면 일을 못하나? 뭐 이런 것. 근데 남자는 기를 살려줘야 하고 목소리를 높여주기 위해서라도 대리는 물먹이는 법이 없다. 누가 그렇다고 말해 준 적은 없지만 울 회사 직원이면 다 아는 만고의 진리다.

비정규직으로 살아간다는 것. 여자로 살아간다는 것. 정말 날 자꾸만 투사로 만드는 것들이다. 새파랗게 어린것들이 남자라는 이유만으로 대리를 달고 나를 우습게 볼 생각만 하면 머리가 지끈거린다. 그래도 통 큰 여자의 넓은 아량으로 받아줘야겠지? 그렇게 대리 대접 받고 싶냐? 그럼 평생 대리나 해라. 그렇게 말이다 ㅋㅋ. (사카린, 2007.6.29)

직장생활에서 여자이기 때문에 겪는 불이익에 대해 여성들은 스스로 말하지 못하고 있다. 여성들끼리도 그런 불이익을 당연한 것으로 받아들이며, 그렇기 때문에 여성들 중에 누군가 그 룰을 어기고 일찍 승진이 될 때 오히려 여성집단으로부터 인정받지 못하는 아이러니가 생기게 된다. 사회가 일찌감치 쌓아놓은 유리천장과 유리벽에 남성들은 물론이고 여성들조차 익숙해진 것이다. 그런데, 이른바 요즘세대인 젊은 여성들은 왜 말하지 못하면서 유리천장을 공고하게 하는 일에 동참하고 있는 것인지 모르겠다. 그러면서, 남성들과 한목소리로 "'능력'만 있으면"이라는 말로 자위하고 있다.

요즘 여성들은 투쟁보다는 축제의 접근방식으로 여성운동을 대신한다고 생각한다. 그래서 어쩌면 사회문제에 대해 공론화해본 경험이 없고 '투쟁'의 의지를 불태워 본 적이 없는 2030세대가 사회적 장벽에 부딪혔을 때 더 많은 좌절을 겪는지도 모른다. 문화적 담론과 축제 같은 화합의 마당을 열어놓고, 여기에서 동료 남성뿐 아니라, 기성세대도 화합하기를 바랐던 것은 어떻게 보면 순진한 발상인지 모른다.

참고문헌

댄 킨들런, 2007, 최정숙 옮김, 《새로운 여자의 탄생, 알파걸》, 미래의 창.

신희선, 2005, "디지털 시대와 사이버 페미니즘", 〈아시아여성연구〉 44(1), 숙명여대.

김종숙 외, 2007, 〈여성인력패널조사〉, 여성부.

주재선, 2006, "통계분석06-5 OECD국가의 여성고용", 한국여성개발원.

______, 2007, "2007 여성고용동향", 한국여성정책연구원.

통계청, 2006, 〈경제활동인구조사〉.

______, 2007, 〈경제활동인구조사〉.

언니네 http://www.unninet.net.

일다 http://www.ildaro.com.

불턱 http://menses.abefg.com.

피자매연대 http://www.bloodsisters.or.kr.

달나라 딸세포 http://dalara.jinbo.net.

경향신문, 2008.7.8.

국민일보, 2008.1.17.

동아일보, 2008.5.19.

여성신문, 2008.6.27.

한국일보, 2008.6.26.

• 나의 20대 초상 • **김은경**

여성학에서 길을 찾다

내가 지나온 20대는 이른바 X세대라 불리는 1990년대였으며, 어디를 가나 X세대라고 했고, 취업 이후에도 한동안 그렇게 불렸다. 그때는 이미 30대가 된 후였는데도 말이다. 신세대인 20대에 대한 기성세대의 관심과 동경, 그리고 후발세대에 대한 불안함이 조금씩 묻어난 표현들이 아니었을까 생각한다. 어느 시대나 20대는 새로운 세대로 등장하지만, 신세대라는 표현이 보통명사라기보다는 대명사로 사용되던 것이 벌써 10여 년 전의 일이다.

이젠 40대를 바라보는 90학번인 나는 이 글을 쓰면서 요즘 젊은 세대 여성들이 과연 나와 얼마나 다르고 같은지 알고 싶었다. 화려한 청춘이라 할 수 있는 모든 사람들의 20대, 나는 다시 20대로 돌아가고 싶은지, 나에게 조심스럽게 물어보았다. 그리고 그 시절의 20대인지, 지금의 20대인지 다시 반문하고는, 잠시 머뭇거리게 되었다.

지금의 20대는 오히려 내가 지내왔던 90년대가 좋았다고 한다. 그때는 여성운동이든, 학생운동이든, 목표가 뚜렷했고, 여성운동은 여성의 인권과 사회진출을 위해 함께 행동했다는 것이다. 그런데, 지금의 20대는 겉으로 보기에 다 이루어진 듯한 사회구조와 더 좋은 가정환경에서 자란 세대들로 구성되어 여성운동을 하기에도 애매하고 그렇다고 아무것도 하지 않기도 애매하다는 것이다.

나의 20대는 민주화운동의 끝자락에서 정부의 민주화를 외치며 거리로 나갔다. 하지만, 이른바 386세대들이 치열하게 운동을 했던 것만큼 치열하지는 않았다. 민중가요 속에서 '딸들아 일어나라, 싸워라'를 부르며 여성인권의 중요성도 외쳐 불렀지만, 대학 내 학생운동에서 여학생은 주변인이었고, 중심부로 들어가기에 여학생 수가 너무 적었다. 당시 민주화운동에 열심이었던 여학생조차도 '진보'라는 의식에는 남학생들의 의식과 행동을 그대로 따라하는 반쪽자리 진보의식만을 가지고 있는 여학생들이 많았다. 남학생들이 느끼기에 몇몇 투쟁적이고 대화하기 피곤한 여학생들만이 여성문제에 관심을 가졌고, 여성차별적 사회관습이나 성 불평등에 관한 얘기를 꺼내면 같은 여학생들 사이에서도 별로 환영받지 못했다. 당시 나는 동기들과 선후배를 통틀어 섬에 갇혀 있는 것 같은 느낌이 들었다.

그때, 바로 '저거야' 하는 장면이 선명하게 나에게 다가왔다. 사회학개론에서 여성문제에 대한 사회학적 시각을 단호한 태도와 목소리로 강의하시던 여자교수님의 모습이 바로 그것이었다. 그때는 교단에 모두 남자 교수님들뿐이었는데 그래서 더 인상이 깊었는지, 여학생뿐 아니라 남학생들까지도 그분의 강의에 빠져들었다. 더구나 여자선배들을 찾아보기 힘든 그 시절에 그 교수님은 나에게 역할모델이 되었던 것 같다. 그 장면과 모습이 인상 깊게 남아서일까, 나는 좀더 공부해야겠다고 생각했고, 부조리하고 불합리하다고 생각했던 사회문제에 대해 더 깊이 있게 알고 싶었다.

대학원에 진학하게 되었고, 대학 4년의 기간 동안 정치학이라는 학문에서 찾지 못했던 해답의 실마리를 여성학에서 찾게 되었다. 더구나 90년대 중반 한국의 대학가에는 여성학이나 성 정치학이 마치 유행처럼 번졌던 시기였고, 대학 캠퍼스에는 여성학 관련 문화행사를 비롯하여 성 정치학 퍼포먼스 같은 행사와 플래카드들을 쉽게 볼 수 있었다. 그야말로 당시의 화두(話頭)였던 셈이다.

여성학은 대학의 교양과목으로 1970년대 말 도입되어, 1990년대에는 거의 대부분의 대학원에서 여성학 협동과정이라는 교과과정이 개설되었다. 비록 여성학은 대학 내에서 정규과목 또는 학과로 자리 잡지 못하고 협동과정으로 운영되었지만, 학생이 관심만 있다면 여성학 관련 과목을 찾아 들을 수는 있게 되었다. 또한 최근 대학 내 여학생의 비율이 늘어나면서 대학 내 취업센터, 여대생 리더십센터, 여대생 커리어 개발센터 등 차세대 여성에 대한 관심도 증가하였다. 당시에 우리에게 사회진출에 대한 조언을 해줄 만한 여자 선배들이 거의 없었던 것에 비하면, 지금세대는 이미 사회에 진출한 졸업생들의 수도 어느 정도 늘어나게 되면서, 재학생과 사회에서 성공한 졸업생을 연결시켜주는 멘토(*mento*) 프로그램을 운영하는 등 여학생에 대한 배려나 사회선배와의 소통 기회는 조금 생겼다고 볼 수 있다. 기존에 여학생 관련 대학조직은 총여학생회나 여학생 휴게실 정도가 고작이었던 것을 상기하면 대학차원에서 여학생에 대한 관심이 크게 증가한 것만은 분명하다.

대학원에서 여성학을 공부하면서도 단순히 학과공부만으로 고민을 다 해결할 수는 없었다. 여성학 공부에 목말라하는 동료를 만나야 했다. 당시에 여성관련 정기간행물을 출판하기도 한 연구소에 회원으로 가입하고 여성학자들의 책을 읽고 토론하는 공부모임에 가입했다. 알고 보니 그 연구소는 우리나라 여성운동의 핵심이라 할 수 있는 운동가들과 학자들의 모임이었고, 나는 그 모임을 통해 더 넓은 세상을 볼 수 있었다. 운동단체 활동가들은 우리들의 선배였고 우리는 '성폭력 근절'이나 '호주제폐지'라는 피켓을 들고 함께 가두행진을 했다. 그만큼 당시의 여성운동은 사회적 결집력이 있었다. 비록 사회 전체에서 여성운동이 차지하는 비중은 작았지만, 그런 힘이 있었기 때문에 국회나 정부에서 여성운동의 목소리를 소홀히 할 수 없었고, 여성운동이 주장한 요구사항들이 법제도화 과정에 들어가게 되었던 것 같다.

나는 우리사회의 여성정책에 대해 관심을 갖게 되었고, 여성정책을 형성하는 여성운동과 정부의 역할에 대해 논문을 썼다. 그 논문이 계기가 되어 여성정책을 연구하는 정부기관에 연구원으로 취직하게 되었고 김대중 정부 이후 지금까지 여성정책을 연구하고 있다. 그리고 내가 연구하고 정책방안으로 제안했던 것들이 정부의 정책으로 채택

되는 것을 지켜보았다. 여성부의 신설, 국회의원 여성후보 할당제가 대표적이다. 내가 다니는 연구기관에는 정치학뿐 아니라 법학, 사회학, 교육학, 경제학, 사회복지학, 여성학에 이르기까지 다양한 분야에서 여성정책을 연구하고 있다. 실제 정책의 현장에 있다 보니 그동안 가지고 있던 문제의식을 정책에 반영시킬 수 있는 기회이기도 했고, 다른 한편 정부의 성격에 따라 정책이 움직이는 것도 볼 수 있었다.

한편, 여성정책을 연구하는 일을 하다 보니, 동창모임에서부터 공적인 강의까지 나를 만나는 사람들은 당대의 여성문제에 대해 궁금한 것을 물어보았고 특히 남자들은 자기네들의 생각에 할당제나 호주제 폐지, 성매매방지법 같은 여성정책은 너무 앞서 가는 게 아니냐고 반문했다. 이런 일이 반복되면서 사실 조금 피곤하기도 했다. 왜냐하면 그들의 질문에 이성을 잃지 않고 대답하는 것이 내 스스로의 과제였기 때문이다. 나는 마치 내가 우리사회 여성정책을 대표하는 사람처럼 모든 것에 대해 설명을 해줘야했고 때로는 그들과 지난한 논쟁을 벌이기도 했다. 평소에 여성문제에 대해 그렇게 진지하지 않던 사람들도 나와 사석에서 만나면 왜 그리도 진지해지고 생각이 많아졌는지 모르겠다. 아무튼 이 당시 나에겐 학문적으로든 일상 삶에서든 엄청난 에너지가 발산되고 있었던 것 같다.

요즘 젊은 세대 여성들은 가정환경도 과거에 비해 많이 좋아졌고, 가정 내 성차별이 거의 사라진 만큼, 자연스럽게 성차별에 둔감해졌기 때문에, '이젠 여성이 더 살기 좋은 시대'라는 말에 잠시 동요되는 것이 이해가 간다. 그러나 이 여성들이 사회가 쏟아내는 말들을 가려 듣고, 현상과 본질을 구분해서 파악할 수 있어야 한다고 본다. 지금 시점에서 '여풍'이라는 것은 우리 사회가 여성에게 가하는 역풍(*backlash*)이라는 사실 말이다. 그럼, 역풍을 거스르고 나아갈 수 있는 길이 뭐냐고 묻는다면, 여성들간의 연대와 소통, 그리고 촛불집회 현장에서처럼 우리가 원하는 것을 말하고 행동으로 옮기는 것이라 말하고 싶다.

세대정치는 가능한가 : 출구 만들기?

청년세대와 정치 참여 ·········· 6장

강원택*

20대의 정치사회의식 부재에 대한 우려의 목소리가 이번 총선을 계기로 폭발하고 있다. 상대적으로 낮은 20대의 투표율 때문이다. 지난 17대 총선에서도 20대 투표율은 37.1%로 50대 투표율인 82.6%의 절반도 안 되는 수치를 보였다. 이번 총선에서는 이보다도 격차가 훨씬 벌어질 것으로 예상된다. 이 때문에 인터넷 상에서는 "20대 정신 좀 차려라", "투표도 안 하면서 등록금 오른다고 욕하지 마라"라는 등의 20대 성토 댓글이 줄을 잇고 있다. (오마이뉴스, 2008.4.11)[1]

이전에는 10대나 20대를 보면서 자기 공부만 할 줄 알지 정치나 사회문제에는 관심도 없는 철없는 세대라고 생각했다. 그런데 직접 나와서 보니 그게 아니다. 10대들이 자유발언대에 나와 발언하는 거 보니 똑소리 난다. 쇠고기협상 문제부터 정치·교육 문제까지 다방면에 관심도 많고 무엇이 옳고 그른지도 정확히 가려낸다. 젊은 사람들이 집회 중간 중

* 숭실대 정치외교학과.

1) http://www.ohmynews.com(검색일 2008.5.15).

간 쓰레기를 치우는 걸 보면서 느끼는 바도 많다. 당당하게 외치면서도 자기를 희생할 줄 아는 것이다. 열정적이고 적극적인 그들의 촛불이 대한민국을 움직이고 있다. 촛불집회 한 달을 겪으면서 비로소 그들의 저력을 알게 됐다. (67세, 은퇴자, 경향신문, 2008.6.10)

요즘 젊은 세대는 정치적으로 과거와는 여러 가지로 참 다르다는 말을 많이 한다. 그 '다르다'는 표현 속에는 사실 젊은 세대를 바라보는 기성세대의 비판적 시각이 깔려 있다. 정치에 대한 관심은 낮고 선거 때도 투표조차 하지 않으며, 사회 공동체에 대한 의무감이나 책임감보다 개인적 문제에 골몰하는 이기적이고 개인주의적 존재가 되었다는 것이다. 또 한편 '우리와 다르다'는 표현 속에는 기성세대의 우쭐함이 담겨 있기도 하다. 내가 '소싯적에는 말이야'로 시작되는 기성세대의 기억 속에 남아 있는 자신의 젊은 시절은 정의롭고 용기 있는 존재였다. 더욱이 그 기성세대가 시대적으로 '영웅적인' 투쟁의 삶을 강요받아 왔다면 그 과장된 우쭐거림은 더할 수밖에 없다.

우리 현대사에서 대다수 기성세대의 '소싯적'은 정치적으로 격변기였다. 과거 한국정치는 젊은 세대들이 이끌어 왔다고 해도 과언이 아닐 만큼 정치적인 고비마다 정치적 변화의 주도적 역할을 수행했다. 제 1 공화국을 무너뜨린 1960년의 4 · 19 혁명은 이승만의 장기지배 체제와 부정선거에 대해 대학생뿐만 아니라 고등학생들까지 참여하여 항거했다. 시위를 가열시키게 된 결정적 계기는 당시 마산에서 최루탄에 맞아 죽은 고등학교 1학년 학생 김주열의 시신이 발견된 사건이다. 4 · 19에서 보여준 젊은 세대의 힘은 국교 회복을 위한 한일회담에 반대하는 1964년 6 · 3 운동으로 이어졌다.

서슬퍼런 유신시대에도 젊은 세대의 정치적 저항은 계속되었다. 1974년 서울대 문리대생의 유신반대시위를 기점으로 하여 전국적으로 유신 철폐를 요구하는 운동이 확산되었다. 이에 박정희 정권은 긴급조치를 공포하여 개헌논의를 금지하고 민청학련 등 모두 180명을 구속했다. 1980년대에도 전두환 독재체제에 대한 젊은 세대의 저항은 계속되었다. 대학가는 반독재 운동의 최선봉에 서 있었다. 연세대생 이한열, 서울대생 박종철 등 수많은 대학생들이 민주화 과정에서 희생되었고 이들의 저항은 1987년 민주화로 이어지게 되었다.

이처럼 한국정치에서 젊은 세대는 정치적 불의에 맞서면서 정치적 변화를 이끌어 내는 주도적인 세력이었다. 그들이 맞섰던 정치적 환경에 따라 각기 1960년대의 4 · 19세대, 6 · 3세대, 1970년대의 민청학련 세대, 그리고 1980년대의 386세대로 다르게 불리지만 이들은 모두 젊은 시절 중요한 정치적 변화를 이끌어냈다.

이런 '영웅적인' 투쟁의 삶은 지금의 젊은 세대에게는 해당되지 않는다. 민주화의 진전으로 인해 모두가 공분을 느낄 만한 명명백백한 불의나 구조적 악을 찾기도 어렵다. 영웅적인 삶은커녕 취직을 걱정해야 하고 불확실한 미래에 대해 고민해야 하는 소시민적 삶을 강요받고 있다. 학점에 예민하고 영어공부와 취직을 위한 자격증에 목을 매야 하는 것은 이들이 원래부터 소심하고 이기적인 존재들이기 때문이 아니라 시대적 상황이 그들을 이렇게 몰아가고 있기 때문일 것이다.

그러나 2008년 5월부터 시작된 미국산 쇠고기 수입을 둘러싼 촛불 집회를 보면 전혀 다른 모습의 젊은 세대가 등장한다. 여기에서 발견되는 젊은 세대들은 시위문화나 정치적 표현의 방식, 정치 참여의 형태, 이슈의 성격 등에서 과거에 보지 못한 새로운 특성을 보여주고 있다. 이들을 보고 정치적으로 무기력하거나 무관심한 세대라고 부르는 것은 적절해 보이지 않는다. 기성세대가 '소싯적에도' 해보지 못했고 할 수도 없었던 새로운 모습의 정치참여를 이끌고 있기 때문이다. 이처럼 매우 상반된 특성을 동시에 보여주고 있는 젊은 세대의 정치의식과 정치참여를 어떻게 보아야 할까? 도대체 이들은 정치를 어떻게 바라보고 있는 것일까?

김디지를 국회로

확실히 요즘 젊은 세대의 관심은 이전 세대들과 많이 다르다. 1960년대, 70년대, 80년대의 젊은 세대가 민주, 민족, 평화, 인권, 자유와 같은 보편적이고 거대담론적인 가치를 추구했다면 지금 젊은이들에게서 이러한 특성을 찾기란 쉽지 않다. 이들은 이처럼 추상적이고 거창한 이야기보다는 실질적이고 구체적인 생활 이야기에 보다 큰 관심을 갖는다. 이 때문에 젊은 세대를 두고 보수화되었다고도 하고 탈정치적이라고도 한다. '88만원 세대'로 묘사되듯이 직장을 찾아 전전해야 하는 어려운 젊은 세대들은 정치적으로도 소인처럼 위축된 세대들일까?

이들의 고민을 이해하기 위해서는 우선 이들 젊은 세대가 성장한 배경을 제대로 살펴봐야 한다. 요즘 젊은 세대의 관심이 달라진 것은 무엇보다 이들을 둘러싼 환경변화의 영향이 크다. 지금 20대는 1980년대 생이 대다수이고 10대는 1990년대 생이다. 이들이 성장하며 지켜보고 경험한 사건들은 그 이전 세대와는 근본적으로 다른 것이었다. 우리 사회가 민주화가 된 것이 1987년, 냉전의 상징이었던 베를린 장벽이 무너진 것이 1989년이며, 첫 평화적 정권교체를 이룬 것이 1997년이다. 12 · 12 및 5 · 18 사건과 관련하여 전두환, 노태우 두 전직 대통령의 유죄가 확정된 것도 1997년이다. 이 세대가 냉전과 권위주의 시대의 삶의 모습을 기억한다는 것은 불가능하다.

이처럼 90년대에 태어난 이들은 말할 것도 없고 80년대 생에게도 과거 우리 사회를 억눌러 왔던 권위주의 시대와 냉전은 그저 지나간 '역사'일 뿐이다. 그들이 철이 들어 세상물정을 알 때쯤 동독이나 소련은 이미 지도상에서 사라졌고, 대한민국은 적어도 절차적 민주주의라는 측면에서 볼 때 안정적인 궤도에 접어들고 있었다. 탈냉전과 민주주의는 쟁취의 대상이 아니라 이들에게는 이미 주어진 당연한 조건이었다.

경제적으로 발전된 한국의 모습을 처음으로 전 세계에 알린 서울올림픽이 1988년, 박세리가 맨발 투혼으로 미국 여자프로골프(LPGA) US오픈에서 우승했던 것이 1998년이며, 미국 메이저리그에 진출한 박찬호 투수가 18승을 올리며 전성기를 구가했던 것은 2000년이었고, 붉은악마의 함성 속에 우리가 4강에 진출했던 월드컵은 2002년이었다.

이처럼 젊은 세대는 세계 속에 뻗어나가는 한국의 위상을 지켜보며 성장했다. 이들은 해외여행중에 만나게 되는 한국의 대중음악이나 영화, 드라마 등 한류에 익숙하고, 삼성, 현대, LG 등 한국산 제품, 그리고 올림픽과 월드컵, 박찬호, 박지성, 박세리, 김연아, 박태환 등 스포츠 각 분야에서 세계 정상급에 오른 젊은 영웅들에 환호하며 자랐다. 경제적인 궁핍함과 권위주의 시대의 정치적인 억압, 냉전시대의 이념적 편향에서 모두 벗어나 있었다.

말하자면, 지금 젊은 세대들은 절차적 민주주의나 자유, 인권 등의 기본적 가치 등 거대 담론적 문제가 상당히 해소된 환경에서 성장한 것이다. 이 때문에 이들은 80년대의 젊은이들이 외쳤던 것처럼 민주주의에 '타는 목마름'을 느낄 만큼의 절실함을 갖기는 어렵다. 이들의 관심은 정치적 문제보다 경제적 문제, 보다 실생활과 관련된 이슈에 몰리게 되었다. 비싼 대학 등록금, 취업의 어려움, 천정부지로 치솟아 감히 꿈꾸기 어려워진 내 집 마련, 청년실업, 비정규직 고용의 증대, 사회적 약자를 보호해 주지 못하는 취약한 사회적 안전망, 심화되어만 가는 양극화와 같은 현실적 경제문제가 이들의 삶을 보다 강하게 압박하고 있다.

자신들에게 절실한 이런 문제를 제대로 해결주지 못하는 현실정치에 대한 불만이 이들의 정치의식을 형성하고 있다. 이들 젊은 세대가 보기에 정치인들은 자신들이 심각하게 느끼는 이런 문제에 별다른 관심이 없고 해결해 줄 능력도 없으며, 오로지 정파적인 이익이나 기득권 집단의 이익만을 추구하는 존재로 보이는 것이다. 언필칭 국민의 대표라고 하지만 젊은 세대의 관심사는 제대로 반영되지 않는다는 강한 불만이 정치적 무관심이나 냉소로 이어지고 있다. 제도권 정치와 젊은 세대의 정치적 연계감의 약화가 이들이 점점 더 현실정치를 외면하도록 만들고 있다. 각종 선거에서 젊은 세대의 투표율이 낮아지고 있는 것은 '뽑아봐야 뭐가 달라지겠느냐'는 정치적 회의감 때문이다. 이처럼 이들의 정치적 상실감과 불신에는 국회나 정당을 통한 의사소통이 효과적으로 이뤄지지 못하고 있다는 불만이 깔려 있다.

젊은 세대의 이와 같은 정치의식을 살펴볼 수 있는 흥미로운 사례가 있다. 2008년 18대 국회의원 선거에 의외라고 할 만한 한 젊은이가 출마했다. 그는 대중음악을 하는 랩퍼 김디지(김원종)다. 서울 강남 갑에 출마한 그는 당시 28세였다. 총선에서의 득표율은 1.9%였지만, 한나라당의 이종구, 통합민주당 김종욱, 무소속 서상목에 이어 7명의 후보 중 4위를 차지했다. 득표율이 아주 높지는 않지만 나름대로 지역 유권자의 관심을 끌었던 셈이다. 랩퍼답게 그는 선거운동 수단으로 연설 대신 랩 음악을 활용했다. 딱딱하고 엄숙하게만 생각한 정치적 의사소통을 랩을 통해 전달하겠다는 시도가 주목을 끈다. 그의 의사소통 수단은 문화적이다. 그가 선거운동에서 부른 노래의 가사를 보면 젊은 세대가 정치를 바라보는 시각을 읽을 수 있다. 다음에 인용한 글은 "김디지를 국회로"라는 랩의 가사이다.

> 빈민보단 부유층의 기득권이 우선, 사회문제 정책보단 비자금을 조성, 그것만이 지금 이곳 정치꾼들의 위선, 개그보다 더 웃긴 건 국회를 향한 시선, 집값 오르고 세금 오르고 내 월급만 안 오르고, 불평불만 늘어나도 우리 얘긴 듣지 않고, 지갑 갈수록 얇아지고, 뼈 빠지게 세금 내면 그 돈으로 술 사먹고, 맨날 출마만 하면 거짓말만 늘어놓네, 지키지도 못할 약속 말만 맨날 하네, "내가 당선 되면 IQ가 430이니까 세금도 430원만 내세요", 서민들을 위한 정치 국민들을 위한 정치, 그런 말을 하는 니가 세금으로 큰 차 타냐,
>
> 어차피 또 지키지도 못할 약속인데, 차라리 디지를 국회로 보내, 김디지를 국회로 국회 의사당으로, 다같이, 김디지를 국회로 국회 의사당으로, 김디지를 국회로 국회 의사당으로, 한 번 더, 김디지를 국회로 국회 의사당으로,
>
> 국회의원 출마하니, 전직 국회의원 내게 와서 한다는 말이, "야 임마 정치가 장난이냐 이 머리에 피도 안 마른 녀석이", 국회의원 출마하는 기호 십팔번 김디지, 궁금해서 물어보지. "그럼 전직 국회의원 폭탄주에 성추행은 장난 아니고 정치냐?" 18대 국회의원 후보 김디지, 김디지를 국회로! 나이 많은 능구렁이 뇌물 받는 꼰대들을, 제끼고서 출마한다 국회의원!

랩 가사를 보면 현실 정치에 대한 냉소적 표현이 가득하다. 여기서 나

타나는 정치는 '부유층의 기득권', '비자금', '거짓말', '폭탄주', '성추행', '능구렁이', '뇌물'과 같은 것이다. 모두가 부정적이며 비판적이다. 국회의원의 권위에 대한 부정과 그들의 행태에 대한 강한 불신이 느껴진다. 주목할 점은 '비자금', '거짓말', 폭탄주', '성추행', '능구렁이', '뇌물' 등 국회의원 개인의 부정적 행태에 대한 지적이 많지만, 사실 여기서 김디지가 주장하고 싶어하는 것은 현실문제에 대한 정치권의 무관심이다. '집값 오르고 세금 오르고 내 월급만 안 오르고, 불평불만 늘어나도 우리 얘긴 듣지 않고, 지갑 갈수록 얇아지고'의 가사는 바로 실생활과 관련된 어려움을 해결해 주지 못하는 정치권에 대한 불만의 토로이다. 이들의 절실한 정치적 요구가 제대로 받아들여지지 않고 '머리에 피도 안 마른 녀석'으로 매도되는 현실은 젊은 세대들이 정치로부터 더욱더 밀어지는 이유이기도 하다. 이 랩 가사에서 과거 젊은 세대의 피를 끓게 했던 민주, 자유, 인권, 평등과 같은 가치의 문제는 찾아보기 어렵다. 그런 '거창한' 주제보다는 오히려 실생활과 관련된 '소시민적' 애환을 담고 있다. 다음 글 역시 김디지가 선거운동 때 사용한 "연설"이라는 랩의 가사이다.

> 고3들은 바뀌는 교육정책에 죽어난다. 직장인들은 세금이 올라서 죽어난다. 우리 엄마는 오르는 물가 때문에 맛있는 것도 안 해준다. 정치싸움? 수구보수? 진보중도? 헤, 그딴 거 솔직히 우리는 신경도 안 쓴다. 당장 먹고살기 힘든데 무슨. 이게 현실이고, 이게 지금 우리다. 분명, 내 행

위로 인해 어떻게든 어떤 것이든 바뀔 것이다. 이 망할 한국의 정치풍토나, 아니면 내 음악을 듣는 사람들의 음악 취향이나, 최저 생계비에 허덕이는 그들을 향한 관심이나. 그래도 아무것도 안 바뀐다면 내가 세상을 향해 바라보는 시각이라도 바뀔 것이다. 나는 소망한다. 내게 금지된 것을. 계란이 바위를 깰 수 있다고 난 믿는다. 다만, 계란의 양이 문제다. 내 노래를 듣는, 홍얼거리는 한 명 열 명 백 명 천 명 만 명이 그 바위를 깰 수 있다고 난 믿는다.

여기서도 정치를 바라보는 냉소적 시각이 마찬가지로 확인된다. 현실적인 불만의 원인은 매우 구체적이다. 교육정책, 세금, 물가, 최저 생계비 등 일상생활과 관련된 것들이다. 반면, '수구보수', '진보중도' 처럼 이념적이고 추상적인 정치적 논쟁에 대해서는 '그딴 거 솔직히 우리는 신경도 안 쓴다'고 통박하고 있다. 현실정치권이 보수-진보라는 이념적 균열을 중심으로 나뉘어 다투는 데 대한 냉소적 일갈이다. 과거 젊은 세대가 진보이념에 보다 강한 선호도를 보였던 점을 고려하면 이념 갈등에 대한 젊은 세대의 이러한 태도는 이들의 변화된 시각을 보여주는 것이라고 할 수 있다. 최근 들어 젊은 세대가 보수화되었다는 주장이 많이 제기되지만, 보다 정확하게 표현한다면 보수화되었기보다 여기서 볼 수 있듯이 '그딴 거 신경도 안 쓰는' 탈이념적인 입장이 되었다고 보는 것이 정확할 것 같다. 또한 탈이념적 태도는 정치권에 대한 강한 불만의 표현을 드러내고 있는 것이기도 하지만, 또 한편으로는 이들이 과거처럼 선과 악, 정의와 불의라는 이분법적 시각으로 이념과 정치를 바라보고 있지 않다는 점도 보여주고 있다.

아무리 현실정치에 대한 냉소와 불만이 가득하더라도 김디지의 도전은 의미 있는 일로 보인다. '머리에 피도 안 마른 녀석'이라고 해도 '계란이 바위를 깰 수 있다고 난 믿는다'는 것은 그저 팔짱끼고 방관자로 남아 있는 것이 아니라 현실에 영향을 미치려는 매우 적극적인 참여 의지를 나타내고 있다. 김디지의 도전은 1.9%의 득표와 함께 끝이 났지만 이를 두고 매우 예외적인 일회성 사건으로만 볼 수는 없다. 젊은 세대의 현실정치에 대한 도전은 얼마 지나지 않아 매우 극적인 형태로 다시 솟아났기 때문이다. 그동안 정치적으로 냉소적이고 무관심해 보였던 젊은 세대들은 그들이 원한다면 얼마든지 '계란으로 바위를 깰 수' 있음을 기성세대들에게 보여주었다. 기성세대들이 '소싯적에는' 감히 상상도 하지 못했던 방식으로 말이다.

계란이 깬 바위: 쇠고기수입반대 촛불집회와 젊은 세대

랩퍼 김디지는 출마했지만 대부분의 젊은 세대는 선거를 외면했다. 2008년 국회의원 선거에서 나타난 사상 최저의 투표율 46%는 이러한 무관심의 결과였다. 자신들의 고민과 어려움을 외면하는 현실 정치권에 대한 냉소와 불만은 그들을 정치로부터 멀어지게 한 것이다. 그러나 그로부터 한 달 뒤 이들은 너무나도 다른 모습을 보여주었다. 미국산 쇠고기 수입협정을 둘러싼 촛불집회는 젊은 세대들로 가득했다. 젊은 세대들은 20년 전 젊은 세대가 그랬던 것처럼 다시 시청 앞 광장으로 모여들었다. 그리고 과거 정치적으로 격변의 시대를 살았던 기성세대의 '영웅적인 무용담'을 이제 머쓱하게 만들었다. 화염병도 최루탄도 거기에는 없었다. 유쾌함과 흥겨움이 그 자리를 대신했다. 젊은 세대는 정치적 집회를 평화적이면서도 즐거운 축제로 만들었다. 장기화된 정부와의 대치상황이 물리적 충돌로 이어지기도 했지만 적어도 처음 한 달여 동안의 촛불집회에서 보여준 젊은 세대의 모습은 과거의 정치집회와는 여러 가지 면에서 매우 다른 것이었다.

이들이 정치에 무관심하다던 바로 그 젊은이들이라고 할 수 있을까? 시청 앞과 청계광장을 가득 메운 젊은 세대는 수수께끼와 같은 존재였다. 도대체 무엇이 무관심과 무기력으로 가득하던 이들의 마음속 깊이 숨어 있던 정치참여의 본능을 일깨운 것일까?

'몸'의 정치학

2008년 5월 6월을 달군 쇠고기 촛불집회는 우리 사회의 흥미로운 두 가지 중요한 변화를 상징적으로 보여주었다. 처음 미국산 쇠고기 수입반대 촛불집회가 열렸을 때 일각에서 이를 두고 '좌파 배후세력'의 존재를 의심하는 음모론도 제기되었지만, 만일 그 집회가 과거처럼 이념적이거나 거대담론적인 주제에 관한 것이었다면 젊은 세대의 참여는 이처럼 열렬하지 못했을 것이다. 자유, 인권, 민주와 같은 가치의 문제나 체제, 국가, 대통령, 권력기관과 같은 체제에 대한 논의에 대해서 젊은 세대들은 별다른 관심을 보이지 않는다. 민주화, 탈냉전, 세계화의 시대를 거치면서 자유, 인권 등 민주적 가치를 당연한 것으로 받아들이고 성장한 이들이기 때문이다. 기존 제도권 정치에 대한 불신도 크기 때문에 특정정파가 집회를 조직하고 주도했더라면 그렇게 큰 호응을 얻지도 못했을 것이다.

미국산 쇠고기 관련 집회에서 젊은 세대들의 예기치 않은 폭발적 정치참여를 보면서 주목해야 할 점은 '미국'이 아니라 '쇠고기'이다. '쇠고기'가 정치적 저항의 중심에 놓였다는 것은 우리의 변화된 관심사를 매우 상징적으로 보여준다. 이제 자유와 민주, 인권과 같은 '무겁고 거대한' 이슈는 많은 이들, 특히 젊은 세대의 관심사에서는 멀어졌다. 그 자리에는 쇠고기라는 '가볍고 사소해 보이는' 이슈가 대신하게 되었다. 촛불집회에 몰려든 젊은 세대들은 바로 이와 같은 '가볍고 사소한' 이슈 때문에 그 자리에 나오게 된 것이다. 나와 같은 기성세대에게 이는 사실 매우 충격적이다. 민주쟁취와 같은 보다 보편적이고 거창한 목표가 아니라 쇠고기 문제 때문에 집회를 하다니.

그렇다면 쇠고기가 의미하는 것은 무엇일까? 미국산 쇠고기 수입에 반대하는 이유는 광우병에 감염된 쇠고기 수입을 막을 수 있는 제도적 방안이 미흡하다는 것이다. 그런 심각함에도 불구하고 이에 충분히 대비하지 못한 정부에 대한 불만이 이들을 시청 앞으로 몰고 나왔다. 사실 확률적으로 보면 실제 감염될 가능성이 그리 커보이지는 않는다. 광우병 감염에 대한 공포가 과장된 측면이 있다는 일부의 지적도 수긍할 만하다. 그러나 감염의 확률이 아무리 낮다고 하더라도 잠재적 감염에 대한 두려움은 쉽사리 줄어들지 않았다. 이처럼 쇠고기 수입의 안전문제에 예민하게 반응하는 것은 이것이 '몸'에 대한 문제이기 때문이다.

요즘 젊은 세대의 가장 큰 관심사는 '몸'이다. 두세 명만 모이면 어디가 예쁘고 어디를 고쳤고 무엇을 먹었고 어디가 맛있더라는 이야기를 나눈다. 보다 예쁘고 매력적인 외모를 만들기 위해 성형수술의 열풍이 뜨겁다. 심지어 젊은 남성들도 자신의 외모를 보다 매력적인 것으로 만들기 위해 성형수술을 마다하지 않는다. 또한 이른바 '몸짱'에 대한 관심도 뜨겁다. 예쁜 S라인 몸매를 만들기 위해서 많은 여성들이 '처절한' 노력을 기울이고, 단단한 근육질 몸매를 가꾸기 위해 남자들도 헬스클럽으로 향한다. 건강에 도움이 되는 음식물에 대한 관심도 커졌고 건강과 몸매를 가꾸기 위한 다이어트 선풍도 만만찮다. 비만과 추한 외모는 사회적으로 지탄의 대상이 되는 세상이 되었다. 과거 어려웠던 시절에는 '배 터지게 먹는 것'이 가장 큰 소망이었을지 모르지만 지금은 배 불리 많이 먹는 것이 결코 덕목이 되지 않는 시대가 되었다. 이처럼 건강하고 아름다운 '몸'에 대한 관심은 가히 폭발적이다.

'몸'에 대한 관심이 커졌다는 것은 이제 우리가 삶의 질의 문제에 보다 민감해졌음을 말해주는 것이다. '삶의 질'에 대한 관심의 증대는 한국 사회가 과거 양적인 성장을 중시하던 물질주의적 사회에서 벗어나 탈물질적 이슈가 보다 중요하게 받아들여지는 시대로 변화되었음을 상징적으로 나타낸다. 쇠고기 이슈는 바로 이처럼 오늘날 우리사회의 주요 관심사인 '몸'에 대한 관심과 직결되어 있는 문제이다. 국가가 우리의 '몸'에 절대적인 영향을 미치는 음식물의 안전성을 보장해 줄 수 없게 되자 분노하며 거리로 몰려나오게 된 것이다. 그런 점에서 본다면 쇠고기 촛불집회는 외형적으로 이명박 정부에 대한 정치적 저항의 모습을 나타내고 있지만, 그 속성은 식품의 안정성에 대한 제도적 보장을 요구하는 일종의 소비자 운동으로 볼 수 있다.

2008년 쇠고기 수입 관련 촛불집회를 기존의 시각에서 이해하기 힘든 것은 바로 이와 같이 삶의 질과 관련된 탈물질적 이슈, 실생활과 관련된 이슈에 대한 관심의 증대를 반영하는 것이기 때문이다. 단지 20대 중심의 젊은 세대뿐만 아니라 어린 중 · 고등학교 학생들부터 가정주부까지 드물게 정치적 저항운동에 참여한 것도 바로 이런 이유 때문이다. 촛불집회는 정치적으로 무관심했던 젊은 세대가 이제 그들 세대의 이슈를 찾게 해준 계기를 마련했다. 생활정치, 탈물질주의 정치가 등장한 것이다.

> 문득 자신은 운동권이라고 얘기하던 선배에게 어느 신입생이 했다는 말이 떠올랐다.
> "어느 헬스클럽에 다니세요? 거기 트레이너는 어때요?"
> 어쩌면 그 여자애가 나였을지도 모른다. (백영옥, 《스타일》, p.12)

과거에 대학 내의 운동권이 사회적 변혁을 꿈꾸는 정치적인 목표를 추구했다면 이제 그 의미는 변화했다. 이 소설 속에 드러난 것처럼 사람들의 관심은 이제 '몸'에 더욱 다가서 있다.

쇠고기로 상징되는 탈물질주의 가치의 부상은 젊은 세대의 성장과정을 반영한다. 우리 사회의 경제적인 풍요가 지속되면서 그저 '먹고 사는' 문제를 넘어서 이제는 '잘 먹고 잘 사는' 삶의 질에 대해 보다 큰 관심을 기울이게 되었다. 또 한편으로는 민주화의 진전으로 젊은 세대가 과거와 같이 절차적 민주주의나 인권과 같은 기본권의 문제에 더 이상 큰 신경을 쓰지 않게 되었다는 사실도 관련이 있다. 경제적 풍요와 민주화의 진전이 보다 '가볍고 사소한' 생활 주변의 이슈에 큰 관심을 쏟도록 만든 것이다. 드라마 〈허준〉, 〈대장금〉을 히트시킨 사극 연출가 이병훈은 그 성공의 비결에 대해서 '사람들이 관심 있는 건 누가 왕이 됐느냐 말았느냐 하는 게 아니라 건강 · 돈 · 음식 같은 것'이라고 말한다(중앙선데이, 2008. 6.22). 실용적이고 일상적인 사안에 대한 관심이 커졌다는 것이다.

젊은 세대의 이러한 관심의 변화는 1970년대 서구의 젊은이들을 떠올리게 한다. 제 2차 세계대전 이후 서구 여러 나라에서 경제성장과 복지국가 건설로 인한 경제적 풍요와 함께 대의제 민주주의라는 정치적 안정이 지속되면서 '먹고 사는' 문제와는 다른 데에 관심을 갖는 젊은 세대가 등장했다. 이들은 근대 사회발전의 원동력이었던 개발과 성장을 거부하고 환경 보전과 같은 전혀 새로운 가치를 중시했다. 잉

글하트(Inglehart)가 조용한 혁명(*silent revolution*)이라고 부른 이러한 새로운 세대의 등장은 탈물질적 이슈가 갖게 된 정치적 무게감을 극적으로 보여주었다. '먹고 사는 문제'에서 해방된 세대가 1970년 서구에서 환경과 같은 전혀 새로운 정치적 이슈의 등장으로 이어졌던 것처럼, 한국 사회에서도 경제적 풍요와 민주화된 정치라는 새로운 환경에서 성장해 온 젊은 세대들이 과거에 볼 수 없었던 '몸의 정치'에 예민한 반응을 보이게 된 것이다.

물론 촛불집회를 서구와 같은 차원에서 비교하기 어려운 점도 있다. 서구에서 탈물질 세대의 등장은 구조적이고 체제 변혁적인 '거대담론'적 특성을 가지면서 나타났고 정치적으로도 녹색당과 같은 새로운 정당의 출현으로 이어졌지만, 우리나라에서의 촛불집회는 거대한 구조적인 변혁을 추구하려 하기보다는 일회성의 반정부적 시위의 속성이 보다 강하게 나타난다. 또한 이념적 저항과 같은 체계화된 논의의 구조를 갖고 있기보다는 즉흥적이고 일시적인 저항의 특성이 보다 강하게 나타난다. 과거 동강댐 건설이나 천성산 터널 공사문제를 둘러싸고 나타난 갈등에서 보듯이 이런 탈물질 정치가 우리 사회에 처음 등장한 것이라고 보기도 어렵다. 그러나 동강댐이나 천성산 문제가 보다 가치지향적인 이슈였다면, 쇠고기 수입은 어느 누구도 그 잠재적 피해로부터 자유로울 수 없다는 점에서 보다 현실적이고 일상에 가까운 이슈이다. 그 피해가 '몸'에 미치는 영향도 직접적이고 분명하다. 쇠고기 이슈가 가히 폭발적이라고 할 만한 참여를 이끌어 낸 것은 바로 이러한 개인의 삶 가까이 존재하는 생활정치의 문제이기 때문이다.

촛불집회에 참여한 젊은 세대의 특성은 이들이 탈이념적이라거나 보다 현실적이었다고 하는 기존의 관찰과 결코 배치되지 않는다. 쇠고기 문제는 한국 사회가 이제 기존세대가 쉽게 이해하지 못하는 탈물질적 이슈에 매우 민감하게 반응하게 되었다는 사실을 극적으로 보여주었다. 젊은 세대의 큰 관심사인 '몸의 정치'의 폭발력을 상징적으로 나타냈다.

정치적 저항과 놀이

촛불집회 현장에 가보면 나와 같은 기성세대는 어리둥절한 것이 많다. 반정부 시위라는데 긴장감이나 격렬함을 느낄 수 없다. 오히려 야유회를 왔거나 야외 음악 공연장에 온 것 같은 느낌이 든다. 혹은 야구장에 응원하러 온 것 같기도 하다. 요즘엔 집회를 이렇게 해? 자욱한 최루탄 연기를 피해 이리저리 뛰어다녀야 했던 1980년대를 되돌아보면 이건 시위가 아니라 놀이 같다.

이처럼 쇠고기 수입 관련 촛불집회에서 나타난 또 다른 흥미로운 점은 젊은 세대의 정치참여 표현방식이다. 386이나 그 이전 세대들이 돌멩이와 화염병으로 무장했다면 이제 젊은 세대는 문화로 무장하고 시청 앞으로 나간다. 래퍼 김디지가 전통적인 연설의 방식이 아니라 랩을 통해 선거운동을 하겠다는 '발칙한 발상'을 했듯, 정부에 항의하는 대규모 정치집회 역시 1980년대식의 격렬한 충돌이 아니라 문화행사와 같은 유연하고 즐기는 방식으로 이끌어 갔다. 80년대에 벌어진 도심집회의 삼엄함과 격렬함과 비교한다면 엄청난 차이를 느낄 수밖에 없다.

이처럼 정치적 저항의 표현방식이 달라진 것은 2002년 월드컵 때 거리응원의 경험이 커다란 영향을 미쳤을 것이다. 모두가 한마음으로 대형 스크린을 바라보며 한국 축구 대표팀의 승리를 기원하며 즐겼던 그 기억이 정치적 저항의 상황에서도 되살아 난 것이다. 구세대에게 시청 앞 광장이 투쟁의 공간으로 각인되어 있다면 젊은 세대에게 그 공간은 놀이와 축제의 공간이었던 것이다.

전투의 공간이 놀이와 축제의 공간으로 변모하게 된 데에는 정치적 환경의 변화 역시 매우 중요한 영향을 미쳤다. 민주화 20년을 경험하면서 자유로운 정치적 의사표현의 환경이 자리 잡았다. 시민사회가 정치적으로 도전할 수 없는 정치적 금기사항(*taboo*)도 거의 사라졌다. 이제는 미국을 비판하거나 심지어 북한에 우호적인 발언을 한다고 해서 국가권력에 의해 억압당할 일은 없어졌다. 인터넷상의 정치 패러디에서 보듯이 대통령을 비롯한 모든 권력이 풍자와 조롱의 대상이 되기도 한다. 이런 정치적 환경의 변화가 보다 자유롭고 유연하고 창의적인 정치적 의사표현을 가능하게 했다. 사실 1980년대까지 시내 한가운데서 벌어지는 시위에 참여하는 일은 상당한 용기를 필요로 했다. 집회중 경찰에 붙잡혀 연행되면 퇴학이나 감옥에 가야 하는 불이익을 감수해야 하는 일이었다. 그런 공포감이 화염병이나 돌 투척 등 격렬한 대응을 부르기도 했다.

그러나 쇠고기 촛불집회에 참여한 젊은 세대들 가운데 그런 공포를 느끼는 이들은 거의 찾아보기 어렵다. 오히려 경찰의 대응을 희화화하고 놀이의 대상으로 삼아 대응하는 모습도 나타나고 있다. 경찰 버스에 실려 연행되었다가 풀려나면 자신의 경험담을 인터넷 블로그에 올리고, 리어카를 개조해 만든 모의 경찰차에 집회 참여자를 싣고 다니며 이를 '닭장차 투어'라고 부른다. 또한 길거리를 가로질러 시위대를 막아선 경찰 버스에 불법주차 스티커를 붙이며 이를 '닭장차 퍼포먼스'라고 한다. 민주화 이후 20년의 세월이 흐르면서 과거와는 전혀 다른 새로운 정치적 환경 속에서 성장한 젊은 세대들이 정치적 저항을 위한 집회에서 보여주는 모습이다. 길거리에서 공연이 열리고, 강연회, 토론회가 이어지며, 마치 축제와 같은 형식으로 집회가 이뤄지기도 한다. 과거와 같은 긴장감이나 비장함을 느끼기는 어렵다. 이러한 현상은 탈권위주의 시대를 살아온 젊은 세대의 변화된 정치의식을 단적으로 보여준다. 정치적 저항조차 문화의 형식으로 표현되고 있다. 이런 변화 속에서 힘으로 일방적으로 억누르려는 과거 식의 대응으로는 결코 문제를 해결할 수 없게 되었다.

'배후' 없는 결집과 웹 2.0

과거 정치적 투쟁에는 언제나 이를 조직하고 이끌어 온 중심세력이 있었다. 무슨 '투쟁위원회'나 '국민운동본부'와 같은 이름을 단 조직이 그 투쟁을 주도했다. 그런데 2008년 쇠고기 수입 반대 촛불집회에서 나타난 흥미로운 점은 대규모 정치적 집회가 특정 정치세력의 조직이나 동원 없이도 이뤄질 수 있음을 보여주었다는 점이다.

쇠고기 촛불집회는 이제 우리 사회에서 인터넷이 얼마나 큰 정치적 영향력을 갖게 되었는지를 극명하게 보여준다. 인터넷을 통해 자신의 의견을 올리고 그에 대한 댓글을 다는 등 쌍방향적인 의사소통의 과정을 거쳐 형성된 여론은 이제 오프라인 상에서 이처럼 거대한 집회를 자발적으로 조직해 낼 수 있는 힘을 갖추게 되었다. 과거에는 정치인이나 정치조직 등 '주동자'가 나서서 집회를 조직하고 동원하는 형태였다면 이제는 시민들이 스스로 중요한 사회적 아젠다를 던지고 이에 대한 대응책을 모색하는 시대가 되었다. '촛불 비용을 누가 지불했는지 배후를 알아보라'는 식의 사고방식으로는 이해할 수 없는 새로운 정치참여의 형태가 등장한 것이다. 사실 이는 전혀 새로운 현상은 아니다. 2002년 효순 · 미선 양 추모집회 역시 '앙마'라는 아이디의 한 인터넷 사용자의 제안에서 비롯된 것이다. 한때 10만 명 이상의 회원을 자랑했던 노사모 역시 몇 사람이 인터넷상에서 만나 견해를 나눈 것이 그 시초였다. 2002년의 민족주의나 2008년의 '몸의 정치'처럼 젊은 세대의 관심을 자극할 수 있는 이슈가 제기되기만 한다면 인터넷은 언제라도 많은 시민들의 정치적 참여를 이끌어 낼 수 있는 막강한 동원력을 행사할 수 있는 것이다.

그런데 2008년 촛불집회에서 나타난 흥미로운 사실은 이제 인터넷이 단지 참여를 이끌어내는 수단에 그치는 것이 아니라 기존의 정보유통체계를 뛰어넘는 위력을 보여주었다는 점이다. 쇠고기 촛불집회 때의 일거수일투족은 디지털 카메라나 캠코더, 휴대전화로 무장한 참가자들에 의해 거의 실시간이라고 할 만큼 모두 인터넷을 통해 생중계되었다. 기존 제도권 언론이 놓친 순간도 집회에 참여한 이들에 의해 모두 추적되고 기록되는 것이다. 철야집회 현장에도 이들은 캠코더와 노트북 컴퓨터를 통해 시시각각 현장을 중계했다. 과거에는 집회 참여자와 그것을 기록하는 관찰자라는 상호경계가 존재했다면 이제 그 경계가 사라진 것이다. 의제설정이나 정보유통에서 신문이나 방송 등 기존 언론의 주도권은 그만큼 위축될 수밖에 없게 되었다. 공유, 참여, 개방이라는 웹 2.0의 정치가 본격화된 것이다. 민주화와 정보화가 접목하여 이뤄낸 거대한 변화이다. 과거 커다란 종이 위에 손으로 시국선언문을 써서 벽에다 붙였던 대자보에 익숙한 나와 같은 세대에게는 가히 격세지감을 느끼게 하는 일이다. 대자보가 제한적 공간, 제한적 내용, 제한적 대상을 상징한다면 웹 2.0은 이제 그러한 한계를 뛰어넘는 소통의 해방을 실현하고 있다.

젊은 세대의 정치 참여 역시 이와 같은 새로운 소통수단을 최대한 활용하고 있다. 인터넷 토론장이나 카페를 통해 수많은 참여자들이 글을 올리거나 댓글을 다는 형태로 정치적 토론에 참여한다. 교수나 언론인 등 지식인을 중심으로 이뤄지는 제도권 언론에서의 논객들과는 달리 인터넷에서는 누구나 자신의 주장을 펼칠 수 있고 여론을 주도해 나갈 수 있다. 사회적 권위와 무관한 정치적 토론이 가능한 것이다. 인터넷 공간 내에서 이뤄지는 탈권위적 특성이기도 하다. 또한 일상생활에서 관심을 가질 만한 모든 일들이 다 사회적 토론의 대상이 되고 있으며, 이 때문에 일상생활과 정치의 경계도 분명치 않게 되었다. 인터넷은 이처럼 사람들이 일상적인 활동 속에서 정치를 바라보게, 정치가 국회나 청와대에만 머물러 있는 것으로 여기지 않게 만들고 있다. 쇠고기 수입 문제가 심각한 정치적 논란의 대상이 된 것 역시 일상생활과 정치의 경계가 모호해졌음을 잘 보여준다.

이처럼 인터넷을 통한 정치참여는 실제 생활과 밀접하게 연결되어 있고 문화적 속성을 강하게 나타낸다. 쇠고기 촛불집회는 온라인 공간상의 활동이 오프라인으로 그대로 이어진 것이다. 정보화와 민주화는 젊은 세대의 정치참여를 새로운 모습으로 변화시키고 있다.

무엇을 해야 하나

지금까지 살펴본 대로 젊은 세대의 상반된 정치참여의 모습은 우리에게 다소 혼란스러움을 가져다준다. 대통령 선거와 국회의원 선거의 낮은 투표율이 보여주는 것처럼 정치체계를 통한 참여에 소극적이며 기존 정치에 대한 매우 강한 불신과 냉소적인 태도를 보인다. 정치적인 무기력감도 발견할 수 있다. 그러나 2008년 쇠고기 촛불집회에서 나타난 젊은 세대의 정치참여는 이와는 전혀 다른 새로운 모습을 보여준다. 이들은 인터넷을 통해 스스로 정치적 아젠다를 설정하고 참여할 뿐만 아니라, 과거에 경험하지 못한 방식으로 집회를 조직하고 이끌어 나간다. 또한 유연하면서도 문화적인 색채를 띠는 정치적 저항의 새로운 특성을 보여주며 탈물질적 가치에 대한 관심도 나타나고 있다.

그런데 젊은 세대들의 이러한 양면적인 정치참여의 모습은 한국 정치의 문제점을 잘 보여준다. 정치 제도적으로 국가와 시민사회를 연결하면서 정치참여와 의사표출의 매개가 되어야 할 정당이나 의회는 젊은 세대의 관심으로부터 벗어나 있다. 김디지의 랩에서 보았듯이 오히려 이런 제도들은 강한 불신의 대상이 되고 있다. 정당이나 의회를 통한 문제해결보다는 쇠고기 관련 촛불집회에서 보듯이 인터넷을 통해 직접 의견을 나누고 집회를 조직하고 거리로 나가고 있다. 이 과정에서 정당이나 의회의 모습은 어디에서도 찾아볼 수가 없다.

웹 2.0의 시대에 시민들이 스스로 인터넷을 통해 여론을 형성하고 집회를 조직하는 것은 이제 당연한 일이 되었다고 해도, 정당이 소외된 채 직접 국가와 시민사회가 맞부딪히는 형태로 정치참여가 이뤄지는 것은 결코 바람직하다고 보기 어렵다. 정치적 책임성이나 안정성을 고려할 때 정당이 보다 적극적인 역할을 할 수 있어야 하기 때문이다. 이를 위해서는 정당이 젊은 유권자들을 보다 적극적으로 포섭하고 그 요구를 수용하려고 노력해야 한다. 과거 노사모 등에서 보듯이 이들의 정치적 관심사를 잘 수용해 낸다면 이들의 참여를 이끌어 내는 것도 전혀 불가능한 일로 보이지는 않는다. 과거와 같은 수직적이고 위계적인 당 조직의 형태에서 벗어나 정보화, 민주화 시대에 걸맞은 수평적 네트워크를 조직해낼 수 있는 정당조직 개혁의 노력이 필요할 것이다.

젊은 세대의 정치참여와 관련하여 지적할 또 한 가지 중요한 점은 자유로운 정치표현의 환경을 마련해 주어야 한다는 점이다. 앞서 지적한 대로 민주화의 진전으로 정치적 의사표현의 환경은 과거와 비교할 수 없을 만큼 크게 확대되었다. 그러나 인터넷 공간에서의 의사표현은 현실적으로 여전히 상당한 규제 하에 놓여 있다. 특히 선거 때가 되면 인터넷을 통한 정치적 의사표현은 크게 제약을 받는다. 현행 선거법이 아날로그 시대의 정치현실을 반영하여 지나치게 엄격한 규제를 가함으로써 가장 정치적 논쟁이 뜨거워야 할 선거 때가 되면 오히려 자유로운 의사표현을 억제해야 하는 역설적 상황이 생긴다.

더욱이 놀이와 정치가 서로 혼재되는 새로운 정치 문화도 반영하지 못하고 있다. 정치 패러디나 플래시, 사용자제작콘텐츠(UCC) 등 정치 참여의 표현방식이 매우 다양해지고 있지만 법적 환경은 이를 뒷받침하지 못하고 있다. 미국에서와 달리 2007년 대통령 선거에서 UCC가 별다른 주목의 대상이 되지 못한 것도 이와 같은 엄격한 법적 규제 때문이다. 웹 2.0의 시대를 맞아 유권자가 주도하는 선거운동이 가능한 시대로 변화했지만 엄격한 규제가 우리나라에서 이러한 새로운 형태의 정치참여를 막고 있는 것이다. 이러한 규제가 바로 젊은 세대의 정치참여나 관심을 제약하고 있다. 최근 대선이나 총선에서 젊은 세대의 투표 참여율이 더욱 낮아지고 있는 것은 바로 이와 같이 변화된 정치환경을 고려하지 못하고 규제 일변도로 되어 있는 법적 장치의 영향 때문일 수도 있다. 지나친 규제가 이들의 정치참여에 대한 관심을 크게 저하시킬 수 있는 것이다. 특히 일상생활의 사소한 것까지도 모두 중요한 정치토론의 대상이 되고 있는 인터넷 시대에 보다 자유로운 의사표현이 가능할 수 있도록 불필요한 규제를 과감히 철폐하는 것이 중요하다.

건강한 민주주의를 위해서는 정치 공동체 구성원 모두가 공적 사안에 대해 관심을 갖고 적극적으로 참여하는 것이 필수적이다. 여기에 연령의 차이는 중요하지 않다. 선거참여나 정당활동 등 제도적으로 마련된 정치참여에 젊은 유권자들이 소외감을 느끼는 것은 바람직한 일이 아니다. 쇠고기 관련 촛불집회에서 드러났듯이 젊은 세대라고 해서 모든 사안에 대해서 정치적 으로 무감각하거나 무관심한 것은 아니다. 변화된 정치환경 속에서 성장한 이들의 정치적 요구와 새로운 방식의 정치참여를 담아낼 수 있도록 기존 제도권 정치와 기성세대의 인식의 변화, 그리고 제도 개선의 노력이 필요한 시점이다.

1980년대와 2000년대의 청년세대

지나가버린 과거라고 해서 언제나 아름답지는 않다. 내 기억 속의 1980년대는 빛바랜 흑백사진처럼 황량하고 어둡다. 대학교 1학년 때 기다렸던 첫 축제는 허무하게 무산되었다. 우리는 조용필을 기다렸지만 그는 올 수 없었다. 행사는 취소되었다. 낭만을 즐기기에 현실은 너무나 각박했다. 그 즐거움을 포기해야 한다는 것은 1학년에게는 너무도 가혹한 요구였지만 어쩔 수 없었다. 주변의 선배와 친구는 잡혀가고 군대에 끌려가거나 고문을 당했다. 이런 현실에서 낭만만을 좇을 수는 없었다.

너무도 자연스럽게 우리는 정치에 관심을 갖게 되었다. 무겁고 어두운 정치였다. 시위가 있으면 대학 교정 안에까지 전경들이 밀고 들어와 최루탄을 뿌려댔고 학생들을 잡아갔다. 심지어 사복을 입은 경찰이 대학 내에 수시로 어슬렁거렸다. 광주민주화 운동에 대한 탄압 등 정치적 억압에 분노한 적지 않은 수의 젊은이들이 그 아픔을 견디지 못하고 투신으로, 분신으로 우리 곁을 떠나갔다. 무서웠고 무거웠고 안타까웠던 시절이었다. 대학은 낭만과 자유의 공간이 되지 못했다. 그런 답답함을 극복하기 위해 혁명을 읽었고 변혁을 꿈꾸었다. 지나치리만큼 정치화되었던 시절이었다. 긴장감, 결연함, 사명감으로 가득 찼고, 모든 것을 정치적으로 바라보고 해석했다.

변혁의 운동에 직접 뛰어든 이들도 적지 않았지만 모두가 혁명가가 될 수는 없는 일이었다. 많은 젊은이들이 그 짐을 져야 한다는 사실을 부담스러워 했다. 나 역시 현실에서 접하는 정치적 불의에 분노했지만 여전히 국가권력은 두려웠다. 내가 도저히 감당할 수 없는 일처럼 느껴졌다. 불의한 세계와 투쟁에 뛰어들지 못하는 비겁함 사이의 갈등이 나의 마음을 짓눌렀다. 나의 대학시절이 앞을 분간할 수 없는 자욱한 안개 속에 서 있었던 것처럼 우울하게 기억되는 것은 시대가 강요한 그런 갈등 때문일 것이다. 이런 현실에서 벗어나고 싶었다. 그러나 용감하게 항거하며 자신을 던진 친구들에 대한 미안함, 부채의식은 쉽사리 수그러들지 않았다. 동시에 어디에도 속하지 못한 채 주변인으로 떠돌게 하는 이러한 갈등이 사라진 세상을 소망하게 되었다. 대학을 졸업하고 군에 머무는 동안에도 이런 생각은 좀처럼 사라지지 않았다.

결국 그것을 해결할 수 있는 것은 정치였다. 현재의 억압적인 상황의 원인도 정치지만 그것을 풀어낼 수 있는 방법 역시 정치였다. 어떤 정치제도, 어떤 정치적 조건이 이러한 갈등을 해소할 수 있을까? 정치현상을 제대로 공부해야겠다는 생각을 갖게 된 것은 이 질문에 대한 답을 찾고 싶었기 때문이었다. 1987년 6월 항쟁이 일어났고 민주화가 이뤄졌다. 대통령 직선제라는 민주화 구호는 너무 단순하고 제한적인 요구라고 생각했지만, 개인적으로는 공정하고 자유로운 선거가 갖는 의미에 대해 처음으로 진지하게 생각하는 계기가 되었다. 그 이후 1987년 대선에서 민주화 세력의 분열과 패배, 지역감정의 부상과 3김 정치 등 민주화 이후 나타나는 불안정하고 퇴행적인 정당, 선거정치의 모습을 보면서 내 공부의 주제를 찾았다. 그리고 영국으로 유학을 떠났다.

내 기억 속의 1980년대 시청 앞 광장은 회색이다. 오늘날의 시청 앞은 그때와 전혀 다른 색깔을 나타내고 있다. 시청 앞 광장의 젊은이들은 이제 컬러사진처럼 화려한 그 빛을 그대로 담아내고 있다. 정치적 집회에서 흥겨움과 즐거움이 느껴진다. 노래하고 춤추고 웃고 떠든다. 어디서도 80년대의 젊은 세대가 가졌던 두려움과 공포, 결연함, 무거움을 찾아보기 어렵다. 정치 집회장에 모인 젊은 세대의 이런 모습을 보며 나는 놀라기도 했고 부러움을 느끼기도 했다. 이들은 화염병과 돌멩이가 아니라 노래와 해학으로 무장하고 있다. 유연하고 부드러운, 그러나 훨씬 강력한 무기를 갖추고 있다.

그러나 반드시 모든 것이 다 좋아 보이지만은 않았다. 80년대에 시청 앞으로 뛰어나와야 했던 우리 세대의 절박감처럼, 2008년 거리로 나온 젊은 세대들도 역시 견딜 수 없는 답답함과 안타까움을 느꼈을 것이다. 20년의 시차에도 불구하고 젊은 세대를 다시 광장으로 불러들인 것은 그런 답답함, 절박함 때문이다. 과거에도, 또 오늘날에도 이런 현상이 반복되는 것은, 김디지의 랩이 '유쾌하게' 통박한 대로 제도권 정치의 무능함 때문일 것이다. 제도의 정치가 해결해야 할 문제에 거리의 정치가 나서고 있다. 쇠고기 수입 반대 촛불집회에서 발견한 오늘날의 젊은 세대의 발칙하고 참신한 정치참여의 모습에 주목하면서도 이것이 또 다른 정치적 혐오나 냉소를 낳을 수도 있을 것이라는 우려가 드는 것도 이 때문이다.

빅맥 먹는 이태백 — 7장

세계화 시대의 청년세대

조화순*

취업이 어렵다고 난리이다. 내가 재직하는 대학에서도 취업을 위한 '스펙'을 갖추기 위해 휴학하거나 너나 할 것 없이 국가고시를 준비하고 대학졸업 후 본격적으로 취업을 공부하는 학생들을 흔히 만난다. 또한 조금만 자세히 돌아보면 우리 주위에는 극단적인 취업난을 겪고 있는 청년들을 쉽게 만날 수 있다. 20대 태반이 백수라는 의미의 '이태백'이라는 신조어는 이미 낯설지 않은 단어다. 한국고용정보원의 조사에 의하면 20대 임금 노동자의 49%가 비정규직이다. 한국의 청년세대들은 그들의 부모세대와는 달리 평생직장의 개념이 없어졌고 격화된 직업시장의 경쟁에 그대로 노출되어 있다.

극심한 취업난을 해결하기 위한 우리 사회의 처방은 개방과 규제완화다. 시장보호와 국가주도 경제발전을 지향해오던 한국은 어느 날

* 연세대학교 정치외교학과.

갑자기 입장을 바꾸었다. 정부와 지방자치단체가 외국 기업과 자본을 유치하려 서로 호의적인 세제혜택을 주겠다고 한다. 10여 년 전만 해도 먼 나라 이야기로 들리던 '세계화'는 이제 구체적 삶의 현실이 되고 있다. 그 결정적인 계기는 1998년 외환위기였다. 외환위기 이후 한국에서는 국제통화기금(IMF)이나 G7과 같은 국제적 의사결정기구의 영향력이 증가했고 시장개방, 규제완화, 사회정책의 유연성이 경제적 번영과 부를 위한 열쇠로 인식되어 왔다.

한편 거세지는 세계화와 시장개방 압력에 대한 반대도 만만치 않다. 2008년 6월 서울의 여의도와 광화문은 '외국기업 물러가라'는 반세계화 시위와 미국산 쇠고기 수입을 반대하는 시위로 뒤덮였다. 고용 유연화에 대응하는 노동계의 파업, 쌀시장 개방을 반대하는 농민 시위, 스크린쿼터 축소를 반대하는 영화계의 반대와 같이 신자유주의적 개방을 둘러싸고 정부, 기업, 노동계, 각종 단체간의 갈등과 논란으로 하루도 조용할 날이 없는 것이 2009년 한국의 현주소이다.

사실 스스로를 '88만원 세대'로 자학하는 청년세대는 우울한 세상을 살고 있다. 국제자본과 세계시장의 개방 요구가 점점 더 거세지고 있고, 세계화가 진행됨에 따라 무역 분쟁은 더욱 자주 일어나고 있으며, 선진국의 공격적인 투자와 무역개방의 요구는 노동정책의 유연화를 요구한다. 게다가 내부적으로도 청년세대는 날로 강화되는 신자유주의 질서 속에서 고용 없는 성장과 청년실업, 비정규직 노동이란 무거운 돌덩이를 짊어지고 가고 있다.

그런데, 청년세대의 암울한 조건에 비해 이들에 대한 부모세대의 평가는 흥미롭다. 부모세대는 청년세대를 빈곤의 경험 없이 경제적 풍요 속에서 자신의 개성과 다양성을 누린 '복 받은' 세대로 평가한다. 어른들은 청년세대를 마음껏 해외 배낭여행을 다니고 개인의 권리를 추구하는 자유주의 세대이며 놀이와 재미를 추구하는 감성세대라고도 평가한다. 때로 이들은 고생을 모르고 곱게 자라 공동체보다는 개인적인 재미와 이익을 추구하는 '철없는' 세대로 분류되어 욕을 먹기도 한다. 청년세대가 처한 조건의 암울함에도 불구하고 이들을 복 받은 세대로 보는 부모세대의 평가는 청년세대가 처한 문제를 더욱 심각하게 만든다.

그렇다면 2009년 청년세대를 위해 정부는 무엇을 하고 있는가? 사실 어느 세대보다도 청년세대가 세계화에 영향을 많이 받을 세대임에도 불구하고 이들 세대를 위한 정부전략은 빈곤하다. 단기적 부양책이 아닌 청년세대의 장기적인 미래를 위한 정부의 정책은 찾아볼 수 없다. 청년세대를 위한 정책과 전략의 부재는 2007년 말 대선에서 언급된 대통령 후보들의 정책공약을 보아도 알 수 있다. 국가의 미래를 짊어지겠다는 대통령 후보들은 청년들의 문제에 무관심하다. 이명박 대통령의 성장과 시장 우선주의를 표방하는 '747 경제정책'을 살펴보면 이른바 적하이론(*trickle-down*)[1]을 믿고 있음에 틀림없다. 기업은

1) 적하이론(*trickle-down theory*): 한 사회의 총체적인 부가 증가하면 그 혜택이 전 사회에 돌아가 사회의 전반적 경제와 복지가 향상된다는 이론이다.

부자가 되어도 직원들의 지갑은 얇을 수 있고 경제성장이 곧 국민의 복지를 의미하지는 않는다는 생각을 우리 정부는 못하고 있는 것 같다. 청년세대의 암울하고 심각한 상황에도 불구하고 정부의 체계적인 대책과 정책은 없으니 답답한 노릇이다.

한국의 청년문제는 청년 개개인의 능력의 문제라고 간주할 수 없는 구조적인 면이 분명히 있다. 시장개방과 세계화 속에서 자본과 노동이 세계시장으로 편입될수록 일자리가 늘어나는 것이 아니라 오히려 줄어들고 있다. 세계화가 곧 경제성장으로 이어질 것으로 기대했지만 경제성장은 많은 경우 기업의 부를 증가시키는 데 그쳤다. 청년문제는 일시적 현상이라거나 한국시장이 아직 완전히 세계화되지 않아 생기는 문제가 아니다. 세계 정치경제의 구조적 변화를 주도할 능력이 없는 한국으로서는 시장개방을 생존의 전략으로 채택할 수밖에 없을 것이다. 그러나 현재의 세계화 전략은 청년세대의 희생을 바탕으로 하고 있다.

청년세대에게 다가오는 세계화의 의미는 무엇인가? 세계화된 미래는 젊은이들에게 축복인가 아니면 실업과 헤어날 수 없는 구조적 덫을 의미하는가? 세계화되는 세상에서 청년세대는 어디로 가야 하나? 어떤 정책과 전략을 가지고 미래를 준비해야 하나? 이러한 문제를 현명하게 풀어나가기 위해서 청년세대는 어떤 세대이며 세계화를 어떻게 인식하고 있는지 그리고 이들이 세계화를 대하는 태도는 어떤 것인지를 먼저 이해할 필요가 있다. 청년세대의 특징과 이들의 태도가 세계화의 본질에 대한 정확한 이해를 바탕으로 하는지를 평가해 보는 것이 필요하기 때문이다. 더불어 세계화 옹호와 비판의 갈등 속에서 세계화의 본질이 무엇인지 이해하는 것도 필요하다. 또한 정부가 표방한 세계화 전략이 변화하는 세계에 잘 부합하는 것인지, 청년세대의 번영을 위한 방향으로 가고 있는지도 곰곰이 따져 보아야 한다. 현재의 잘못된 전략 혹은 전략의 결여는 청년세대를 위한 희망의 미래를 보장하지 못하기 때문이다.

물질적 풍요를 꿈꾸는 개인주의자들

한국의 청년세대는 한국 밖의 세상을 동경한다. 기회가 된다면 외국에 어학연수, 혹은 여행을 떠나고, 한국에 머무르더라도 햄버거를 좋아하고 외국산 청바지를 입고 미드(미국 드라마)를 거의 실시간으로 다운받아 보며 랩 음악을 듣는다. 이들은 세계에 문을 여는 것이 경제적 번영을 보장하리라 믿고 있다. 삼성경제연구소의 조사에 의하면 43%의 청년세대가 세계화를 물질적 풍요와 경제성장을 가져오는 것으로 이해하고 있다(〈표 7-1〉 참고). 이러한 통계는 한국인의 일반적인 세계화 인식과 궤를 같이한다. 2007년 전 세계 18개국 2만 3천 명을 대상으로 이루어진 한 조사에서도 '경제적 상호관계 증가 등 세계화를 어떻게 생각하느냐'는 질문에 한국인의 86%가 '좋다'고 답한 것으로 나타났다. 이는 87%를 기록한 중국에 이어 조사대상 18개국 중 두 번째로 높은 비율이다. IMF 외환위기 이후 대부분의 한국인들은 한국경제가 가지고 있는 문제점들을 치유하고 발전을 꾀할 수단으로 개방과 세계화의 수용이 중요하다고 인식하고 있는 것 같다.

세계화를 곧 경제성장과 연결하는 인식은 어디서 연유한 것일까? 한국의 청년세대는 1980년대의 경제발전을 통해 경제적 안정과 물질적 풍요를 향유하며 자랄 수 있었지만 외환위기는 한국적 발전국가 모델[2)]의 종말을 의미했다. 터져 나오는 한국기업의 부패 스캔들 속에서 세계화는 한국이 글로벌 스탠더드를 수용하고 새로운 경제발전의 기회를 마련하는 수단으로 인식되었다. 외환위기 이후 시장개방을 틈타 외국인 투자자들, IMF와 같은 국제기구, 무디스와 같은 외국의 기관들이 국내에 대거 진입하였다. 이들은 하나같이 한국의 규제 수준은 세계기업이 진출하기에는 너무 문제가 많고 기업의 투명성은 세계표준에 미치지 못한다고 발표하였다. 이들이 제시한 해법은 물론 세계화, 시장개방, 자유무역이었다. 즉, 청년세대는 경제개방이 우리가 살길이요 세계화가 곧 경제발전이라는 신자유주의 담론이 지배한 시기에 성장했다.

청년세대는 그들의 부모세대와는 대조적인 시장개방을 경험하고

2) 발전국가 모델: 국가가 시장에 적극 개입하여 전략을 세우고 경제정책을 실시함으로써 경제성장을 도모한다는 이론이다. 일본과 동아시아 국가들의 경제발전을 설명하는 주요한 근거로 이용되었으며, 한국에서는 정부가 수출중심의 중화학공업과 자동차 등을 적극적으로 육성하는 정책을 실시하였다.

있다. 예를 들어 부모세대는 1970, 80년대 이른바 '도깨비 시장'으로 알려진 남대문의 수입상가에서만 외국의 상품을 접할 수 있었던 데 비해 청년세대는 영화, 음식, 음악, 옷 등 다양한 분야에서 '세계화의 세례를 받은 세대'이다. 또한 청년세대는 세계화의 모토 속에서 해외여행 자유화에 따른 혜택을 누렸다. 이들에게 세계화는 보다 넓은 세상을 보고 인식과 활동의 공간적인 지평을 넓힐 수 있는 기회를 의미한다. 해외여행객들이 기하급수적으로 늘어나는 가운데 배낭여행을 떠나는 20대를 흔하게 볼 수 있다. 실제로 통계청에 의하면 2003년 이후 한국인 출국자 중 20대가 가장 많은데 2006년 내국인 출국자 중 20대가 약 37%를 차지하고 있다고 한다. 80년대만 해도 해외여행을 떠나는 것은 극소수 부유층의 전유물로 인식되었지만 이제 해외여행은 보통의 젊은이들이 한 번쯤 가는 필수코스로 인정받고 있다.

여행을 통해 다른 세상을 보고 귀한 경험을 쌓는 기회는 다른 세계에 대한 이해를 촉진시키고 청년세대의 개방성을 확장시킨다. 이러한 개방성은 청년세대가 그들의 부모세대의 폐쇄성을 과감히 버리고 외국문물의 수용에 적극성을 보이는 데 기여하였다. 청년세대는 외국인과의 결혼, 외국인 노동자의 영주권 허용에 적극적으로 찬성하고 있다. 삼성경제연구소의 조사에서 70% 가량의 청년세대가 외국인과의 결혼에 대해서 찬성하여 외국인에 대한 인식이 50대 부모보다 개방적이다(〈표 7-2〉).

한편 외국 브랜드의 옷을 즐겨 입고 맥도널드를 즐기는 청년세대지만 이들은 동시에 쌀시장 개방, 미국산 쇠고기 개방과 같은 시장개방 압력을 반대하는 시위에 적극적으로 참여하는 세대이기도 하다. 즉, 세계화를 해야 하는 것으로 이해하지만 세계시장에의 편입으로 인한 삶의 불안정성에 대해서는 문제가 있다고 생각한다. 청년세대 가운데 한국시장의 개방이 진행되면서 세계화가 곧 경제발전을 의미하지는

〈표 7-1〉 세계화가 연상시키는 주도적 이미지

	1996	2003	변화정도
물질적 풍요	31.2	26.8	-4.4
경제성장	20.6	16.4	-4.2
빈부격차	14.6	22.2	+7.6
생존경쟁	12.7	17.3	+4.6

출처: 삼성경제연구소, CEO Information 397호.

〈표 7-2〉 대외개방성에 대한 동의비율: 1996년과 2003년 비교

구분	1996 → 2003	2003년	
		20대	50대 이상
국산품 애용	60.2 → 50.0	32.5	70.9
외국문물 조기 수용	43.6 → 48.0	46.1	39.2
외국인 결혼	55.8 → 54.2	69.2	42.5
외국인 노동자 영주권 허가	42.4 → 51.6	59.3	44.4

출처: 삼성경제연구소, CEO Information 397호.

〈표 7-3〉 소득불평등도 추이

	1997	1998	1999	2002	2003	2004	2005
지니계수	0.283	0.316	0.320	0.312	0.306	0.310	0.310

출처: 통계청, 2005, 〈가계조사연보〉.

않는다고 생각하는 비율이 증가하고 있다. 〈표 7-1〉에서 볼 수 있는 것처럼 1996년과 2003년을 비교하면 청년세대가 세계화를 생존경쟁 혹은 빈부격차의 심화와 연관 짓는 비율이 점차 증가하고 있다.

구조적 한계 속에서 세계화라는 대세에 편승해야 발전할 수 있다는 담론이 지배적이지만 청년세대가 경험하는 고용의 현실과 개방전략의 피해는 심각하였고 이것은 이들이 경제적 불평등 문제에 주목하게 되는 계기를 형성하였다. 사실 외환위기 이후 대규모의 구조조정과 불안정한 대외경제 조건 속에서 한국은 저성장과 경제적 불균형의 문제에 직면하였다. 특히 세계시장의 구조적 변화는 청년세대에게 소득과 고용의 불확실성을 가져와 이들 세대의 실업률을 증가시키고, 신용불량자를 양산하였다. 한국의 경제적 양극화는 1997년 외환위기 이후 급격히 악화되었고 선진국에 비해 그 정도가 심하다. 소득분배의 불평등정도를 나타내는 지니계수(*Gini's Coefficient*)를 보면 한국은 그 수치가 97년 이후 계속해서 증가했다(〈표 7-3〉).

문제가 되는 것은 한국의 상대적 빈곤에 대한 체감이 다른 OECD 국가에 비해 높다는 것이다. 한국의 지니계수를 국제적인 차원에서 비교하면 한국의 수치가 그리 높다고 할 수준은 못된다. 세계은행의 2004년 지니계수를 보면 총 127개국 중 한국은 27위에 해당된다. 그런데 문제는 한국의 청년세대가 한국사회의 불평등이 심각하다고 '생각하고' 있다는 사실이다. OECD 25개 국가의 상대적 빈곤율 평균이 10.2인 데 비해 한국의 2005년 상대적 빈곤율은 18.0로 나타나고 있다. 이러한 상대적 빈곤감은 청년세대에게 "이민을 가겠는가?"의 질문에 그렇다고 대답한 비율이 절반이나 되는 사실에 그대로 나타난다. 삼성경제연구소의 조사에서 20대는 "가능하기만 하면 이민을 가겠다"고 50.5%가 대답하고 있다. 10명 중 5명은 이민을 가는 것이 개인적 발전을 위해서 바람직하다고 보는 것이다. 더 큰 문제는 청년세대 10명 중 8명이 아무리 노력해도 상류층 진입이 불가능하다고 생각한다고 답하였다는 점이다. 이러한 결과는 청년세대가 한국 국내에서 개인적 발전의 기회를 부정적으로 보고 있음을 뜻한다.

세계화가 경제발전을 가져옴과 동시에 경제적 불평등의 원인이 될 수 있다는 인식은 청년세대를 철저하게 개인주의자로 만들고 있다. 청년세대의 세계화는 공동체적 규범이나 목표보다는 자신들의 권리를 적극적으로 주장하고 자신의 경쟁력을 향상하는 개인주의에 기반한다. 이것이 청년세대가 부모세대 혹은 과거의 청년세대였던 386세대와 다른 점이다. 부모세대가 공동체적 가치관에 부합하는 원칙이나 이념을 판단의 근거로 추구했다면 청년세대는 철저하게 개인 이익의 관점에서 세계화와 개방의 문제를 보고 있다. 예를 들어 부모세대는 높은 수입관세 장벽과 국산품 애호의 구호 속에서 수입품 사용에 대한 거부감 혹은 죄책감을 가지고 있다. 그러나 청년세대는 국산품을 애용해야 할 필요를 별로 느끼지 못한다. 개방은 이들에게 더 많은 종류의 싼 상품을 선택할 수 있는 소비자의 선택의 자유를 의미한다. 삼성경제연구소의 조사에서 실제로 '품질이 떨어지더라도 국산품을 사야 한다'는 주장에 적극 동의하는 비율이 50대 이상이 70.9%인 데 비해 20대는 32.5%다.

세계화된 세상에서 적자만이 살아남을 수 있다는 정글과 같은 생존의 원칙과 경쟁의 이데올로기는 청년세대를 철저하게 개인주의자로 만들었다. 송호근 교수가 "한국, 어떤 미래를 선택할 것인가"에서 분석하고 있듯이 청년세대는 공익보다는 사익, 조직보다는 시장, 성장보다는 분배를 선호한다. 청년세대의 이러한 인식은 민주화 이후 사회구조의 급격한 변동 속에서 정치, 사회, 기업, 가족 전반에 걸쳐 진행된 분화와 이념의 다양성에 기인한다. 민주화 이후 한국의 정치와 경제발전의 과정은 과거 한국의 산업화와 자본주의적 발전의 과정을 철저하게 부정하는 것이었다. 대규모의 기업부패와 정격유착의 스캔들이 한국사회 전역을 흔들었고, 경기침체, 실직, 노사대립, 노숙자 문제, 가족붕괴의 사건들이 사회혼란을 가중시켰다. 외환위기 이후 세계화를 표방했던 김영삼 정부가 교체되었지만 경제적 혼란은 계속되었고 정치진영의 진보와 보수, 성장과 분배라는 이념적인 대립이 계속되었다. 젊은이들에게 이념 혹은 정치적 갈등은 개인 이익에 도움을 주지 못하는 것으로 인식된다. 부모세대와 386세대의 이념과 정치적 갈등에 지친 청년세대는 이념에 무관심하고 철저하게 현실적인 실용주의자들이 되었다. 연세대 등 서울지역 10개 대학 대학생 8백 명을 대상으로 한 조사에서 자신을 '중도'라고 응답한 대학생의 비율이 50%를 넘었다. 전통적으로 진보적 색채가 강한 것으로 인정받았던 젊은 세대인 청년세대가 실용주의적 성향이 강하다는 점은 분명 주목할 만한 사실이다. 청년세대는 진보 혹은 보수의 이념적 스펙트럼에 의존하기보다는 사안에 따라 판단하겠다는 의지를 가지고 있는 것이다.

현재 청년세대는 세계화가 가지고 있는 성장의 가능성과 소득 양극화의 길목에 서 있다. 청년세대는 지극히 개인주의이고 실용적인 차원에서 세계화가 곧 경제성장을 의미하기를 바란다. 이들은 부모세대의 희망처럼 경쟁력 있는 개인이 되고자 한다. 그러나 고용 없는 성장과 소득 불평등의 가속화는 청년세대의 세계화 낙관론이 곧 비관으로 바뀔 것을 예고하고 있다. 경쟁력 있는 개인이 되는 것도 중요하지만 내가 살고 있는 공동체 혹은 소외계층에 대한 배려 없이는 경제성장이 곧 내 삶의 안정을 의미하지 못한다. 청년세대가 지극히 개인주의적 차원에서 물질적 풍요를 추구하는 것이 아쉬운 이유가 바로 여기에 있다.

다보스 vs. 포르토 알레그레

현재의 세계화 논쟁에는 두 개의 움직임이 충돌하고 있다. 세계화가 곧 세계를 '평평하게' 만들고 세계인의 부를 증진하는 방법이라고 주장하는 세계화 '서포터'와, 세계화가 생존권을 위협하고 공동체를 파괴하며 빈부격차를 확대한다는 '안티-세계화' 그룹의 충돌이다. 이러한 충돌은 선진국과 후진국, 기업과 노동자, 정부와 농민의 갈등으로 나타나고 있다. 선진국은 자유무역과 금융이 온 지구가 하나가 되어 같이 잘 살 수 있는 방법이라고 주장하고, 후진국은 세계화가 소득의 불평등, 중산층과 노동자의 몰락을 초래하고 있다고 항변한다. 기업은 세계시장을 무대로 경쟁해야 하는 상황에서 시장지향적 정책은 필수적이라고 주장하고, 노동자는 세계화의 결과 노동자의 직업안정성이 크게 위협받고 있으며 그들의 최소한의 생존권조차도 위협받고 있다고 본다. 세계화 찬성과 비판의 충돌은 '다보스'(Davos)[3]와 '포르토 알레그레'(Porto Alegre)[4] 정신의 충돌로 지칭되기도 한다.

다보스 정신과 포르토 알레그레 정신은 사실 인류가 그동안 추구한

3) 다보스: 세계경제포럼(World Economic Forum)이 열리는 곳으로 세계화의 기치 아래 상품과 자본의 자유로운 이동을 보장하고 모든 국가가 국경을 개방할 것을 촉구하는 신자유주의적 흐름을 대표한다.

4) 포르토 알레그레: 다보스 포럼에 반대하는 반세계화 운동을 대표한다. 포르토 알레그레에서 열린 세계사회포럼(World Social Forum)은 세계화가 초래하는 불평등한 구조에 주목하면서 반세계화를 외치고 있다.

두 가지 가치, 자유와 평등을 의미한다. 이 둘은 언뜻 생각하기에는 서로 상반되는 가치로 보이지만 동전의 양면처럼 분리해 생각할 수 없는 것이다. 흔히 사람들은 개인의 자유를 보장하는 것이 무엇보다 중요하며 자유무역과 경쟁이 이를 보장할 수 있다고 생각한다. 그런데 사회가 전반적인 복지 혹은 개인의 최소한의 생존권을 보장하지 못할 때 개인의 자유 또한 침해받을 수 있다. 세계화와 시장개방으로 인한 부의 불균형이 과대할 경우 오히려 후폭풍(*backlash*)을 가지고 온다. 세계화의 혜택이 소수에게 집중되고 견딜 수 없을 정도의 불평등을 수반하는 경우 세계화가 실현하려던 자유의 이상이 심각한 민족적 감정과 사회적 갈등의 폭발로 연결된 경우를 우리는 많이 보았다. 인도네시아, 필리핀, 몇몇 라틴아메리카 국가들에서 특정집단에게 부가 편중되고 다수 집단이 경제적 혜택을 받지 못할 때 자유화는 민주주의의 이상에 오히려 역행하였다.

이러한 점을 고려하면 세계화를 자연발생적인 현상으로 보는 것은 경계할 필요가 있다. 세계화론자인 게이치 오마에(Genichi Ohmae)는 그의 저서 《국경 없는 세계》(*Borderless World*)에서 국가는 시장에서 이루어지는 거래를 더 이상 통제할 수 없다고 주장한다. 증가하는 국제무역의 양과 속도를 감안할 때 정부의 무역, 투자, 자본을 규제하는 정책은 오히려 역기능적이라는 것이다. 신자유주의자들에게 세계화의 흐름은 인간의 힘으로는 거스를 수 없는 자연발생적이고 불가항력적인 현상으로 간주된다.

그러나 세계화는 자연발생적인 현상이 아니다. 신자유주의적 세계화는 선진국이 세계경제에서 자유무역의 원리를 강화시키는 방향으로 움직인 결과이다. 즉, 현재 진행되는 세계화는 '정치적 프로젝트'로 1980년대 이후 미국과 영국 등 선진국이 진행한 자유화, 민영화, 탈규제에 힘입은 바 크다. 특히 미국은 1980년대 중반 이른바 레이거노믹스(Reaganomics)[5]를 통해 재정과 무역의 적자를 극복하고자 했다. 영국 공화당의 대처(Margaret Thatcher) 역시 국가가 운영하던 공기업의 민영화와 같은 시장원리의 도입을 통해 경제적 난관을 극복하고자 했다. 이들 국가들은 자국의 국내시장의 자유화에 그치지 않고 국제시장에도 적용하여 '관세와 무역에 관한 일반협정'(GATT)과 '세계무역기구'(WTO)를 통해 관세 혹은 비관세의 무역장벽을 철폐하고자 시도했다. 미국은 또한 자국의 통상법 개정을 통해 일본, 한국과 같은 국가들에게 시장개방의 압력을 행사하기 시작했다. 물론 거대한 미국 시장과 자본을 포기할 수 없는 여타의 국가들로서는 미국의 요구에 수세적일 수밖에 없었다.

그러면 신자유주의 모델을 따라 시장을 개방하고 세계경제가 하나의 시장으로 통합되면 경제발전을 꾀할 수 있는가? 세계화는 세계시민의 삶을 향상시킬 수 있는가? 물론 경쟁에서 살아남을 수 있는 전략

5) 레이거노믹스(Reaganomics): 미국의 레이건 대통령 집권 하에서 경기침체와 인플레이션이 동시에 발생하는 경제적 어려움을 극복하고자 취한 정책을 말한다. 유효수요를 창출하는 기존의 케인즈주의에서 벗어나 탈규제와 시장원리로 회귀하는 대표적인 신자유주의 경제정책이다.

과 힘이 있다면 세계화는 경제발전을 위한 하나의 축복일 수 있다. 하지만 경쟁력이 없는 국가, 기업, 개인이 세계화의 혜택을 자동적으로 누릴 수 있는 것은 아니다. 세계화는 곧 지구적 차원에서 격화되는 경쟁을 의미하기 때문이다. 세계시장을 무대로 다양한 이해당사자(*stakeholder*)의 이익다툼이 치열하게 벌어질 것이다. 권투경기로 치자면 서로 다른 체급의 권투선수들이 싸우는 것과 같다. 특정 산업에서 이미 앞선 기술과 인력을 가진 헤비급 선수가 라이트급의 선수와도 권투시합을 할 수 있는 것이 세계시장의 게임규칙이다. 심지어 헤비급들은 기술과 자본이라는 건장한 몸을 가지도 있으면서도 자신들에게 유리한 방향으로 게임의 규칙을 바꾸려 시도한다.

따라서 부르디외(Pierre Bourdieu)[6]와 같은 학자들은 자유시장의 원리가 구축되면 이상적인 경제질서가 만들어진다는 것에 의문을 제기하고 있다. 무엇보다 세계화는 국가와 개인의 부의 불균등한 분배를 가져오고 있다고 지적된다. 매년 연말 투자회사와 다국적기업의 중역들이 거액의 연봉과 보너스를 받았다는 뉴스를 접하지만 이것이 다수인 개개인의 부의 증가를 의미하지는 않는다. 빌 게이츠가 우리 동네에 산다면 우리 동네의 전체적인 소득의 평균은 증가되겠지만 소득평

6) 부르디외(Pierre Bourdieu): 프랑스 지식인인 그는 세계화가 궁극적으로 미국과 같은 몇몇 선진국의 이익을 보장하는 것이라 본다. 부르디외는 재정삭감, 유연한 노동시장, 시장개방의 논리를 실현하는 IMF, OECD와 같은 국제기구의 신자유주의 프로그램은 권력추구적인 현실을 모르는 유토피아적인 시도라고 비판한다.

균의 증가가 우리 동네사람들 개개인의 소득의 증가를 의미하는 것은 아니다. 정치인들은 새로운 일자리의 창출을 부르짖지만 자본과 노동이 세계시장에 편입되는 상황에서 실업자는 오히려 증가할 수 있다. 신자유주의가 표방하는 경제성장의 모토는 기업가들이 노동시장의 유연화(*flexibilization*)[7]를 추구하는 구실을 주고 있다. 세계화된 시장에서 기업들은 복지를 제공해야 하는 정규직 노동자보다는 비정규직 노동자들을 선호할 가능성이 높다. 최근 한국에서 비정규직 노동자들의 복지와 고용이 왜 문제가 되고 있는지를 이해할 수 있는 대목이다.

신자유주의적 세계화가 양산한 불균등한 부의 분배는 벌써 심각한 사회갈등의 원인이 되었다. 세계화 속에 양산되는 비정규직의 불안정한 삶은 가정파괴, 알코올 중독, 자살로 이어지는 사회문제를 발생시킨다. 비정규직은 한국에서뿐만 아니라 전 세계적으로 신자유주의에 대항하는 저항세력들을 양산하고 사회불안과 폭력의 원인이 되기도 한다. 에이미 추아(Amy Chua)는 세계화의 정치적 결과에 대한 그녀의 책 《불타는 세계》(*World on Fire*)에서 세계화가 효율성과 민주주의를 동시에 달성하는 데 실패했다고 지적한다. 시장을 점유한 소수집단이 존재하는 짐바브웨, 필리핀, 케냐의 경우 세계화는 시장의 효율성과 부를 증진시키기보다는 빈부격차를 증진시키고 민족적 감정을 부추

7) 노동시장 유연화(*flexibilization*): 노동시장의 유연성은 '노동시장의 환경변화에 신속하고도 효율적으로 대처할 수 있는 효율적 능력'으로 정의되는데, '고용의 유연성', '임금 유연성', '기능적 유연성'을 통해 기업의 경쟁력을 확보하려는 것이지만 노동자들의 직업 불안정을 초래하고 있다고 평가된다.

겨 국민들을 복수심에 불타게 하였다. 이것은 자유시장이 전 세계의 권위주의적 국가들에게 민주주의를 확산할 수 있다는 선진국의 논리와는 반대되는 결과이다.

세계화는 개발도상국과 후진국이 처한 경제적 문제점과 부패를 치유할 수 있는 만병통치약도 아니다. 세계화 옹호자들은 세계화가 표방하는 자유시장이 세계의 빈곤과 갈등, 폭력에 대한 처방이라 생각한다. 토마스 프리드먼(Thomas L. Friedman)은 '맥도날드가 진출해 있는 나라들 사이에 전쟁은 절대로 일어나지 않는다'는 이른바 '골든 아치 이론' (*Golden Arches theory*)[8)]을 제시했다. 물론 이러한 이론의 오류는 맥도날드를 가지고 있는 이스라엘과 레바논이 전쟁을 했다는 사실에서 명백히 드러난다.

무비판적인 세계화가 걱정스러운 것은 이것이 국가의 역할과 기능을 무력화시킬 수 있다는 것이다. 세계시장을 무대로 이윤을 추구하며 국가를 자유로이 옮겨 다니는 국제금융을 예로 들면 자본은 국가의 정치적 능력을 무력화시킨다. 수잔 스트레인지(Susan Strange)는 《카지노 자본주의》(*Casino Capitalism*)에서 세계금융이 이루어지는

8) 골든 아치 이론(*Golden Arches theory*): 프리드먼이 미국적인 문화와 자유시장을 상징하는 맥도날드의 노란색 광고판이 있는 국가들끼리는 절대로 싸우지 않는다고 주장한 이론이다. 신자유주의를 대표하는 이 이론은 자유시장이 세계적으로 확산되면 지리적 경계를 넘어 많은 사람들이 자신들의 부와 욕망을 실현할 수 있으며, 궁극적으로 국가간 영토적, 민족적인 경계가 모호해지고 국가간 갈등이 사라지리라 믿는다.

카지노에서는 우리 모두 비자발적으로 도박의 판에 끌려 들어갈 수 있다고 지적한다. 세계금융의 흐름은 운명의 수레바퀴가 어디서 멈출지 모르는 상황을 연출하며, 능력, 노력, 지도력, 의지가 올바른 결정을 내리는 데 도움을 주지 못한다. 개인뿐만 아니라 거대기업들과 각국 정부의 계획도 예기치 못한 불황에 빠질 수 있다. 금융세계를 지배하고 있는 불확실성은 개인의 삶에만 영향을 미치는 것이 아니라 국가와 정부의 운명, 그리고 나아가 국가관계에까지 영향을 미친다. 이런 상황은 1929년 대폭락(Great Crash)과 1997년 동남아시아, 2008년 미국의 금융위기에서 관찰되었다. 한마디로 국가가 세계화의 거미줄을 스스로 만들어 놓았으나 국가 자신이 그 '덫'에 걸려들어 파괴될 수 있다.

세계화를 문제의 주범으로 지목하는 경우에도 세계화를 반대하는 것이 문제의 해결책은 아니다. 세계화가 수반하는 자유시장이 세계적인 빈곤의 해결책이라 주장하는 세계화론자들의 주장이 위험한 것처럼, 반세계화가 해답이라고 보는 것 역시 위험하다. 세계화는 인류를 둘러싼 새로운 환경이요 현실이기 때문이다. 특히 미국이 탈냉전 이후 슈퍼 301조[9] 등 통상법의 개정을 통해 해외시장의 외국인 투자와 무역개방을 공격적으로 요구하고 있는 상황에서 세계무대의 지각변

9) 슈퍼 301조: 1974년 제정된 미국통상법 301조가 개정되어 1989~1991년에 시행되었으며 주요한 내용은 불공정 무역관행에 대한 미국의 일방적 무역보복조치를 가능하게 한 조항이다.

동을 무시하는 폐쇄적 정책결정의 끝이 어떠할지는 역사가 증명하고 있다.

한국의 청년들을 위한 전략은 어디에?

한국 정부의 세계화 전략은 한국 젊은이들의 미래를 위해 적절한 것이 아니었다. 1994년 김영삼 대통령이 대한민국이 앞으로 나아가야 할 방향으로 '세계화'를 표명했을 때 청년세대는 그 여파에 대해 미처 인식하지 못했을 것이다. 청년세대는 그 당시 세상의 변화가 무엇인지 느끼기에는 너무 어렸다. 어쩌면 세계화를 표방했던 김영삼 정부조차도 세계화가 진정 무엇을 의미하는지 몰랐던 것 같다. 김영삼 정부의 세계화 정책은 꿈과 희망 속에서 선언되었다. 기존 정부처럼 개방과 변화에 비중을 둔 '국제화'(*internationalization*)를 넘어 세계시장에서 주도적인 입지를 차지하겠다는 것이었다. 이러한 구상은 김영삼 정부의 OECD 가입 촉진과 경제정책에 반영되며 90년대 중반 한국 사회의 새로운 담론을 이끌었다.

하지만 김영삼 정부의 세계화 정책은 IMF 금융위기라는 사상 초유의 국가부도 사태를 이끌며 부모세대에게 절망적인 경제적, 사회적 위기를 가져다주었다. 물론 김영삼 정부의 세계화 추진은 실질적이고 면밀한 검토를 통한 정책이라기보다는 구호에 치우치거나 무원칙적

탈규제로 이어졌다. 자본의 세계화, 탈규제가 가지는 의미가 정확하게 무엇인지 공부할 기회가 없었던 한국에게 그 결과는 IMF 위기라는 국가부도 사태였다.

권위주의에서 민주주의 국가로 변모한 한국은 1990년대 중반을 거치며 박정희 정부식의 70, 80년대식 발전국가 모델의 한계를 체감했다. 국내시장 보호 중심의 산업정책은 나날이 증가하는 미국과 GATT를 통한 시장개방의 압력에 직면하였다. 당시 한국의 지배적인 담론은 자유경쟁시장 중심 시스템으로 변모하기 위해 세계화가 필요하다는 것이었다. 즉, 90년대 들어오면서 한국은 공정경쟁과 자본의 탈규제화, 세제개혁, 산업관련 계획, 정치와 행정의 개혁을 포함한 국내 개혁 프로그램이 필요하다고 보았다. 1998년에 발효된 WTO는 개방과 공정경쟁을 목표로 하였는데 이는 국가간섭과 규제철폐를 의미했다.

외환위기 이후 급하게 구원투수로 등장한 IMF는 시장개방, 고용의 유연화를 요구하였다. 외국자본의 역할이 증대되고 시장의 논리가 강조되는 가운데 국가와 기업의 경제발전을 위한 전략은 보다 급격한 개방으로 나타났다. 실제로 여러 가지 지표들은 세계화된 한국경제의 실상을 실감하게 해준다. 국민총생산에서 수출이 차지하는 비율은 1960년대 이전만 해도 미미하였으나 2000년대에 들어와서는 40%에 육박하고 있다. 국내 금융시장에도 외국계 운용사의 시장점유율이 2006년 42조 4천여억 원으로 전체 17.9%의 시장점유율을 보이고 있다. 〈포춘〉지 선정 5백 대 기업의 52.6%가 한국에 진출한 것으로 나타나 외국계 회사들이 이미 한국 경제에 깊숙이 자리 잡았다는 것을 알 수 있으며 세계화된 한국의 경제를 실감할 수 있다.

그런데 한국의 세계화 편승전략은 복지국가의 축소로 나타났다. IMF위기 이후 등장한 김대중 정부는 자극적인 경기부양정책을 사용했지만 1999년의 실업률은 8.5%까지 증가하였다. 노동문제의 해결을 위해 노사정 위원회를 구성하였지만 가시적인 성과를 보이지 못하였다. 위계적 질서의 몰락과 386세대로의 권력교체를 통해 등장한 노무현 정부의 경우도 국민의 복지수준을 높이는 데 기여하지 못하였다. 2006년 한국의 청년취업률은 27%로 OECD 회원국의 평균 취업률인 43%보다 16%나 낮았다. 성장과 분배의 이념적 갈등 속에서 정경유착과 극단적 양극화의 해소를 강조하였지만 사오정(사·오십대 정년), 청년실업, 신용불량자가 급증하는 상황에서 분배를 포기하여야 했다. 세계화 속의 경제성장을 주장했지만 노무현 정부의 집권기간 동안 공무원은 4만 8천 명이 늘었고 국가부채는 283조 원으로 늘었다. 영세기업의 몰락과 중소기업의 해외이주, 소득 불평등과 빈곤층의 증가 앞에서 구체적 전략과 정책이 빈곤한 정부가 빠진 함정을 보았다.

경제대통령을 표방하며 2008년 이명박 정부가 등장했지만 청년세대를 위한 장기 전략과 구체적 정책은 역시 없다. 이명박 정부는 '747 경제정책'[10]을 기반으로 60만 개의 신규 일자리를 만들 것이라 공언

10) 747경제정책: 이명박 정부의 경제정책으로 연간 7%의 경제성장, 10년 이내에 국민소득 1인당 4만 달러, 세계 7대 강국으로 도약을 표방한 정책이다.

했다. 그러나 이명박 정부의 공언에도 불구하고 청년실업은 해결될 조짐을 보이지 않는다. 정부의 60만 개 일자리 창출목표는 2008년 3월에는 35만 개로 6월에는 다시 20만 개로 조정되어야 했다.

청년실업이 늘어나는 이유는 산업구조의 고도화에 기인한 바가 크다. 즉, 청년세대의 문제는 이들 세대에서 비롯된 것이 아니라 대내외적이고 구조적인 문제와 얽혀 있다. 따라서 정부가 거시적이면서도 구체적인 정책으로 해결해야 할 문제이다. 이명박 정부는 성장위주의 정책을 표방하고 있지만 국가경쟁력은 오히려 하락하는 것으로 나타났다. 2008년 스위스 국제경영개발원(IMD)의 〈세계경쟁력연감〉에 따르면 한국은 55개 국가 가운데 31위를 기록하고 있다. 이명박 정부가 표방하는 일자리 창출정책은 현재의 대기업 위주의 성장이 계속되는 한 어려울 것 같다. 대기업이 일자리를 창출하는 비율은 1990년대 이후 오히려 감소했다. 지난 10년 동안 대기업은 285만 명에서 156만 명으로 고용을 무려 45% 줄였다.

정부가 악화된 청년 노동시장의 활력을 회복하기 위해 정책적 수단을 강구하고 있음에도 불구하고 약발이 먹히지가 않는다. 2007년 한국의 청년 취업률은 OECD 회원국의 평균 취업률보다 낮다. 통계청의 기록에 의하면 20대 청년 고용률은 2004년 이후 계속 감소해 2008년 현재 42%를 기록하고 있다. 한국의 15~29세 중 이른바 니트족[11]의

11) 니트족(NEET族): 직업이 없고 학교에도 가지 않으며 직업훈련도 받지 않는 청년무직자.

비율은 17%로 OECD 평균을 상회하고 있다. 군 의무복무제에 따라 노동시장에 진입하는 청년층의 연령대가 높다는 점을 감안하더라도 한국에 취업하지 않는 젊은이들이 많다는 사실을 알 수 있다. 한국의 청년실업의 문제는 이들이 자신들의 세대를 '88만원 세대'라 지칭하는 데에서도 드러난다. 한국의 20대가 비정규직에서 열심히 일해도 한 달에 받는 월급은 88만 원에 불과하다는 것이다. 정부가 일자리 창출을 부르짖고 있는 가운데 취직하는 청년세대는 비정규직으로 고용되고 있다는 데에 문제의 심각성이 있다.

한국의 청년들이 계속해서 비정규직으로 고용되는 한 새로운 사회갈등 문제가 양산될 것이다. 한국의 노동시장 구조상 비정규직이 정규직으로 고용될 가능성은 매우 낮으며 대부분의 비정규직은 사회보험의 혜택을 받지 못한다. 이러한 청년세대의 비정규직 고용은 정부, 기업, 노동계의 합작품이다. 외환위기 이후 단행된 노동법의 개정을 통해 정부는 계약직 근로자를 합법화시켰고 기업은 세계화 속에서 경쟁력의 하락을 우려하며 계약직 근로자를 통해 노동의 유연성을 확보하고자 했다. 고용불안에 처해 있는 노조 역시 책임이 있다. 특히 대기업 노조는 시간제 혹은 계약직 근로자를 배제하고 차별화하는 전략을 통해 그들의 고용안정을 획득하였다. 안타깝게도 부모세대의 고용안정은 청년세대의 희망과 미래를 담보로 하게 된 것이다. 부모세대는 청년세대를 위한 미래전략은 고사하고 비정규직과 청년실업 문제조차 해결하지 못하고 있는 것이다.

한국의 세계화 전략은 미래세대를 충분히 고려하지 못했고 전략과 정책은 전반적으로 그 깊이나 속도에서 불충분하였다. 세계화를 통해 성장을 달성하려 했지만 성장과 복지 두 마리 토끼를 동시에 놓쳤다. 한국의 세계화는 청년세대의 희망처럼 경제성장과 물질적 풍요를 가져다주지 못하고 있다. 머지않아 시장경쟁에서 밀려나 삶의 위기에 처한 청년들의 아우성이 들릴 것이다.

청년세대를 위한 새로운 세계화 전략

국가주도의 발전모델을 추구해 온 한국은 1990년대 중반 이후 진행된 세계화 속에서 고심하며 새로운 발전전략을 취하기 위해 방향을 틀고 있다. 기본적인 한국의 전략적 선택은 한미 FTA 협상에서 나타나듯이 시장개방이다. 세계시장의 구조를 바꿀 힘이 없는 한국으로서는 선진국이 만들어나가는 세계화의 기조에 편승하는 것이 최선이라는 설득이 주를 이룬다. 특히 한국의 금융위기는 신자유주의의 승리를 확고히 했다. 세계화 세력은 한국의 시장과 생산체제를 해체하는 전략을 요구하였고 한국의 자본과 금융, 상품시장을 새로이 재편성하고 있다. 새로운 지구적 변화에 적응하기 위해 한국 사회의 변화가 요구되는 상황에서 한국이 어떠한 선택을 하는가가 한국의 미래를 결정지을 것이다.

세계화는 부정적인 면과 긍정적인 면을 동시에 가진다. 즉, 세계화는 불확실한 위험과 양극화의 가능성과 더불어 인류에게 부와 새로운 삶의 환경을 제공한다. 세계화는 빈곤과 실업, 복지의 감소를 의미하기도 하지만 다른 한편으로는 세계화로 인한 시장의 확대로, 발전을 위한 기회가 생기는 것도 사실이다. 우리는 바로 이러한 세계화의 복합적 가능성에 주목하면서 각 국가 혹은 각 개인이 처한 상황에서 최대의 이익을 끌어내는 미래전략을 수립해야 한다. 신자유주의적 세계화의 일방적인 수입이 한국의 경제적 번영, 청년세대의 미래를 보장하지 못하는 것은 확실하다. 또한 무조건적으로 세계화를 비판하고 반세계화 대열에서 시위를 주도하는 것으로도 자유시장을 지향하는 세계화의 방향을 바꾸거나 개인의 발전을 위한 동기를 부여받을 수 없다. 문제는 세계화의 덫이 무엇인지 알고 그 부정적인 부분을 최소화하면서 긍정적인 면을 어떻게 최대화할 것인지를 파악하는 것이다.

한국의 세계화 전략을 결정할 때 주목해야 할 것은 한 국가의 세계화 전략과 경제정책이 세계화의 현실적 실체가 아니라 그 실체를 보는 지배적 담론이라는 점이다. 세계화에 대해 어떤 대응 혹은 편승의 전략을 가지고 갈 것인가는 결국 한국사회의 지배적인 담론에 의해 결정될 것이다. 이 시점에서 한국의 새로운 국가적 위상을 위해 새로운 상상력을 가지는 것이 필요하다. 세계화는 단선적인 발전의 과정이 아니라 복합적이고 탈근대적인 과정에 의해 결정된다. 세계화의 방향은 기업에 의해서만 이루어지는 것은 아니며 다양한 사람들과 조직, 집단의 이해관계와 이상의 역동성에 근거하여 결정될 것이다. 한국은 1997년의 외환위기를 통해 준비되지 않은 세계화가 어떠한 결과를 낳았는지 잘 알고 있다. 또한 자유시장을 대표하는 기구들이 강제한 구조조정을 비판 없이 그대로 답습하는 것 역시 사회적 불안과 양극화 문제를 낳았다는 교훈을 가지고 있다. 이런 점을 감안한다면 세계화의 지배적인 담론이 지속가능한 세계화(*sustainable globalization*)여야 한다는 것은 분명하다. 세계화로 인한 낙오자들을 한국사회가 끌어안고 한국의 청년세대가 이끌 미래에 양극화와 사회불안이 최소화되는 사회통합적 세계화여야 한다.

청년세대는 한국의 미래를 책임지고 나아갈 세대이다. 청년세대가 어떤 비전과 희망을 가지고 미래를 꿈꾸는가에 따라 한국의 10년 후 혹은 20년 후의 미래가 결정된다. 시장개방의 영향을 누구보다 많이 받으며 미래 한국을 이끌 청년세대는 더 나은 사회를 만들기 위해 부모세대에게 새로운 전략을 요구해야 한다. 지속가능한 세계화를 추진하는 데 있어 청년세대는 크게 세 가지의 마스터플랜을 요구할 수 있다.

먼저, 국가가 새로운 비전과 구체적 전략을 가지고 세계화를 추진하도록 요구해야 한다. 정부는 성장과 복지를 양자택일의 문제로 보는 20세기적 사고방식에서 벗어나 21세기에 맞는 전략을 짜야 한다. 세계화는 많은 국가에서 중산층의 소멸, 통합이 아니라 분열과 배제, 집단간의 갈등을 낳았고 이것은 곧 민주주의의 위기를 의미한다. 시장이 알아서 할 것이니 작은 정부가 해결책이라는 신자유주의식의 발상은 재고해보아야 한다. 국가의 조정 없는 시장의 세계화는 사회적 양극화와 갈등이라는 세계화의 '덫'을 탄생시킬 수 있다. 독일이 1999년에 청년실업자를 위해 도입한 교육프로그램인 JUMP나 1998년 영국의 '청년을 위한 뉴딜정책'(*New Deal for Young People*)과 같은 제도의 도입을 검토해 보아야 한다. 국가 정치력의 회복을 통해 보다 거시적이고 근본적인 차원에서 청년세대가 당면하고 있는 문제들에 접근해야 한다.

둘째, 젊은이들은 우물 안 개구리식의 편협한 민족주의를 지양하고 국제사회에서 우리의 정체성을 새로이 정립해야 한다. 세계화는 우리의 소득과 더불어 '세계적 기준'에 맞게 우리의 의식수준을 세계 일류로 끌어올리는 것이다. 지구화의 물결 속에서 좌와 우, 부정과 긍정의 편협함이 아니라 지구적 차원의 시각과 표준을 가지고 한국적인 정체성을 확보해야 한다.

셋째, 청년세대 교육의 근본적 변화가 요구된다. 청년세대의 문제는 이들 세대의 교육과 사회복지시스템과 밀접하게 연관되어 있다. 한국의 청년세대가 받은 교육은 세계화된 시장에서 경쟁력을 가지는 데 한계가 많다. 획일적인 교육과 좌 · 우 갈등의 이데올로기 속에서, 한국의 교육현장은 세계화된 21세기형 인재를 양성하지 못한다. 이른바 '3불(不)'로 함축되는 획일적 관치교육과 입시교육의 틀에서 학교와 학원을 오가며 쉴 새 없이 공부하지만 한국의 교육은 세계에서 경쟁력이 없다. IMD의 국제경쟁력 평가, 특히 '대학교육의 경제사회 요구 부합도' 지표에서 한국은 55개 국가 중 53위를 차지했다. 고등교육 이수율이 세계 4위인 한국의 상황을 감안하면 부양한 자식세대의 대학교육이 사회에 유용하지 않다는 외부의 평가가 내려진 셈이다. 이것은 교육현장에 자율과 창의가 반영되는 공교육의 획기적인 개선 없이는 청년세대의 미래가 암울하다는 점을 인식시킨다. 청년실업자를 위해 단순히 일자리를 몇만 개 창출하겠다는 약발 안 먹히는 정책이 아니라 경제와 사회, 교육 전반의 문제를 아우르는 거시적이고 장기적인 전략과 개혁이 필요한 이유가 여기에 있다.

• 나의 20대 초상 • **조화순**

20대여, 세계인이 되라

얼마 전 한 제자가 찾아와 20여 년 짧은 자신의 인생을 파란만장하게 했던 두 가지 글로벌 사건을 이야기했다. 하나는 초등학교 시절 아시아 경제를 마비시킨 IMF 경제위기이다. 당시 회사를 다니던 아버지는 퇴출대상이 되었고 자신은 상당기간 동안 친척집을 전전해야 했다. 다른 하나는 최근 미국의 모기지론 부실로 발발한 경제위기이다. 제자는 수백 통씩 원서를 돌리지만 취직이 쉽지 않아 미래에 대해 굉장한 불안을 느낀다고 했다.

글로벌하고 변화무쌍하게 반복되는 자본주의의 파괴력은 한 가정에 2대에 걸쳐 공포를 주고 있다. 여러 가지 이야기들로 제자에게 희망의 싹을 심어주려 했지만 경제위기가 단시간에 해결되지 않을 것이고 이것이 일정 주기로 반복될 수 있다는 사실에 나의 무기력함을 느꼈다. 사실 나의 무기력함은 오늘날 한국 경제와 정치가 가지고 있는 무기력함일 것이다. 최근 한국은 전환기의 세계경제 속에서 희망의 메시지를 공유하지 못한 채 표류하고 있다. 무엇보다 큰일은 그동안 한국을 이끌어온 발전모델 혹은 사회적으로 공유되는 가치관의 부재이다. 1960년대와 70년대에 걸친 경제성장의 담론이나 1980년대의 민주화 담론이 전환의 세계정치와 경제 속에서 속수무책이다.

사실 1980년대 중후반에 걸쳐 대학을 다녔던 내게도 충격적인 사건이 있었다. 하나는 1988년 미국이 통상법의 개정을 통해 한국의 불공정 무역관행에 대해 관세보복을 선언한 사건이었다. 냉전기간 동안 한국과의 무역에서 적자를 감수하며 자국의 시장을 개방했던 미국이 돌연 태도를 바꾸어 이제 더 이상의 봐주기는 없다고 선언한 것이다. 낭시의 충격은 1997년의 IMF 위기에 버금가는 것이었다. 사실 1980년대 중반까지 한국의 생존전략은 미국이 주도하는 이념과 질서에 편승하여 근면하고 성실하게 일함으로써 얻어진 것이었다. 미국에 의존하는 생존전략에 익숙한 한국의 기업과 정부 관료들은 미국이 더 이상 무조건적인 '형'의 역할을 하지 않겠다고 하자 커다란 충격을 받았다. 신문과 방송이 연일 미국의 슈퍼 301조에 대한 이야기를 보도하는 상황 속에서 한국의 성장론은 좌표를 잃고 표류하였다.

두 번째 충격적 사건은 고르바초프의 페레스트로이카 선언과 함께 소련이 해체된 것이었다. 미소냉전이 무너졌고 포스트모더니즘이 부상하는 가운데 더 이상 민족과 이념이 세상사람들을 가르는 장벽이 될 수 없다고 이야기되었다. 국내의 정치이념은 자본주의와 사회주의 진영 간의 이분법적 대립 속에서 고안되어 왔으므로 더 이상 정치 이데올로기가 세상사람들을 가르는 장벽이 아닐 수 있다는 사실은 놀라운 사건이었다. 우리의 현실은 여전히 남북한으로 갈라져 있었으나 세상은 급격히 변화하고 있었던 것이다.

세계적인 두 가지 사건은 결과적으로 나의 전공을 바꾸게 된 계기가 되었다. 두 가지 사건을 겪으며 20대의 나는 세계문제가 우리 삶에 얼마나 영향을 미치는지, 새로운 세계체제와 제도가 사람들의 삶을 얼마나 흔들어 놓을 수 있는지에 눈뜨게 되었다. 세계는 하나의 역사를 종식하고 새로운 자본주의의 역사를 시작하고 있었다. 이러한 세계변화는 1987년의 민주화와 더불어 한국에 새로운 자본주의적 변신을 요구하는 것이었다.

하지만 당시 20대였던 나는 세상의 패러다임 변화에 흥분했지만 새로운 비전을 만들어 내는 데 동참하지는 못했다. 이것은 민주화 운동에 침잠했던 386세대의 한계이다. 386세대는 권위주의 정권에 맞서 국내 정치의 민주화와 사회변혁에 집중했고 애국심, 민족주의를 강조하면서 아군이 아니면 적이라는 이분법적 이데올로기에 익숙해져 왔다. 따라서 새로운 자본주의의 역사에 맞는 새로운 비전과 국가전략을 제시하기에 우리 세대의 비전은 국수적이었다.

2009년의 청년세대는 어떠한가? 미국의 기업이 파산하고 유럽과 아시아의 기업들이 줄줄이 도산하는 과정 속에서 청년세대는 어떻게 할 것인가? 386 부모세대처럼 자기중심적 세계관에 사로잡혀 있을 것인가? 반미를 외치고 실업대란에 대한 분노를 쏟아내며 변화하는 세상을 비관할 것인가? '성장과 분배'의 문제를 함께 추구해야 하는 가치로 논의하기보다는 소모적인 정쟁의 대상으로 삼아 국력을 낭비할 것인가? 한 가지 분명한 것은 보다 창의적이고 생산적인 방향으로 세계 속에서 한국과 개인을 생각해야 한다는 것이다. 청년세대에게 부여된 21세기적 과제는 세계인이 되는 것이다. 세계화 시대에 걸맞은 인식의 변화와 획기적인 전략의 디자인 속에서 20대의 한국적 정체성이 고려되어야 한다.

우리 386세대는 세상의 변화를 어렴풋이 눈치챘지만 충분히 대비하지 못했다. 386세대는 민주화를 이루어냈지만 다양한 사람들과 다양한 행동, 다양한 생각과 인식으로 이루어진 세상을 조화롭고 평화롭게 이끌 수 있는 가치관을 제시하지 못했다. 21세기 청년세대는 자유로움과 다양한 담론 속에서 자라난 세대다. 청년세대가 386세대의 민주화 담론과 국가주도 성장론을 넘어 "세계인"으로서 새로운 세기의 변화를 이끌 구상과 가치관을 개발하기를 희망해 본다.

20대를 위한 자본주의와 민주주의 · · · · 8장

이연호*

이 글은 현재 대학생활을 하고 있거나 대학을 졸업하여 사회진출을 준비하는 20대 청년들의 정치경제적 현실에 관한 것이다. 나는 이 글에서 과연 어떤 모습의 자본주의와 민주주의가 이들에게 보다 나은 미래를 제시할 수 있는 것일지 생각해보려고 한다.

2000년대에 20대의 나이를 살고 있는 이들의 정치경제적 가치관은 어떤 것일까? 이들은 현실정치에 대해 대체로 무관심한 경향을 보이고 이 책의 집필진들이 속하는 이른바 386세대들에 비해 오히려 보수적 성향을 가지고 있다. 전반적인 정치참여도는 그 이전의 세대들에 비해 떨어진다. 그러나 촛불시위처럼 상징화된 정치행사에 대한 이벤트성 참여나 인터넷을 통한 기술적 참여에는 매우 능하다.

'나'의 이익을 중시하는 개인주의적 성향이 두드러지고 경제적으로

* 연세대학교 정치외교학과.

물질적 가치에 대한 선호가 공개적이며 강하다. 이들의 자본주의에 대한 평가도 긍정적인 편이다. 다른 세대들에 비해 자본주의를 빈부 간의 격차나 부정부패와 같은 부정적 이미지로 간주하기보다는 물질적 풍요, 경쟁, 효율성, 풍부한 기회 등 긍정적 이미지로 인식하는 경향이 강하다.

이들은 분배와 평등 같은 경제민주주의적 가치에 대한 애착도 덜하다. 참여민주주의를 주장했던 김대중 그리고 노무현 정부가 분배적 정책을 폈음에도 불구하고 이들은 실질적 혜택을 누리지 못했다는 점에 회의를 가지고 있기 때문일 것이다. 분배중심의 경제정책으로 인해 오히려 성장의 기반마저 훼손되었고, 반기업적 사회분위기로 기업인들의 사기가 저하되어 20대가 원하는 일자리가 창출되지 않았다는 원망마저 이들에게서 느껴진다.

이러한 의미에서 볼 때 20대들을 평등주의자로 이름 붙이기는 어렵다. 오히려 능력우선주의자에 가깝고 우리 386들에 비해 시장자본주의적 가치에 대해 친화성을 보여준다. 그럼에도 불구하고 이들이 시장중심적 자본주의가 도출할 수 있는 가장 심각한 부작용, 즉 빈부간 그리고 개인간 격차의 심화라는 현상에 속수무책으로 피해를 당할 가능성이 높다는 사실은 매우 역설적이다. 20대는 자신들이 추구하는 성장과 경쟁의 가치를 인정하면 할수록 자신들은 경제사회적으로 이전 세대들에 비해 열악한 상황에 놓이게 될 수밖에 없다는 딜레마에 봉착해 있다.

그러면 그나마 이들에게 위안을 줄 수 있는 한국의 자본주의와 민주주의 모델은 어떤 것일까? 혹자는 유럽의 국가들이 시도했던 것처럼 복지국가를 수립하여 국가가 직접 일자리를 창출하고 복지를 제공해야 한다고 주장한다. 혹자는 과거 박정희 정권 때에 그랬던 것처럼 국가가 적극적인 산업정책을 시행하여 성장과 고용을 창출해야 한다고 주장한다. 그런데 내가 보기에 이 두 가지 모두 해답은 아닌 것 같다. 이 글에서 나중에 다시 설명하겠지만 국가가 나서서 일자리를 만들고 복지를 제공하는 전략은 현실적으로 더 이상 용이해 보이지 않는다. 안타깝지만 국가에 모든 것을 맡기기 어렵게 만드는 조건들이 너무 많이 존재한다.

그리고 이러한 조건들이 변화되기에는 생각보다 시간이 많이 필요할 것 같다. 역사의 큰 흐름이라는 입장에서 보았을 때 언젠가 사회주의적 반동은 발생할 것이다. 맑스가 다시 살아날 조짐도 보인다. 그러나 이것이 임박한 미래는 아니다. 당분간 해답은 시장에서 찾아야 할 것 같다. 시장을 신봉해서가 아니라 그것이 차선 중 최선의 대안이기 때문이다. 20대들은 시장의 속성을 이해하고 움직임의 방향을 읽을 수 있어야 한다. 우리 386들은 정치의 힘이나 민중의 힘을 이용하여 시장의 움직임에 맞서려 했다. 그러나 20대들의 방식은 달라야 한다. 오히려 시장을 다루는 방법을 배워야 한다. 물질적 이익의 추구를 당연시하는 세속화(*secularization*)의 원리를 습득하는 것이 해결의 실마리이다.

위선을 쫓아내는 세속화의 힘

20대는 현실적이고 개인주의적이고 물질주의적이다. 그러나 기성세대가 이러한 그들의 모습과 태도를 부정적으로 볼 것만은 아니다. 그들만의 생존방식을 터득해 가는 일종의 진화과정으로 보아야 한다.

그러면 한 국가와 사회는 어떤 경로로 집단주의적인 것에서 개인주의적인 것으로 변화하는 것일까? 이에 대한 해답을 구하기 위해서는 하나의 예를 살펴보는 것이 좋을 것 같다. 특히 자유주의적 전통이 일찍이 자리 잡았던 영국의 경험을 살펴보는 것이 유용하다. 물론 영국의 역사와 전통이 우리와 다르고 따라서 우리가 그들의 사회적 진화과정을 구조적으로 답습할 필요도 없다. 그러나 한국의 개인과 영국의 개인이 국가주의적 집단주의를 목격하면서 느끼는 감정에는 분명 공통분모가 있을 것이다.

19세기의 영국은 부르주아 자본주의가 만개한 자유주의(*liberalism*)의 천국이었다. 개인의 재산권이 확립되었고 재산을 소유하고 교육을 받은 시민계층이 경제의 주도세력으로 성장했다. 시장에서는 자유경쟁이 최고의 미덕으로 여겨졌으며 가장 덜 간섭하는 국가로서 야경국가론(*night watchman state*)이 등장했다. 자유경쟁은 대자본에 의한 시장독점이 빈부간의 격차라는 오점을 유발할 정도까지 진전되었다. 유럽대륙에서는 보호주의가 강화되었지만 반대로 영국에서는 자유주의가 최고조에 달했다.

정치적 · 사회적 측면에서도 영국은 —민주적이라기보다는— 자유주의적 국가였다. 독일과 프랑스에서도 추방당했던 맑스가 영국에 정착할 수 있었고 산업자본가의 자제이면서도 사회주의 옹호자였던 엥겔스의 후원을 받아 《자본론》을 집필할 수 있었다. 정치에서는 의회가 국가의 최고 정책결정기관으로 군림하였으며, 중산시민계층이 중심이 된 자유당이 인기를 누렸고, 귀족으로 구성된 상원의 힘은 약화된 반면 평시민으로 구성된 하원의 힘이 강화되었다. 19세기의 영국은 경제적 자유뿐만 아니라 사상의 자유까지도 향유할 수 있는 나라였다.

영국은 세속적이고 자유주의적인 가치를 바탕으로 근대화를 시도했다. 이와 대조적으로 유럽대륙의 국가들은 성스럽고 집단주의적인 가치에 의존하여 같은 경로를 진행했다. 이러한 차이가 발생하게 된 이유는 여러 가지가 있겠으나 경제사상가로서 아담 스미스(Adam Smith)의 역할을 간과할 수 없다. 아담 스미스가 살았던 18세기 영국은 중상주의적(*mercantilist*) 국가였다. 중상주의자들은 국가가 보유한 금(재화)의 양에 의해 국력의 강하고 약함이 결정된다고 보고 국내시장을 보호하기 위해 외국물품의 수입을 막아야 한다는 보호무역론을 주장했다. 전 세계의 재화의 양은 일정하므로 한 국가가 재화를 다량 보유하게 되면 상대편 국가는 상대적으로 손실을 입게 될 수밖에 없다는 제로섬(*zero-sum*) 게임에 입각한 주장이었다. 영국의 항해법 중에는 프랑스 보르도의 와인을 수입하는 배는 영국에서 만들어진 것이어야 한다는 조항이 있었을 정도였다.

그러나 일견 애국적 경제정책으로 보이는 중상주의 정책은 위선에 가려져 있었다. 중상주의자들은 국가의 부를 증대시키기 위해서는 제국주의적 전쟁을 통한 식민지 개척이 필요하다고 보았으며, 이를 위해서는 돈과 권력 간의 협력이 불가피하다고 정당화했다. 중상주의라는 명분 하에서 정치집단과 상공업자본 간에 부정한 결탁이 맺어지는 것을 당연시했다. 그러나 당시 영국의 변방 스코틀랜드의 지식인이었던 아담 스미스는 이러한 위선적 결탁으로 인해 축적된 부의 혜택이 일반 시민들과는 공유되지 않는다는 점을 간파했다. 중상주의로 인해 이익을 얻는 것은 스코틀랜드를 지배하던 잉글랜드의 정치계층과 상공업자였을 뿐 일반 시민들은 그 혜택을 누리지 못한다고 생각했다. 영국의 경제적 발전에도 불구하고 그 과실은 위선적인 지배세력에 의해서만 독점되었다고 비판했다.

아담 스미스가 주장한 시장중심의 자유화 논리는 사실 따지고 보면 중상주의라는 포장지로 가려진 탐욕적 위선을 공격하는 것이었다. 그의 주장은 후일 영국사회의 새로운 실력자로 등장한 중산 시민계층의 정치논리로 차용되었다. 18세기 중반부터 본격화된 산업혁명에 앞서 17세기에 등장한 이른바 상업혁명을 기점으로, 비록 신분상으로는 소지주 계층의 귀족인 젠트리(*the Gentry*)보다 열등하지만 상공업과 전문직에 종사하면서 부를 축적한 중간시민계층이 형성되기 시작했다. 이들은 자신들의 노력으로 축적한 재산을 바탕으로 자녀의 교육에 힘썼으며, 의회정치의 발전을 통해 정치적 영향력을 확대시켰다. 이들은 자신들이 힘들여 축적한 사유재산을 보호할 수 있는 방법을 정치적으로 모색하였으며, 그 결과 재산과 교양을 갖춘 이들만이 참정권을 가져야 한다는 자유주의적 사상을 지지하기에 이르렀다. 중간시민계층은 중상주의가 자신들의 영향력이 확대되는 것을 방해하는 장애물이라고 인식하였고, 그들의 지지를 결여한 중상주의론은 결국 퇴조할 수밖에 없었다.

세속화라는 단어가 항상 좋은 의미로만 들리는 것은 아니다. 세속화된다는 것은 물질주의적으로 된다는 것을 의미하는 경우가 많다. 실제로 갈스워디(John Glasworthy)의 소설 《포사이트가家 이야기》(*the Forsyte Saga*)가 냉소적으로 묘사했듯이 19세기 영국의 부르주아들 사이에서는 인생의 모든 관계를 금전적 가능성으로만 계산하고 평가하는 경향이 팽배했다. 돈이라는 매개체 없이는 사물을 보지도 현상을 파악하지도 못했다. 사회에 만연한 금전만능주적 사조가 사람들의 행태를 바꾸어 놓았던 것이다. 물질적 가치에 대한 숭배는 분명 세속화의 부정적 단면이다.

그러나 세속적이라는 말은 물질적이라는 단어 이상의 의미를 가지고 있다. 세속화란 자유화의 또 다른 표현이다. 이 단어는 개인주의적, 물질주의적, 자유주의적 가치를 동시에 내포하고 있다. 대륙국가, 특히 독일의 관념론적이고 국가주의적이며 집단주의적 가치와 대조된다. 자유주의 사상하에서 영국은 최소국가와 더불어 개인의 자유와 자유로운 경쟁이 구현된 시장을 추구했다. 재산, 생명 그리고 번영을 만끽할 개인의 권리가 강조되었다.

중상주의 시대에 시장을 통솔했던 국가는 시민계층의 등장과 더불어 서서히 영향력을 상실한 반면 시장은 최소국가(*the minimal state*)의 논리에 힘입어 자율성을 획득해 갔다. 국가의 보호와 지원에 의해 초기 성장을 달성했던 자본은 자유방임의 경제환경 속에서 보다 자유롭게 자본축적을 도출할 수 있게 되었다. 이러한 개인중심적 자본축적 방식은 매우 효율적이었다. 다른 어느 국가보다도 효율적인 경제시스템을 만들어 냈다. 이는 19세기 영국을 해가 지지 않는 제국으로 만들어낸 가장 중요한 원동력이었다.

이처럼 영국의 예를 들여다보면 한국의 20대들이 왜 세속적 가치를 추구하게 되었는지 어느 정도 이해할 수 있다. 결론부터 말하면 한국을 지배해온 국가주의적 집단주의가 보여준 위선에 대한 환멸 때문이다. 비록 중상주의적 국가전략으로 인해 국가의 부가 어느 정도 성취되었지만 이것이 궁극적으로 개인의 복리에 기여하지 못했다는 환멸 때문이다. 국가의 보호주의적 산업정책은 계층간의 격차를 심화시켰다. 이에 대한 문제를 제기하면서 등장한 중도좌파적 정부들이 복지국가적 정책을 내놓았지만 성장도 분배도 달성하지 못했다. 요컨대 20대들은 보수적이든 진보적이든 애국이라는 명분으로 개인의 일에 간섭하는 국가를 거부하고 있다. 이른바 보수세력과 자본의 힘에 의해 포획된 국가가 개인들을 위해 무언가를 해줄 수 있을 것이라고 믿지 않는다. 그보다는 도와주지는 않아도 좋으니 이래라 저래라 간섭하지나 말아달라는 것이 이들의 생각이다. 국경이라는 개념에 한정된 국가의 틀을 벗어나 세계로 뛰쳐나가고 싶은 것이 이들의 욕구이다. 대한민국을 사랑하지만 대한민국이 자신을 얽어매는 것은 원치 않는다. 대한민국을 발판 삼아 뛰어 오르고 싶어한다. 내가 성공하는 것이 곧 애국이라 생각한다.

국가중심적 집단주의의 허구

최근 한 연구소의 서베이 결과에 의하면 국가 및 공적 부분에 대한 젊은이들의 불신이 강한 것으로 나타났다. 20대와 30대의 젊은이들은 삼성, 현대차, LG, SK 등 대기업을 가장 영향력이 크고 신뢰할 만한 집단으로 인식하고 있었다. 다음으로 대법원, 헌법재판소 등 사법부가 영향력과 신뢰도에서 높은 평가를 받았다. 청와대, 검찰, 경찰, 국세청, 국정원 등 권력기관과 시민단체가 그 다음을 이어갔고 정당이 가장 하위그룹을 형성했다.

이를 정리해 보면 젊은이들은 정부로 대표되는 공공기관보다 대기업으로 대표되는 민간기관을 더 신뢰하고 있는 것으로 볼 수 있다. 사실 역사적으로 볼 때 이러한 결과는 결코 이상한 현상이 아니다. 국가가 발전을 시작하는 초기에는 발전에 필요한 모든 인적/물적 자원이 정부를 비롯한 공공분야에 집중된다. 이는 민간분야의 역량부족 때문이기도 하지만 제도화 수준이 낮은 민간분야에 대한 불신 때문이기도 하다.

그러나 자본주의와 민주주의의 발전이 본격화되면 양상은 달라진다. 과거 국가의 지도를 받던 민간부문이 공적 부문보다 지식과 능력면에서 우월하게 된다. 따라서 과거에 공공부문으로 집중되었던 인적자원들은 민간기업으로 발걸음을 돌린다. 특히 국가경제에 기여하는 정도에서도 민간기업은 공기업을 압도하게 된다. 조직운영의 효율성에서도 민간조직은 공조직을 앞서게 된다. 관료제를 차용한 공적 부문은 합리주의의 덫에 걸려 역설적으로 비효율적 관료화의 문제를 노정한다. 반면에 효율성을 강조하는 기업조직은 관료제와 대비되면서 빠른 성장을 달성한다.

기업조직과 관료조직의 이론적 기반이 같지는 않다. 따라서 공적 부문을 완전히 기업조직의 방식으로 관리할 수만은 없다. 그럼에도 불구하고 국민들의 후생을 개선하는 데 기여하는 정도에서 양자가 보여주는 차이로 인해 관료조직은 국민들이 가하는 비판에서 자유로울 수 없게 된다. 요컨대 자본주의와 민주주의가 발전하면 할수록 공적 부문이 민간부문과 경쟁하기 어렵게 된다. 이러한 양자의 차이는 집단과 개인의 가치 중 어느 것이 더 현대사회에서 강조되어야 하는가의 문제로 발전하게 된다. 이를 게임으로 비유한다면 전자가 후자에 비해 여러모로 열세일 수밖에 없다.

우리나라에서 현대에 존재했던 국가중심적 집단주의는 두 가지 형태로 설명될 수 있는데 발전국가와 복지국가 모델이 그것이다. 전자는 박정희 정부로부터 전두환 정부에 이르는 기간 동안, 그리고 후자는 김대중 정부에서 노무현 정부에 이르는 기간 동안 주된 국가모델로 참고되었다. 발전국가를 간단하게 정의하자면 국가(좁게는 정부)가 전략적으로 간섭을 통해 시장을 지도함으로써 압축적 경제성장을 달성하는 발전양식이라고 할 수 있다. 반면 복지국가란 국가가 사회보험, 세제상의 혜택, 임금 및 고용안정 등을 직접 책임짐으로써 국민들의 복지를 증진하는 것을 우선 과제로 삼는 국가를 의미한다.

복지국가와 발전국가는 국가의 시장에 대한 간섭을 허용하거나 심지어 장려하고 있다는 점에서 간섭국가로 불리기도 한다. 여기에서 간섭이라 하면 정부가 민간기업의 사적 결정에 간섭하여 영향을 미치거나, 시장의 자원분배에 개입하여 가격을 의도적으로 왜곡하고, 전략적으로 중요하다고 여겨지는 산업을 보호하고 보조금 등 각종 조치를 통해 육성하는 것을 지칭한다. 따라서 발전국가는 국가가 시장에 효과적으로 간섭할 수만 있다면 불필요한 거래비용을 감소시킴으로써 시장운영의 효율성을 제고할 수 있다고 믿는 전형적인 간섭국가의 한 형태이다.

간섭국가의 경제이론적 기반은 케인지어니즘이며 산업생산이론은 포디즘이다. 케인즈주의는 민간경제가 완전고용에 이르지 못할 수 있으며 따라서 정부의 재정지출을 증가시킴으로써 경제를 활성화시켜

불완전 고용의 틈을 메울 수 있다고 보는 입장이다. 즉, 국가가 재정정책(정부자금의 방출 또는 세금인하)을 통해 시장에 간섭함으로써 정부의 의도대로 경제의 흐름을 조정할 수 있다고 보는 것이다. 이러한 케인즈주의는 포디스트적 산업생산방식이 있음으로써 가능했다. 포디즘이란 대량생산 및 대량소비에 입각한 산업생산체제를 의미한다. 이러한 포디스트적 생산체제가 있어 케인즈주의가 추구하는 완전고용이 달성될 수 있었다. 국민에게 제공되는 임금이나 각종 복지혜택은 사회적 안정을 위해 빈자에게 지급되는 소모성 경비가 아니라 하나의 소비증대수단이며 대량생산체제의 유지를 위해 필요한 수요창출수단이라고 보았다.

간섭국가 모델이 상정하는 국가중심주의의 정치사상적 기반은 베버(Max Weber)에게서 왔다. 베버는 맑스가 경제적 하부구조 (예컨대 주로 생산수단의 소유양식)에 의해 정치적 상부구조가 결정된다고 주장한 것과 대비되는 시각을 제시했다. 그는 근대적 민족국가가 유럽에서 등장하는 역사적 과정을 추적함으로써 시장이란 국가수립작업(*nation state building project*)에 소요되는 경제적 자원을 산출하기 위해서 국가의 정치적 의도에 의해 육성된 것이라는 주장을 피력했다. 이는 국가로 대표되는 정치적 힘에 의해, 시장으로 대표되는 경제적 힘이 통솔될 수 있음을 의미하는 것이었다. 근대국민국가에 관한 베버의 이러한 해석은 사회과학이론에서 국가중심이론의 핵심을 이루고 있다. 그의 국가이론은 국가가 가장 합리적 결정을 내릴 수 있는 능력을 가지고 있다고 상정한다. 그 이유는 근대적 관료제에 의해 국가가 운영되기 때문이다. 베버는 과거에 존재했던 귀족제나 군주제보다는 전문적 지식과 기술을 가지고 있는 행정전문가들에 의해 운영되는 관료제가 더욱 합리적이고 효율적인 통치방식이라고 생각했다.

베버이론에 기반한 국가중심적 사고는 발전국가 모델과 복지국가 모델에서 각기 다음과 같이 나타났다. 우선 발전국가 모델에서는 국가가 경제정책을 입안하고 수행할 때 이 과정에 침투할 수 있는 사회적 영향력을 절연(*insulate*)함으로써 합리적이고 미래지향적인 정책을 수립할 수 있다고 보았다. 복지국가 모델에서는 케인즈 이론과 결합하여 시장의 운영이 정치논리에 영향을 받는 것은 불가피하다는 이른바 시장의 정치화(*politicization*) 가설과 정치적 비즈니스 주기(*political business cycle*) 이론이 도출되었다.

발전국가 모델과 복지국가 모델은 1950년대부터 70년대까지 각각 발전도상국과 선진유럽국가의 경제발전 및 운영모델로 각광을 받았다. 그러나 1980년대에 들어 이러한 간섭국가 모델은 경제적으로 그리고 정치적으로 심각한 후유증을 유발하고 결국 쇠퇴하기에 이르렀다. 우선 경제적으로 70년대의 초반과 말에 전 세계를 엄습한 원유파동과 결부되어 스태그플레이션을 유발한 주범으로 지목되었다. 원유가가 인상되자 전 세계는 불황의 늪으로 빠져들었고 각국은 불황을 타개하기 위한 방편으로 재정지출을 확대하여 경기부양을 시도하는 한편 보호무역을 강화했다. 그 결과 경제는 더욱 침체하면서 물가는 상승하는 스태그플레이션이 발생했던 것이다.

그러나 더 중요한 문제는 정치적인 것이었다. 예컨대 발전국가 모델이 주목받았던 이유는 여러 가지가 있지만 특히 성장과 분배를 동시에 달성했다는 점 때문이었다. 이러한 결과가 도출될 수 있었던 것은 케인지어니즘과 포디즘의 절묘한 조화가 작동했기 때문이었다. 국가는 연관산업에 미치는 파급효과가 큰 선도산업에 재정을 집중 투입하여 이를 통해 고용이 창출되었으며 그 결과 부의 분배효과가 발생했다. 그러나 이처럼 이상적인 결과는 산업화 초기의 일시적 현상이었을 뿐 산업화가 진행될수록 불균형 성장정책은 정치사회적 문제를 야기했다. 선도산업을 담당했던 재벌기업은 국가의 육성과 보호정책에 의해 급격하게 성장했다. 중화학공업부문은 경공업부문이나 농업부문에 비해 많은 혜택을 누릴 수 있었다. 또한 산업투자가 집중적으로 이루어진 지역과 그렇지 못한 지역 간에 지역불균형도 심화되었다.

30년이라는 짧은 기간 동안 발생한 이러한 경제적 변화는 지표상으로 설명되지 않는 심각한 정치사회적 문제를 야기하였는데 바로 상대적 박탈감이라는 현상이었다. 사회에서 절대적 빈곤도 중요한 문제지만 그보다도 같은 시대를 살고 있는 이웃에 비해 자신의 빈곤이 유독 심화되었다고 느끼는 상대적 빈곤은 심각한 사회불안정의 주된 요인이 되기도 한다. 이러한 상황에서 국민들이 느낀 것은 가진 자에 대한 박탈감뿐만 아니라 그렇게 만든 국가에 대한 서운함이었다. 당초 국가는 대기업을 육성하면서 이들이 재벌가문이 소유한 사유물이 아니라 국민 모두의 공유물이라고 설득했다. 실제로 박정희 전 대통령의 경우 재벌들이 호화스럽게 생활하는 것을 감시하고 처벌하였으며 기대에 부응하지 못하는 기업을 도산시켰다. 그러나 자본주의가 발전하고 재산권의 개념이 확립되면서 재벌기업은 더 이상 국가의 기업이 아니라 재벌 소유주들의 사유물임이 명백해졌다. 바로 이러한 맥락에서 국가가 제시하는 애국적 명분, 즉 대기업들에 의해 떠받쳐지는 국가경제를 위해 개인이 희생하라는 지시는 더 이상 정당성을 확보할 수 없었다.

이와 더불어 국가에 대한 신뢰를 추락시킨 것은 위정자와 관료를 포함하는 국가지도자들의 위선이었다. 발전국가의 핵심은 국가가 정책을 수립하고 집행함에 있어서 로비나 뇌물에 의해 포획됨이 없이 국가운영자들이 공정하고 합리적으로 행동한다는 영웅주의적 관료제론이었다. 그러나 민주화가 진전되어 과거사가 들추어지면서 일부 정치지도자와 관료들의 실제 이미지는 애국으로 포장된 위선이었음이 드러나게 되었다. 통치자금이나 감사료라는 명목으로 받은 돈들은 사실 뇌물이었음이 밝혀졌다. 정부의 인허가 과정에서 천문학적 금액의 뇌물이 정치인과 관련 공무원들에게 지급되었을 가능성이 농후한 사건들이 드러나기 시작했다. 공무원들은 업무상 취득한 정보를 이용해 자신들의 재산을 불려나갔고, 퇴직 후에는 자신이 관할하던 조직으로 취직하여 후생을 보장받았다.

굳이 자본주의가 발전하고 민주화가 진전된 오늘날의 시각에서 보지 않더라도 과거의 이러한 관행들은 발전국가 모델이 당초 주장한 것과는 근본적으로 차이가 있었다. 국가의 이익을 위해 애국적으로 봉사하는 관료도 많았을 것이나 결국 관료도 승진이나 물질적 보상 같은 개인의 이익을 추구하는 이기적 집단에 불과하다는 공공선택(*public choice*)이론[1])이 보다 설득력 있게 받아들여지게 되었다.

세속화를 유발하는 현실의 힘

정치학을 강의하는 교수가 학생들에게 국가의 후퇴를 그리고 시장의 해방을 주장하면 다들 의아해 한다. 많은 정치학자들은 국가라는 단어는 정치학이라는 전가의 보도(寶刀)쯤으로 여긴다. 그러나 국가를 위해 정치가 희생될 수는 없기 때문에 정치를 억압하는 관리적 국가는 제거될 수 있다는 것이 오히려 보다 정치학적인 사고이다. 이러한 오해가 생기는 이유는 국가로부터 시장의 해방이라는 명제를 국가의 시장화라는 경제학적 명제와 혼동하기 때문이다. 경제학은 정치도 일종의 시장으로 인식한다. 선출자와 피선출자 간에 투표라는 정치적

1) 공공선택이론이란 인간이 정치적 행동에서는 이타적 목적을 가지고 행할 것이라는 가정을 부정하고 경제적이든 정치적이든 공히 이기적 목적을 가지고 행동한다고 상정한다. 국가는 유기체적 존재가 아니며 개인들의 총합에 불과하고 국가를 운영하는 정치인이나 관료들은 자신의 이익을 극대화하는 방향으로 행동할 것이라고 주장한다.

재화를 매개로 교환이 발생한다고 보는 것이다.

정치학은 이러한 경제학적 입장과는 분명 다르다. 정치란 단순히 통치 또는 지배가 아니다. 정치란 인간들과 국가들 간에 발생하는 갈등을 해소하고 평화로 이끌기 위해 제한된 자원을 합리적 방법을 동원하여 공정하게 분배하는 일련의 사고 및 행위를 지칭한다. 많은 이들이 정치를 '야합', '부정한 거래' 또는 '비이성적 분배행위' 쯤으로 치부하기도 한다. 그러나 정치적이라는 단어는 본질적으로 합리적이라는 단어와 동의어이다. 합리적이란 모든 고려할 수 있는 대안을 종합적으로 비교 · 평가하여 그 중 가장 설득력이 있는 결정을 내릴 때 적용되는 단어이다. 이 경우 수치화된 지수를 가지고 만들어진 평가라도 수치화되지 않은 여타 요인을 고려하여 이를 뒤집는 결과를 낳을 수 있다. 그러나 이렇게 되기 위해서는 이익을 표출하는 이들의 다양한 견해를 고려하여 결정을 내려야 한다. 그렇게 함으로써 정치적 결정이 만들어지는 것이다. 이러한 연유로 정치적이라는 의미는 민주적이라는 말과 종종 합치된다.

정치는 사회구성원들간의 이익을 조정하고 교환하는 것을 의미하는 반면, 통치는 국가의 국민에 대한 지배를 지칭한다. 즉, 국민보다 우월한 지식과 정보를 보유한 국가가 가장 합리적인 정책을 도출하여 선도해 가는 것이다. 정치가 쌍방향 커뮤니케이션을 상정한다면 통치는 일방향이다.

정치와 통치 중 무엇이 더 좋은 것인가를 여기서 논하는 것은 무의미한 일이다. 한 나라를 둘러싸고 있는 종합적 환경에 따라 선택될 문제이다. 1950년대에서 70년대에 이르는 기간 중에는 적어도 한국을 비롯한 동아시아 지역에서 정치보다 통치가 더 선호되었다. 경제발전의 수준이 초기단계였고 냉전이 진행중이었기 때문에 발전에 필요한 자원을 일사불란하게 동원하기 위해서는 그것이 불가피한 면이 많았다. 그러나 1980년 이후 현재로 역사가 진행되면서 통치의 시대는 퇴조하고 정치의 시대가 도래했다. 이러한 변화를 유발한 것은 민주화, 세계화, 정보화라는 요인들이다.

시장의 자동조정 기능이 훼손되어 불안정성이 발생하는 것을 우리는 일반적으로 '시장의 실패'라고 부른다. 이와 대비하여 국가의 시장간섭으로 인해 위기가 초래되는 경우를 '국가의 실패'라고 부른다. 국가의 실패를 논의하게 된 가장 직접적인 동기는 사회주의 진영의 붕괴와 제 3세계의 민주화였다. 구소련권의 붕괴를 계기로 국가가 모든 경제적 자원을 직접 분배하는 사회주의적 경제운영방식이 실패한 모델로 인식되기에 이르렀다. 또한 민주화의 진전으로 인해 권위주의에 기반한 발전국가 모델의 숨겨진 모순이 드러나면서 국가가 가장 합리적인 통치자라는 믿음이 붕괴되었다. 아울러 시장화 현상이 진전되면서 재화의 이동이 자유화되어 개별국가들이 자신의 경제적 주권을 수호하는 것이 현실적으로 불가능해졌다. 또 정보화의 확산은 국가운영의 투명화를 촉진하고 언론통제를 예방함으로써 권위주의적 통치를 어렵게 만들었다.

오늘날의 이와 같은 정치경제적 환경 하에서 국가의 실패가 발생할 개연성은 높아질 수밖에 없는 것이 현실이다. 국가개입의 성공을 보장하던 환경은 이미 실종되었고 대신 국가의 실패가능성이 높은 환경이 조성되었다. 이러한 상황에서 현명한 정치의 방식은 시장을 국가의 통제에서 어느 정도 해방시키는 것이다. 국가의 실패가능성이 높다면 국가와 시장관계를 분리시키는 것이 현명하다. 국가와 시장의 관계를 상황에 따라 때로는 가깝게 때로는 멀리 조정할 수 있는 것이 현명한 국가의 정치적 역량이다.

그러면 혹시 있을지도 모를 시장의 일탈을 국가는 방치해야 하는 것인가? 절대 그렇지 않다. 이 경우 국가는 시민사회의 힘을 빌려 시장을 견제할 수 있다. 이것을 집단행동이론을 빌려 설명해 보자. 집단행동이란 공공의 목표를 달성하기 위하여 행위자집단이 비용을 분담하며 자발적으로 합의된 제도(또는 규칙)에 따라 동일하게 행동하는 것을 의미한다. 그런데 이런 집단행동에는 무임승차의 문제가 발생하는 경향이 있다. 예컨대 어떤 제도를 개혁하거나 새롭게 조직할 때 참여자들의 일사불란한 참여, 즉 집단행동이 필요하다. 이때 집단행동에 참가할 경우 지불해야 할 비용을 분담하지 않고 혜택만 향유하려는 행위자가 나타난다. 집단행동문제란 바로 이처럼 무임승차하려는 행위자들을 어떻게 처리할 것인가에 관한 논의이다. 정치경제 구조조정과정에서 집단행동문제를 어떻게 해결할 것인가 하는 것은 사회과학의 제도주의적 연구에서 매우 중요한 주제 중의 하나이다.

집단행동문제의 해결을 위한 가장 손쉬운 방법은 국가의 시장간섭을 축소하되 집단행동문제를 유발하는 행위자를 적발하고 해결하는 감시자로서의 국가역할을 강화하는 것이다. 이때 국가와 시장의 관계는 혜택과 봉사를 서로 주고받음이 없는 객관적이고 수평적인 관계로 설정되어야 한다. 정부는 사회 및 시장행위자들이 지켜야 할 규칙을 만들고 이의 준수여부를 감시하는 역할을 한다. 그런데 이 방법의 문제는 감시능력의 강화라는 명분으로 국가가 오히려 커지고 비용이 많이 들 수 있다는 점이다. 국가의 시장 감시능력이 강화되면 시장행위자들은 정부를 뇌물로 포획하려는 욕구를 느끼게 될 것이고 이는 오히려 정경유착을 강화시킬 수도 있다.

이에 대한 대안으로 제시되는 것이 이른바 거버넌스(*Governance*)적 방식이다. 예컨대, 경제개혁의 진행에서 국가가 주도적 역할을 수행하되 사회를 억압하며 독자적으로 진행하는 것이 아니고, 자발적 시민조직에 의해 주도되는 시민사회로 하여금 고발자와 감시자로서 개혁의 역할을 분담토록 하는 것이다. 즉, 시민조직들로 하여금 시장행위자들이 집단행동문제를 범하는 것을 감시하고 고발토록 하는 것이다. 이로써 시민사회조직이 국가가 하는 일에 힘을 실어줄 수 있다. 또 국가의 시장개입에 대한 부담을 줄여줄 수도 있다. 거버넌스 모델은 시장중심주의의 심화가 자본주의 사회를 위협하는 것을 예방하기 위해서는 국가와 시장으로부터 자율적일 수 있는 시민사회가 있어야 한다는 점을 강조한다.

물론 이 방식도 문제가 없는 것은 아니다. 지난 10여 년간 시민단체 비판론자들이 지적하였듯이 전문성을 결여한 시민단체의 참여는 오히려 민주주의의 절차적 문제를 유발할 수 있다. 따라서 이 방식이 성공하기 위해서는 시민사회의 구성원이 시민교육을 충실히 수행한, 즉 계몽된 시민이어야 하고 전문성을 가지고 사회전체의 이익을 위해 봉사할 수 있는 품성을 가지고 있어야 한다. 비록 거버넌스가 민주적 참여를 강조하는 것은 사실이나 질 낮은 참여는 배제한다. 거버넌스 모델은 양질의 참여, 그리고 교양 있는 개인의 참여를 지향한다. 특별한 이익집단의 목적을 선제로 한 운동적 참여는 고려의 대상이 아니다.

거버넌스 이론을 논의할 때 사회적 자본(*social capital*)이나 신뢰 같은 용어들이 자주 등장하는 것도 바로 이런 이유 때문이다. 사회적 자본이란 협동적 행위를 촉진함으로써 사회적 효율을 제고할 수 있는 요소들, 즉 신뢰, 규범, 네트워크 같은 것들을 의미한다. 자발적 시민조직을 통해 신뢰를 쌓고 제 3자와 협동하는 연습을 한 개인은 보다 큰 사회조직에 속해서도 신뢰할 수 있게 행동하고 협동하는 태도를 보일 것이라고 가정한다. 여기에서 제 3자와의 협동이 매우 중요한 요소이다. 가족과 같은 개인적 관계로 묶인 대상과는 일반적으로 협조가 잘 이루어진다. 문제는 자신과 전혀 관계가 없는 제 3자와 신뢰를 교환하고 협력하는 것이다. 이것이 가능하려면 결국 개인에 대한 시민적 자질이 매우 중요한 요소가 된다. 자신과 혈연, 지연관계가 아니더라도 또는 같은 물질적 이익을 공유하고 있지 않을지라도 사회전체의 이익을 고려하여 동등하게 대할 줄 아는 개인이 있어야 한다.

그러면 우리나라에서는 이러한 개인이 만들어지고 있는가? 그렇다. 비록 기성세대의 눈에는 달리 보일 수 있을지 모르지만 개인적 관계 못지않게 비개인적(*impersonal*) 관계에서 신뢰를 교환하고 협동할 수 있는 새로운 세대가 만들어지고 있다. 서로가 서로를 모르지만 동일한 관심을 가지고 있는 젊은이들이 학연과 지연을 넘어 인터넷 공간에서 만나 모임을 꾸려나간다. 국가에 실망한 이들은 국가에 대한 막연한 애국적 기대를 덜 가지고 있고 범세계적(*cosmopolitan*) 속성을 가지고 있다. 무엇보다도 기회의 평등을 믿고, 경쟁적 상황을 몸에 체득하고 있으며, 개인의 자유를 소중히 생각한다. 물질적 가치를 소중하게 생각하며, 명분으로 포장된 위선에 대한 반감을 가지고 있다. 한마디로 이들은 기성세대에 비해 세속적이다. 한국의 자본주의와 민주주의가 세속화의 경로를 걸음으로써 이들이 생산되었고 이들은 역으로 세속적 자본주의와 민주주의를 더욱 원하게 될 것이다. 왜냐하면 거기에 그들의 생존방법이 있기 때문이다.

세속적 자본주의와 민주주의가 대안이다

후쿠야마(Francis Fukuyama)가 인류역사는 종국적으로 자유민주주의(*liberal democracy*)와 시장자본주의(*free market*)로 수렴될 수밖에 없다고 한 주장에 대해 여러 가지 비판이 제기된 바 있다. 그의 주장과는 달리 근대화의 경로는 다양하게 존재하고 문화적 다양성은 유지될 것이다. 그럼에도 불구하고 그의 주장이 우리에게 시사하는 바는 매우 크다. 거시적이고 통시적인 관점에서 보면 인류역사의 큰 흐름이 자유주의와 시장주의의 방향으로 진행된 것을 부정하기 어렵다. 이처럼 자유민주주의와 시장자본주의로 진행된 과정을 우리는 '세속화'(*secularization*)라는 관점에서 이해할 수 있다.

앞으로 우리의 정치와 경제는 당분간 이 세속화 과정을 정면으로 받아들임으로써 당면한 문제를 해결하는 방안을 모색해야 한다. 앞에서 제기한 20대의 문제도 자본주의와 민주주의의 세속화를 통해 해결 방안이 모색될 수 있다.

20대가 당면하는 문제를 여기서 다시 정리하면 두 가지이다. 우선 경제적으로 20대가 원하는 직업이 창출되지 않고 있다는 점이다. 또 하나는 정치적 측면에서 20대의 이러한 요구가 정치과정에서, 예컨대 투표를 통해 제대로 반영되기 어렵다는 점이다.

이러한 문제를 해결하기 위해서는 20대를 자식으로 두고 있는 40~50대와 20대 자신이 공동으로 노력해야 할 것들이 있다. 우선 20대를 위한 고용창출은 더 이상 국가가 직접 담당할 일이 아니며 그보다는 당사자인 기업들이 열성껏 고용창출을 할 수 있도록 여건을 마련해 주고 기다리는 것이 국가의 일이라는 데 동의해야 한다. 우리나라에서 현재 기업이 투자를 꺼리는 가장 직접적인 이유 중의 하나는 다양하고 치밀한 규제 때문이다. 발전국가 하에서의 규제는 시장을 육성하기 위한 보호적 규제였다. 이것이 1997년 이후 시장주의적 개혁을 통해 감독적 규제로 바뀌기는 했으나 규제의 형태가 바뀌었을 뿐 시장에서 체감할 정도로 감소하지는 않았다. 본래 감독적 규제의 취지는 '자비로운 무시'(*benign neglect*)이다. 즉, 정부는 시장행위자들이 제도를 준수할 것으로 신뢰하되 만일 이를 위배하는 행위가 적발되면 이를 객관적이고 엄하게 처벌하는 것이다. 그래야 국가의 크기가 줄어들 수 있다. 그러나 우리나라에서는 시장의 규제를 보다 엄밀하게 하기 위해서는 더 많은 규제가 필요하고 더 많은 감독자가 필요하다는 논리로 변질되었다.

그런데 설령 이러한 한계를 극복하고 규제를 대폭 철폐한다고 해서 기업들이 20대를 위한 일자리를 국내에 많이 창출할 것이라고 기대할 수만은 없다. 20대의 문제는 엄밀하게 이야기한다면 일자리가 없기보다는 자신들이 원하는 일자리가 없다는 데에 있다. 이명박 정부가 한때 한반도 대운하사업을 전개하면 일자리가 다수 창출될 것이라고 주장했지만 과연 20대들이 3D직종으로 분류되는 토목사업 일자리를 얼마나 원할지는 의문이다. 자칫하면 해외인력수입만 가중시키는 결과가 유발될 수도 있다.

20대가 원하는 직업은 품위 있고, 깨끗하고, 재미있고, 창의적이며 자유롭고 투자대비 성과가 바로 나오며, 수도권 주위에서 일하며, 국제화된 것들이다. 이들은 386들이 추구했던 가치, 예컨대 이념, 명예,

물질주의에 대한 폄하 같은 것에는 관심을 보이지 않는다. 오히려 노무현 정권을 거치면서 386세대가 보여준 위선을 경멸하는 경향마저 보인다. 여기에 고용안정성까지 갖춘 직업이라면 좋겠지만 이것이 절대적 조건은 아닌 것 같다.

안타깝게도 20대가 원하는 직업을 창출하기 위해서 국가가 직접 나설 수 있는 일은 별로 없다. 아마 굳이 있다면 서비스업을 육성하기 위한 정책을 전개하거나 첨단기술분야에 기업들이 투자하도록 기업을 유인하는 것 정도일 것이다. 그러나 그렇게 하더라도 성과가 얼마나 있을지는 의문이다. 서비스업이나 IT, BT산업은 고용창출효과가 상대적으로 미약하기 때문이다. 게다가 IT산업은 이미 전 세계적으로 일반화되어 우리나라가 경쟁력을 누리기엔 한계가 있다. 이런 상황에서 국가든 기업이든 개인이든 발상의 전환을 시도해볼 필요가 있다. 예를 들어 국가가 직접 나서 특정산업을 육성해 보겠다는 시도보다는 기업이나 개인이 한 번 해보고 싶은 것을 마음껏 해보라고 큰 판을 벌여주는 것이다. 국가는 기업이나 개인이 원하는 바가 무엇인지 더 이상 알기 어렵다. 만일 아직도 그럴 수 있다고 생각한다면 그건 오판이다. 상황이 그렇다면 기업과 개인들이 자신이 추구하고 싶었던 욕구들을 맘껏 추구하도록 해주는 것이 더 현명한 방법이다.

나는 간접적이기는 하지만 매우 효과적으로 20대의 고용을 창출할 수 있는 방안이 두 가지 정도 있다고 생각한다. 하나는 수도권 규제를 대폭 완화하는 것이고, 다른 하나는 젊은 세대가 창업하는 데 도움을 줄 수 있는 창업기금을 정부가 조성하는 것이다.

20대가 원하는 일은 당연히 지방보다는 수도권 주변에서 창출될 가능성이 높다. 여기에서 우리는 왜 20대를 비롯한 젊은 세대들이 지방을 떠나 서울로 대학을 진학하고 서울에서 직장을 잡으려고 하는 것인지 생각해 볼 필요가 있다. 그 이유는 다분히 문화적인 것이다. 이것은 젊은이들이 해외로 여행을 가고 직업을 찾아 진출하려는 현상과도 밀접한 관련이 있다. 서울을 비롯한 수도권은 우리나라에서 가장 세계적인 경쟁력을 보유하고 있는 곳이다. 서울과 수도권은 대한민국이 해외로 나아가는 관문이자 가장 뛰어난 문화적 자원을 가지고 있는 곳이다. 다시 말해 20대 및 젊은이들을 흡인하는 요소가 가장 강하게 존재한다.

20대가 서울 및 수도권으로 일단 진학하면 다양한 인적 네트워크를 형성할 수 있을 뿐만 아니라 문화적 혜택을 만끽할 수 있다. 그리고 국제적으로 연결된 일도 많이 할 가능성이 높아진다. 지방에 있는 젊은이들이 비록 그곳에서 대학에 진학하더라도 졸업 후에는 서울지역으로 취업하려고 하는 이유는 그들이 4년간 그곳에서 체험한 문화적 고립감 때문이다.

따라서 정부가 할 일이 있다면 수도권 규제를 과감하게 풀고 기업인들이 문화적 자산을 보유한 젊은이들을 활용할 수 있는 기업을 설립하도록 유도하는 것이다. 지난 정부가 지역균형발전을 시도한 이유를 이해하지 못하는 것은 아니지만 안타깝게도 그러한 정책이 대한민국의 국제경쟁력을 제고하는 데 기여할 것 같지는 않아 보인다. 수도권 규제와 관련된 법령만 모두 56개에 달할 정도로 수도권은 그야말로 규제 거미줄에 갇혀 있다고 한다. 수도권 규제관련 법령 중에 핵심 규제법안은 수도권에 집중된 인구와 산업의 과밀해소 등을 목적으로 1983년부터 시행된 '수도권정비계획법'(수정법)과 공장입지를 제한하는 '산업집적 활성화 및 공장설립에 관한 법률'(산집법) 등이다. 수정법은 대기업 공장 신·증설 금지, 관광지·대규모 개발사업 제한, 대학 신설·이전 금지 등의 각종 규제를 가하고 있고, 산집법은 과밀억제권역 내 대기업 공장 신설 금지, 성장관리권역 내 산업단지에서 25개 첨단업종의 외국인투자기업 공장 신·증설 금지(2010년 말까지 한시 허용)를 규정하고 있다.

이러한 규제로 인해 기업들은 투자를 보류하거나 포기하고 있다. 경기도 내 대기업 10여 개를 포함한 IT 등 첨단업종 51개 기업이 투자를 보류한 것만도 한때 51조 원에 달했다고 한다. 문제는 이처럼 규제로 좌절한 투자가 지방으로 가기보다는 해외로 가는 경우가 생기고 있다는 점이다. 수도권의 성장을 억제하고 그 여력으로 지방을 살린다는 전략은 그럴듯해 보이지만 21세기에는 작동하기 어려운 정책이다. 대기업이라 하더라도 지방으로 발령이 날 경우 신입사원이 퇴사하는 상황에서 지방으로 기업을 몰아내는 것은 비현실적이다. 대기업일수록 첨단산업에 투자할 여력이 많다는 점을 고려한다면 이러한 대기업의 욕구와 20대의 욕구가 만나는 지점으로 수도권을 육성하는 것이 바람직하다. 이명박 정부 들어 수도권 규제를 완화하려는 시도가 진행되고 있고 이에 대한 비판도 있지만, 20대들은 위한 일자리 창출이라는 관점에서 본다면 개혁의 방향은 옳다고 하지 않을 수 없다.

두 번째 대안으로 고려할 것은 정부가 젊은이들의 창업을 도울 수 있는 창업기금을 운영하는 것이다. 지금 일본, 미국, 영국 등 선진국 정부들은 청년들이 기업가 정신을 살려 창업에 적극적으로 도전하도록 체계적으로 지원하고 있다. 특히 일본 정부의 창업지원 대책은 매우 적극적이다. 경제산업성은 2003년 초 단돈 1엔(10원)의 자본금만 있으면 누구나 창업이 가능하도록 한 "1엔 창업"제도를 도입해서 성공을 거두었다. 젊은이 창업제도는 일본이 10년 장기불황에서 탈출하려는 승부수라고 한다. 이른바 "1엔 창업"제도는 예상을 뛰어넘은 대성공이란 평가도 있다. 컴퓨터업체, 식품제조사, 광고회사 등 업종을 가리지 않고 18개월 만에 "1엔 주식회사"가 1만 5천 개(8월 현재)나 생겼다. 하루 28개꼴로 새 회사가 탄생한 것이다. 일본 정부는 이를 보다 진전시켜 미국처럼 최저 자본금 규정까지 삭제할 방침이라고 한다.

미국에서도 젊은이를 통해 기업가정신(*entrepreneurship*)을 되살리려는 운동이 진행되고 있다. 19세기 말~20세기 초 선조들이 보여주었던 "개척자정신"을 북돋아 미국 경제의 불씨를 다시 지피겠다는 국가적 의지라 할 수 있다. 18세기 산업혁명의 본거지인 영국정부도 젊은이들이 스스로 창업정신을 가질 수 있게 하자는 "기업가정신 함양 캠페인"(*Enterprise Insight*)을 벌이고 있다. 아일랜드는 재산세 면제,

공장 건설비기계 설비비 최고 50% 무상 지원 등을 무기로 "창업 천국"을 만들어 가고 있다.

20대들이 원하는 이러한 요구사항들을 관철하기 위해서는 20대들의 정치참여가 반드시 필요하다. 앞서 지적하였듯이 20대들의 정치적 관심은 낮은 편이다. 이들은 경제적 가치에는 높은 관심을 보이지만 정치적 가치에 대해서는 관심을 별로 보이지 않고 있다. 그러나 명심할 것은 가장 높은 차원의 국가정책은 정치적 차원에서 이루어진다는 점이다.

많은 이들이 '정치적'이라는 말을 오해하고 있다. 정치적이라는 단어를 많은 경우 '야합적인', '부정부패가 결부된' 또는 '비이성적인' 개념으로 사용하는 경우가 허다하다. 그러나 앞에서도 지적하였듯이 정치적이라는 것은 총체적으로 합리적이라는 것을 의미한다. 합리적이라는 말은 여러 가지 대안을 고려하고 판단하다 그 중에서 가장 적절한 것으로 선택한다는 것을 의미한다. 경제학에서는 성장을 추구하지만 정치에서는 성장과 분배가 동시에 달성된 발전을 추구한다. 따라서 정치적 결정이란 경제적인 것뿐만 아니라 여타 사회적인 변인까지 총체적으로 고려하여 가장 균형 잡힌 최적의 결정을 내리는 것을 의미한다.

이러한 정치적 결정은 국가의 최상층에서 이루어지는데 이 과정에서 20대의 의견을 어떻게 투입하는가가 매우 중요하다. 그런데 국회의원을 비롯한 정치인들의 입장에서는 세금도 거의 내지 않는 20대

유권자들의 입장을 고려할 이유가 별반 없다. 게다가 선거 때는 선거에 참여하기보다는 여가를 즐기는 세대이다 보니 이들을 위한 공약을 개발할 필요도 별로 느끼지 못하는 것이 당연하다. 국회의원과 정부 당국자들은 국가재정에 가장 기여하고 국정에 참여하는 30, 40, 50대의 목소리에 더욱 귀를 기울이게 된다.

그런데 이들을 위한 정책은 종종 20대들에게는 불리한 정책이 되기도 한다. 예컨대 부동산 투기 억제를 위해 만든 종부세 제도 같은 것들은 수도권의 주택공급을 억제하여 장기적으로 20대들이 수도권에 거주할 수 있는 공간을 축소시키는 결과를 낳을 것이다. 노동시장에서도 40, 50대가 자신들의 정규직 자리를 보호하려 하면 할수록 기업들은 비정규직 숫자를 늘릴 것이고, 따라서 20대들은 비정규직으로 고용될 가능성이 높아질 것이다. 따라서 20대들은 정치에 보다 적극적으로 참여하여 자신들의 입장을 전달할 필요가 있다. 미국의 오바마가 유색인종의 불리함을 극복하고 대통령에 당선될 수 있었던 이유는 기성세대에 실망하고 새로운 변화를 원하는 20대들의 적극적 참여 때문이라는 분석에 주목할 필요가 있다.

그러나 수도권 규제를 철폐하고 20대의 정치참여를 촉진시킨다 하더라도 20대의 밝은 미래가 보장될 것이라고는 장담할 수 없는 것이 현실에 대한 솔직한 진단이다. 좀더 직설적으로 말한다면 20대를 기다리고 있는 현실은 매우 암울하다. 노동시장에서의 경쟁은 보다 심화될 것이고 분배와 형평을 강조하는 경제민주화는 정치과정의 민주화를 지칭하는 절차적 민주화로 축소될 것이다.

일각에서는 고령화가 진행되면 20대의 취업기회가 늘어날 것이라고 주장하지만 이를 뒷받침할 근거는 매우 희박하다. 현재 한국의 기업들은 대기업, 중소기업 할 것 없이 사람 덜 쓰기 경쟁을 벌이고 있다. 공장 및 업무자동화를 확대하고 있고 인건비와 토지비용이 싼 해외로 옮겨가는 현지화를 가속화하고 있다. 이러한 현상이 단순히 IMF 금융위기의 여파라고만은 볼 수 없다. 세계화가 진전된 작금의 상황에서 감량경영은 첨단경영의 화두이다. 적은 인원을 가지고 산출량을 늘리는 것이 최고의 경영으로 인식되고 있다. 따라서 그렇게 하지 않으면 회사의 주가도 오르지 않고 신용평가도 좋게 받을 수 없기 때문이다.

한 신문의 보도에 의하면 우리나라는 현재 사회로 진출하는 60만 명의 청년들에게 30만 개 정도의 일자리를 만들어 주고 있을 뿐이라고 한다. 여기에 85만 명의 실업자가 대기하고 있고 집에서 쉬면서 미래의 취업을 준비하고 있는 '취업희망 비경제활동인구'가 2백만 명 정도 있다. 게다가 노령의 숙련노동자의 취업이 연장되거나 재활성화될 경우 20대의 취업은 더욱 어려워지게 될 것이다. 선진국들은 연금부담을 줄이기 위해 정년을 연장하거나 철폐하고 있는데 우리도 곧 이러한 경로를 밟게 될지 모른다.

설령 40대 중반에서 50대 중반에 해당하는 전후 베이비붐세대의 은퇴가 현실로 나타난다 하더라도 이들이 만들어낸 일자리 공백이 20대의 차지로 돌아갈 가능성도 별로 없다. 국민소득 2만 달러가 넘어서면 우리나라는 본격적으로 저성장의 시대로 돌입할 것이고, 그렇게 되면 베이비붐세대의 은퇴로 만들어진 일자리 공백은 증발되어 사라질 가능성이 더 크다.

우리가 원하든 원하지 않든 받아들여야 하는 현실은 한국의 자본주의와 민주주의는 세속화의 길을 불가피하게 걸을 수밖에 없다는 것이다. 다시 말해 개인주의적 가치를 강조하는 미국적 민주주의와 자본주의 모델로 진화할 가능성이 상대적으로 높다. 아주 먼 미래라면 모를까 앞으로 20~30년 안에 국가가 일자리와 복지를 책임지는 유럽식 복지국가 모델이 우리에게 등장할 가능성은 별로 보이지 않는다. 그 이유는 무엇보다도 투입 대비 산출의 효과가 매우 적은 모델인 복지국가 모델을 만들어야 할 정치적 동기가 존재하지 않는다는 것이다. 영국을 비롯한 유럽의 국가들이 1945년 제 2차 세계대전이 끝난 후 비용이 많이 들고 경제학적으로도 효율이 매우 낮은 복지국가를 건설할 수밖에 없었던 이유는 무엇보다도 동유럽지역의 공산화 때문이었다. 사회주의의 열풍을 목격한 서유럽국가의 자본가들이 분배에 동의해서라도 자본주의체제를 유지하고자 했던 것이다. 즉, 복지국가의 등장은 계층간 타협의 결과였다고 볼 수 있다.

그러나 21세기 현재 동유럽국가들이 탈공산화를 추구하고 너도나도 세계화의 조류에 몸을 담고 있는 현실에서 어느 국가든 국가의 경쟁력을 낮출지도 모를 복지국가의 수립을 적극 시도할 이유가 없다.

시장주의라는 경제적 변인이 국가운영의 핵심화두가 되어 있다. 경제를 성장시키는 것에 정치인들이 매진하는 이유는 그렇게 해야 정권을 유지할 수 있기 때문이다.

게다가 서구유럽의 국가들이 보여주었듯이 분배중심의 정책이 경제성장을 유도한다는 가설도 경험적으로 별반 지지되지 않고 있다. 케인즈적 경제운영방식은 내수시장이 크고 보호무역적 정책으로 인해 국내시장이 보호될 수 있었던 시기에는 힘을 발휘했으나 세계화로 경제요소의 교환이 자유화된 현재에는 그다지 효력을 발휘하지 못하고 있다.

한국경제의 해외의존 규모는 점점 커지고 있다. 우리의 인구규모는 일본의 절반에도 못 미치고, 1인당 국민소득도 절반을 조금 상회하고 있다. 또한 수출총액이 일본의 경우 GDP대비 약 15% 정도인 데 비해 한국은 30%에 육박한다. 우리의 내수시장 규모가 작아 개방적 경제운영을 모색하지 않을 수 없다. 일본과 한국의 경제여건이 다르다면 우리가 더 이상 일본의 자본주의를 닮겠다고 고집할 필요는 더더욱 없다. 게다가 과도한 노동시장 보호정책은 오히려 자본의 탈출을 촉진할 가능성이 높다.

당분간 한국의 민주주의와 자본주의가 영미적 방식 또는 세속화의 길을 걸을 가능성이 높다. 물론 분배에 대한 욕구가 강하게 분출될 것이고 이러한 이유로 세속화의 과정도 간헐적으로 속도를 늦출지는 모른다. 그럼에도 불구하고 민주주의는 정치적 절차의 민주화를 강조하는 방향으로 그 적용범위가 좁혀질 것이다. 자본주의는 집단의 복지 이상으로 개인의 자유를 강조하는 형태로 진화할 것이다. 민족주의가 다시 발흥할 가능성을 있으나 당분간 사회주의적 혁명은 없다. 만일 한국 내의 노동시장을 보장해 주겠다는 제안이 있다면 20대들은 이를 믿지 말아야 한다.

그렇다면 이 상황에서 20대들이 생존할 수 있는 방법은 무엇일까? 안타깝지만 대답은 매우 냉정한 것일 수밖에 없다. 한국뿐만 아니라 국제적으로 경쟁력을 가질 수 있는 자질을 스스로 함양하는 방법 외에는 다른 길이 없다. 어차피 한국의 젊은이들이 제조업 부문에서 일자리를 얻을 수 있을 가능성은 점점 낮아지고 있다. 국내에는 이미 1백만 명의 외국인들이 낮은 임금을 무기로 취업해 있다. 만일 20대가 자신이 원하는 직업을 원한다면 한국 영토 밖까지도 눈여겨보아야 한다.

20대가 걷고 있는 세속화의 길은 옳은 것이다. 그 방법을 통해야 그들이 생존할 수 있다. 물론 이러한 추세가 영원히 지속되리라고는 장담할 수 없다. 언젠가는 분명 변화가 올 것이다. 그러나 이들이 적어도 40대, 50대가 될 때까지는 그럴 가능성이 높다. 문제의 답은 여기에서 찾아야 한다.

참고문헌 및 자료

동아시아연구원, "2007 한국 거버넌스구조 연구 III: 파워기관 신뢰 · 영향력 조사" (http://www.eai.or.kr).

박지향, 1997, 《영국사》, 까치.

안네 메테 키에르, 2004, 《거버넌스》, 오름.

이근식, 1999, 《자유주의 사회경제사상》, 한길사.

프랜시스 후쿠야마, 구승회 옮김, 1996, 《트러스트: 사회도덕과 번영의 창조》, 한국경제신문사.

Galsworthy, John, 2004, *The Forsyte Saga*, New York: Dover.

Hall, Stuart and Gieben, Bram, 1993, *Formations of Modernity*, The Open University Press.

Olson, Mancur, 1965, *The Logic of Collective Action*, Harvard University Press.

Putnam, Robert O., 1993, *Making Democracy Work*, Princeton University Press.

매일경제, 2008. 2. 19, "탈세하라고 눈물의 금반지 모았나?".

조선일보, 2008. 2. 16~17, "고령화 진행돼도 취업난 20년 더 간다".

조선일보, 2004. 8. 22, "전문가들 한국도 정부가 창업 적극 지원해야".

중앙일보, 2008. 2. 14, "노무현정부 5년 분배의 역주행".

• 나의 20대 초상 • **이연호**

숲에서 길을 잃다

이 글을 쓰면서 20대의 내 모습을 회고해보는 시간을 가졌던 것은 나 자신에게도 유익한 일이었다. 나는 거창하게 혁명을 도모하거나 체제전복을 꿈꾸었던 운동권 학생도 아니었고, 세계를 무대로 거대한 사업을 계획할 만큼 세상의 돌아가는 이치를 일찌감치 깨달은 젊은이도 아니었다. 이 글을 읽을 대다수의 대학생들과 마찬가지로 확실한 목표를 설정하기 전에 좌충우돌 방황을 많이 했다. 그래서인지 젊은이들에게 나의 20대에 대해 해줄 이야기가 많다.

의아하게 들릴지 모르지만 돌이켜보건대, 나의 20대는 다소 고통스러웠다. 겉으로 평안했고 웃고 다녔지만 마음속으로는 혼란스럽고 불안했다. 자랑할 일보다도 숨기고 싶은 유치한 경험이 더 많았다. 실수투성이의 20대였다고나 할까? 솔직히 공상과 상상이 많아 장래에 무엇을 할지 결정하기 힘들었던 것 같다.

학부시절 정치외교학을 전공했던 것도 세상 돌아가는 원리를 좀더 배우고 싶어서였다. 1983년 입학 당시 우리나라의 정치적 상황은 히

루 앞을 예견하기 어렵게 전개되고 있었다. 그래서 미래에 대한 포부와 호기심이 강하다 싶었던 학생들은 정치학을 택했고 입학한 동기생들 역시 많은 경우 그러했다. 본래 사업을 하던 집안이라 경영학을 전공하길 원했던 어머니 그리고 담임선생님과 3일간 승강이를 벌여 결국 연세대 정치외교학과에 입학했다. 당시 어른들은 정치학을 공부하면 데모하는 운동권학생이 될 거라는 우려가 많았던 때였다.

그런데 정작 대학에 입학한 이후 갖게 되었던 고민의 실체는 사실 그렇게 거창한 것이 아니었다. 당시 내 고민의 가장 큰 화두는 '자유'였다. 뭐 내난한 의미에서가 아니라 단순히 내 개인의 자유였다. 민중의 자유를 쟁취하기 위해서 고민했던 것이 아니라 언젠간 결제해주어야 할 어음처럼 나에게 주어진 자유를 어떻게 관리해야 할지 몰라 고민했다. 어떻게 보면 목표상실이라는 말이 더 맞을지 모르겠다. 정말 표지판 없는 열 갈래 길을 앞에 두고 어디로 가야할지 머뭇거렸던 것이 그때였다.

자유롭다는 것은 내가 내린 결정에 대한 책임을 내가 진다는 거였다. 그런데 자유를 누려 보니 책임을 감당할 만한 선택을 내리는 것이 쉽지 않았다. 창피한 이야기지만 내 자신이 스스로 서 있지 못하다는 것을 그때 깨달았다. 성숙한 인간으로 성장해 있지 못했다. 누군가 모델을 하나 정해놓고 닮아볼까 생각도 해보았지만 그런 대상을 발견할 수 없었다. 내가 상상하는 대상은 현실 속에 존재하지 않았다.

내가 졸업 후 군복무를 마치고 영국 유학을 결심했던 것은 길을 알아 여행을 가는 것이 아니라 길을 찾기 위해 여행을 떠나는 것과 같은 이유였다. 무엇이 좋은 것인가를 확신하고 결정을 내리는 것은 당시의 나로서는 불가능한 것이라는 결론에 도달한 것도 그때쯤이었다. 판단을 내릴 근거나 경험이 너무 부족했다. 그래서 무엇이 가장 행복한 선택인지를 고민하는 공리주의적 방법을 택했다. 나는 군복무중 유학을 준비했다. 현실의 요인들이 다소 통제된 환경에서 생각을 정리할 수 있었던 것이 다행이었다. 목표는 아니더라도 최소한 목표를 설정할 수 있는 방법에 대해서는 결정을 내릴 수 있었다. 그 방법이란 나 홀로 생활해야 하는 생소한 외국으로 가는 것이었고 그 대상은 영국이었다.

왜 영국인가? 미국은 이미 주변의 많은 선후배들이 유학을 가 있는 곳이었고 그다지 나의 호기심을 끄는 대상이 아니었다. 그에 비해 영국은 나에게 비교적 생소한 유럽의 국가였고 19세기 고전적 자유주의의 발생지였으며 20세기 신자유주의가 시작된 곳이었다. 대학교 4학년 때 케임브리지대학교(University of Cambridge)에서 국제여름학기를 수강하면서 언젠가 이 나라, 특히 이 학교에서 공부해보았으면 좋겠다는 생각을 했었다.

케임브리지는 독립을 준비하던 나에게 최적의 장소였다. 런던에서 1시간 반 기차를 타고 가야 하는 거리에 위치한 작은 대학도시여서 학생을 제외하고는 거주하는 한국인은 거의 없었다. 초기에는 한국 식료품도 구경하기 힘들었다. 학생들은 대부분 대학 내 기숙사에서 거주했다. 영어를 해야만 숙식을 해결 할 수 있었고 외톨이가 되지 않았다. 나의 영국생활은 힘들었지만 즐거웠다. 호기심 많은 젊은이들이 세계 각지에서 모여든 곳이라 항상 흥미로운 사건이 많았다. 학교의 식당이나 바에서 사람들이 모이면 온갖 주제를 두고 주장하고 토론했다. 서로 의견이 다르고 심지어 문화적, 인종적 갈등도 없지 않았다. 그러나 대체로 사람들은 친절했고 나 역시 그들에게 성실하고 친절하게 대했다. 사실 아무도 의지할 곳 없는 그곳에서 생활하기 위해서는 그렇게 행동하는 수밖에 없었다.

그들은 나와 같은 이방인들을 과감하게 신뢰해 주었다. 학교는 학비를 해결할 수 있는 방안을 마련해 주었고, 외국인으로서 부당한 일을 당하지 않도록 배려해 주었다. 나의 지도교수는 많은 말을 하기보다는 천천히, 똑똑하게 그리고 적합한 단어를 구사하며 말하는 것이 보다 중요하다면서 영어가 부족한 나의 이야기를 인내심 있게 들어주었다. 기숙사의 친구들은 페이퍼를 제출하기 며칠 전에 서로 돌아가며 원고를 읽어보고 교정해 주었다. 이러한 혜택은 내가 신뢰할 만한 자유인으로 행동하는 조건으로 누릴 수 있는 것이었다. 그렇지 못하면 한꺼번에 모두 잃을 수밖에 없었다.

내가 생활했던 기숙사는 창문이 많아 여름이 되면 덥고 겨울엔 외풍이 세고 눅눅했지만 나를 인격적으로 숙성시키기에 좋은 곳이었다. 무엇보다도 남과 더불어 생활하는 데 필요한 긍정적이고 수용적인 태도를 갖게 해주었다. 한국의 현대적 건물에 비해 시설이 좋았다고는 할 수 없었지만 그 안에서 우리는 기본적인 규칙을 지켜가며 공생했다. 무엇보다도 상대편의 프라이버시를 존중해주었고 기본적인 예절을 지켜 상대편을 배려했다.

가족과 떨어진 외국에서의 생활이 마냥 행복한 것만은 아니다. 지금 돌이켜 보니 낭만적이었지만 당시에는 고생스러운 경험도 많았다. 그럼에도 불구하고 유학생활을 통해 내가 선택하고 책임지는 자유의 가치를 체득했던 것은 나의 인격적 성장에 매우 중요한 자산이 되었다. 무엇보다도 부모님을 비롯한 가족 그리고 주변의 복잡한 변수들을 통제하고 내가 가장 선호하는 일을 선택할 수 있다는 것이 좋았다. 여행을 많이 할 수 있었고 그 덕분에 조금 더 창의적으로 변했던 것 같다. 시간과 돈이 조금이라도 마련되면 나는 항상 가보지 않은 곳으로 여행을 계획했다. 특히 방학기간을 통해 유럽의 여러 나라를 구경하면서 국경의 개념이 현실적으로 약화되어 가는 현상을 목격한 것은 지리적으로 폐쇄된 한국에서 성장한 나에게는 매우 신선한 충격이었다. 덩치가 큰 복지국가가 작고 효율적인 국가로 개혁되고 시장의 자유가 걱정스러울 정도로 확대되는 것을 관찰하면서 내 자신의 화두였던 자유의 의미에 대해 많은 생각을 하곤 했다.

다양한 역사와 인종이 뒤섞여 있는 유럽이 개별국가 수준에서 자유화되고 자신들의 권위를 EU라는 초국가적 존재에게 이양하는 과정은 엄청난 우려와 희망 간의 대립이었다. 상대회원국의 자유를 존중하고 신뢰를 교환해야 하는 쉽지 않은 과정이었다. 이 엄청난 변화가 성공적으로 이루어지기 위해서는 훌륭한 개인이 있어야 했다. 교양 있고 자신의 이익을 정직하게 정의할 수 있고 상대를 존중하고 책임의식을 가지고 있는 개인이 있어야 했다.

자유주의의 실험을 먼저 시작한 영국과 유럽인들은 이러한 개인을 만들어내고 있었다. 물론 시행착오가 없지 않았다. 개인의 자유와 시장의 경쟁이 너무 강조되어 빈자들이 소외되는 현상이 나타났다. 또 한때는 너무 분배와 형평을 강조하여 국가적으로 효율성이 저하되는 현상도 발생했다. 그럼에도 불구하고 이들은 독립적이고 책임감 있는 개인을 만들어내고 있었다. 집단주의의 위선과 광기가 얼마나 위험한 것인지도 잘 알고 있었다. 물론 그들에게도 좌파와 우파가 있다. 그러나 어느 쪽이든 거시적인 면에서 우리보다 더 자유주의적이었다.

나는 우리나라에도 이런 책임 있는 개인이 더 많이 만들어져야 한다고 생각한다. 물론 시간이 걸릴 것이고 시행착오도 있을 것이다. 아직 우리의 20대들이 그런 모습을 충분하게 보여주지는 못하고 있다. 그러나 큰 흐름에서는 내가 기대하는 방향으로 사회가 흘러가고 있다고 생각한다.

기성세대들은 20대를 보고 개인주의적이라고 걱정하지만 나는 그들이 합리적이고 옳다고 생각한다. 자신들이 원하는 것을 당황스러울 정도로 솔직하게 밝히고 추구하는 그들이 옳다. 오히려 그들을 이해할 수 있도록 기성세대가 변화해야 한다. 위선과 형식의 틀에 그들을 얽어맬 필요가 있을까? 자유로운 한국의 미래는 그들에게 달려 있다.

꿈이 있고 희망이 있고 미래가 있다는 등 미사여구로 20대들을 추켜세울 필요도 없다고 생각한다. 그들은 속편한 세대가 아니다. 국내에서 그들이 모색할 수 있는 가능성들은 많이 소진되어 있는 것이 사실이다. 이런 사실을 그들에게 숨겨서는 안 될 것 같다. 좀더 시야를 넓게 갖고 범세계적인 생각을 갖도록 도와야 하지 않을까. 내가 학생들에게 세속화의 문제를 정면으로 받아들이라고 제안하는 것도 이러한 이유에서다.

마지막으로 나는 20대들에게 여행을 많이 할 것을 권하고 싶다. 여행중에 책도 읽고 사람도 많이 만나길 권한다. 여행중에 만나는 사람들은 모두 길을 찾아 떠난 사람들이다. 그래서 공통분모가 있다. 서로 다녀온 길에 대한 정보를 주고받는다. 20대들이 미래에 대해 고민이 많다는 것 이해할 수 있다. 나도 그랬으니까. 그러나 길을 몰라도 길을 떠나야 한다. 어떤 길을 가야 하는지 혼자 고민하기보다는 우선 길을 가야 한다. 가다 보면 사람들이 길을 알려준다. 그리고 자신이 가지고 있던 지도도 준다. 혼자서 상념에 빠지기보다는 길을 떠나 사람을 만나고 대화를 나누다 보면 내 자신의 문제에 대한 깨달음을 얻게 된다.

위대한 사람들의 전기를 읽어보면 어렸을 때부터 직업목표가 뚜렷했고 항상 그 목표만 추구했으며 결국 그것을 달성했노라고 적고 있는 경우를 많이 본다. 물론 그런 분들도 없지 않겠지만 인생이 꼭 그렇게 계획한 대로만 가는 것은 아닌 것 같다. 자신이 중요시하는 가치는 확실해야 할 것이다. 그러나 그 가치를 실현할 수 있는 직업은 시대에 따라 지역에 따라 다르다. 따라서 자신의 직업목표가 아직 뚜렷하지 않다 하더라도 너무 불안해하지 말길 바란다. 결심이 일찍 되는 사람도 있고 결심이 늦게 되는 사람도 있다. 만일 내가 후자의 경우라고 생각된다면 자신이 아직 길에 나서지 않았고 사람을 덜 만났다고 생각하면 된다.

자신만의 여행에 나서기 바란다.

송호근은 서울대학교 사회학과와 동대학원을 졸업하고 미국 하버드대학에서 사회학 박사학위를 취득하였다. 한림대 교수를 거쳐 서울대 사회학과 교수로 재직중이며, 사회정책론, 사회학이론, 문학과 지식사회학, 민주주의의 정치경제 등을 강의하고 있다. 중앙일간지 칼럼니스트로도 활동하고 있으며, 주요 저작으로는 《복지국가의 태동》, 《시장과 복지정치》, 《다시 광장에서》, 《한국, 무슨 일이 일어나고 있나?》, 《독안에서 별을 헤다》 외에도 다수가 있다.

강원택은 서울대학교 지리학과를 졸업하고 같은 대학 대학원 정치학과에서 석사와 박사과정을 수료했다. 영국 런던정경대학(LSE)에서 정치학 박사학위를 취득했다. 숭실대학교 정치외교학과 교수로 재직중이며, 선거, 정당, 의회, 인터넷 정치 등을 강의하고 있다. 주요 저작으로 《한국의 정치개혁과 민주주의》, 《한국의 선거정치, 보수 정치는 어떻게 살아남았나》, 《한국 정치 웹 2.0에 접속하다》, 《한국 선거정치의 변화와 지속: 이념, 이슈, 캠페인과 투표참여》 외에도 다수가 있다.

김은경은 인하대학교 정치외교학과를 졸업하고, 연세대학교에서 정치학 석사 및 박사학위를 취득하였다. 현재 한국여성정책연구원의 전문연구원으로서 여성의 정치참여 확대에 대한 연구를 하고 있으며, 연세대, 인하대 등에서 정치학, 여성정치, 글로벌 거버넌스에 관한 강의를 하고 있다. 주요 저작으로는 《17대 국회의원의 의정활동 성차분석 및 성 인지성 확대방안》, 《여성정책 거버넌스 유형에 대한 분석: 여성부의 협력사업 사례》 외에도 다수가 있다.

문상현은 서울대학교 언론정보학과를 졸업하고 미국 인디애나대학교에서 석사와 오하이오주립대에서 박사학위를 취득하였다. 현재 광운대학교 미디어영상학부 교수로 재직중이며 인터넷/모바일 커뮤니케이션론, 디지털 미디어산업과 정책, 국제 커뮤니케이션론 등을 강의하고 있다. 주요 저작으로는《인터넷 권력의 해부》, *Global Pressure, Local Adjustment: The Political Economy of Telecommunication Liberalization in South Korea*,《글로벌 디지털 디바이드의 담론적 구성과 그 함의》외에도 다수가 있다.

배 영은 연세대학교 사회학과를 졸업하고 동대학원에서 석사와 박사학위를 취득했다. 현재 숭실대학교 정보사회학과 교수로 재직중이며, 정보문화론과 정보조직론 등을 강의하고 있다. 주요 저작으로는《한국의 인터넷을 논하다》,《새로운 커뮤니케이션 환경과 사회자본: 사회자본 논의의 이론적 쟁점과 실천적 과제》,《한국과 일본의 온라인 관계망의 특성과 효과》외에도 다수가 있다.

이연호는 연세대학교 정치외교학과를 졸업하고 영국 케임브리지대학교에서 석사 및 박사를 취득하였다. 현재 연세대 정치외교학과 교수로 재직중이며, 한국정치경제, 국제기구와 개발협력, 발전론 등을 강의하고 있다. 주요 저작으로는 *Labor and Politics in East Asia: The case of Failure of the Encompassing Labor Organization in Korea*,《노동 통제메커니즘으로서의 공급중심적 사회코포라티즘: 한국의 사례》,《거버넌스 등장의 국내정치적 요인》외에도 다수가 있다.

장덕진은 연세대학교 사회학과에서 학사 및 석사학위를 받은 후 미국 시카고 대학교에서 박사학위를 취득하였다. 현재 서울대학교 사회학과 교수로 재직중이며, 경제사회학과 사회학방법론 등을 주로 강의하고 있다. 주요 저작으로는 《경제위기의 사회학: 개발국가의 전환과 기업집단 연결망》, 《대한민국 파워엘리트》 외에도 다수가 있다.

조화순은 연세대학교 정치외교학과를 졸업하고 미국 노스웨스턴대학교에서 정치학 박사학위를 취득하였다. 현재 연세대 정치외교학과 교수로 재직중이며, 국제정치경제, 동아시아 국제정치, 정보사회의 정치 등을 강의하고 있다. 주요 저작으로는 《글로벌 지식질서의 변동과 동아시아 디지털 정치경제: 관념-제도-이익의 형성》, 《온라인 세대의 인터넷 네트워크와 정치참여》, 《글로벌 거버넌스의 내재화: 인터넷 거버넌스를 중심으로》 외에도 다수가 있다.

최샛별은 이화여자대학교 사회학과를 졸업하고 미국 예일대학교에서 석사와 박사학위를 받았다. 현재 이화여자대학교 사회학과 교수로 재직중이며, 문화사회학, 대중문화 연구, 예술사회학 등을 강의하고 있다. 주요 저작으로는 《만화! 문화사회학적 읽기》, 《상류계층 공고화에 있어서의 상류계층 여성과 문화 자본》, 《한국사회에서의 문화 자본의 체화 과정에 관한 연구》 외에도 다수가 있다.

창의성을 키우는 365일

자넷 룬고 지음 | 김병희(서원대) 옮김 | 이경아(PN 풍년) 그림

날마다 창의적인 생활을 하고 싶은 당신이라면,
스스로의 가능성으로 내일을 만들어갈 당신이라면,
잠재력에 날개를 달아 훨훨 날고 싶은 당신이라면,
긍정의 힘을 믿고 좋은 세상을 꿈꾸는 당신이라면,
그리고 예술처럼 향기로운 인생을 엮어갈 당신이라면,
《창의성을 키우는 365일》에서 방법을 찾아보세요.

당신 스스로 창의적인 사람이라고 믿고 실천하는 순간,
365일 내내 창의적으로 생활하는 안목을 갖게 됩니다.
인생이란 자신이 그려가는 텅 빈 캔버스.
365가지의 창의성 앤솔로지를 생각하며
창의성을 자극하는 60가지 연습을 따라하다 보면
캔버스를 채워가고 있는 또 다른 자신을 발견할 것입니다.

46판 | 올컬러 | 값 13,000원

365 Daily Affirmations

나남
nanam
031) 955-4600
www.nanam.net